日本大败局 Ⅳ

干掉山本五十六

关河五十州 著

中国出版集团 现代出版社

图书在版编目（CIP）数据

日本大败局.Ⅳ,干掉山本五十六 / 关河五十州著. -- 北
京：现代出版社，2022.4
ISBN 978-7-5143-9704-8

Ⅰ. ①日… Ⅱ. ①关… Ⅲ. ①第二次世界大战－史料
－日本 Ⅳ. ①K313.46

中国版本图书馆 CIP 数据核字 (2022) 第 036734 号

日本大败局Ⅳ：干掉山本五十六

作　　者：关河五十州
责任编辑：张　霆　邓　翃
出版发行：现代出版社
通信地址：北京市安定门外安华里 504 号
邮政编码：100011
电　　话：010-64267325　64245264（传真）
网　　址：www.1980xd.com
电子邮箱：xiandai@vip.sina.com
印　　刷：固安兰星球彩色印刷有限公司

开　　本：710mm×1000mm　1/16
印　　张：20.75　　　　　　　字　　数：336 千
版　　次：2022 年 4 月第 1 版　　印　　次：2023 年 5 月第 2 次印刷
书　　号：ISBN 978-7-5143-9704-8
定　　价：49.80 元

目 录

在日本海军的历史上，联合舰队司令官已历任三十八届，山本是历任时间最长的一届，这种无可替代性，本身就说明了山本在日本人心目中独一无二的地位。

他号称"人间提督"，是联合舰队的象征，一个货真价实的日本军神。可以说，在整个日本，除了被尊为"超人之神"的天皇以外，在增强民心士气方面，无人能拥有与山本相仿的影响力。

这一回爱闹能闹的老麦讨了便宜，他终于从尼米兹的太平洋舰队中额外分到一杯羹。除原来规模不大的西南战区海军（新番号为美国第七舰队）外，由哈尔西直接指挥的南太平洋舰队（新番号为美国第三舰队）也暂时归划麦克阿瑟统率，这使他的部队一跃成为太平洋最强大的盟军力量。

在心理上，日军官兵都属于攻势第一主义者，日本陆军的操典和教课书也都特别重视进攻，大家之前普遍认为，日本人不善于打防御战。"万岁突击"这样在美军看来异常古怪的战法，也被解读为是战斗疲倦心理的反应——都恨不得早死早超生，不耐磨啊。其实日本人并不是不耐磨，一个在攻击思想中培养长大的军事力量，摇身一变，很快蜕变成为有史以来最顽强的防御战力。

偷与抢，本身就是陆战一师的训练内容之一，这个师深信，只有让士兵保持一定的卑微和邪恶，让他们如同饥饿的野狼一样去搜求食物，才能提高他们在野外的生存能力，也才能迫使他们更加坚决顽强地去战斗。

像莱基这样的"老兵油子"，到了真正的战场，才更像"陆战一师的人"——很多人被踩了一脚，就会捂着胸口倒地，他们即便胸口中了一枪，至多也只会蹲下来系个鞋带。

尼米兹乘坐水上飞机滑行至布里斯班的码头，麦克阿瑟及其幕僚亲自等候迎接，如此高的接待规格，在一贯为人倨傲的麦克阿瑟身上极少出现，也多少让尼米兹感到有些惊讶。

自太平洋战争开始以来，这是战区两位最高司令官的第一次接触。麦克阿瑟如愿以偿地拿到了糖果——尼米兹承诺，在麦克阿瑟即将发动的下一步作战行动中，第五十八特混舰队将给予积极支援。

此时世界海军的体制已经发生了根本性变革，战列舰的地位完全被航母所取代，海上决战的主要兵力是航母和舰载机，而不再是战列舰和巨炮，后者退居到了从属地位，成了护卫航母的警戒力量。

第一机动部队就是古贺仿效美军第五十八特混舰队组建的航母部队，其特点是以航母为绝对核心，以舰载机为主要的攻击武器。这是早为美国人所运用纯熟的海战方式，但日本人却是在付出海量的人力物力代价后才不得不予以接受的。

不惜代价地营救落水飞行员，不仅是出于人道主义的考虑，还因为美军航母指挥官都清楚一个道理：如果航母丧失了舰载机的飞行员，它就不再是资本，而只能是累赘。在米彻尔解除灯火管制后，军舰上自发地响起一阵欢呼："让我们周围的日本人都见鬼去吧，我们可不能随便牺牲自己的飞行员。"

从登岸，到控制全岛，美国海军陆战队只用了一个星期，所付出的成本也仅为战死二百九十人，负伤一千五百一十五人，另有二十四人失踪。他们在提尼安岛之战中所显示出的效率和智慧，使这一战役成为太平洋战史上的经典杰作，霍兰·史密斯称之为"太平洋战争中最成功的两栖作战行动"。

在美国战史上，贝里琉岛战役是伤亡率最高的一次两栖登陆作战。参战的士兵斯莱奇说："我身上的有些东西死在了贝里琉，我不再相信人性本善的说法，不再对那些处在高位、不必经受战争残暴的政治家们抱有信心。

莱特岛居于菲律宾腹地，处在日军机场掩护网的中心。凭借自己极其丰富的戎马经验和军事知识，麦克阿瑟早已意识到，在他所指挥策划过的军事行动中，莱特登陆战将是最大胆、最困难、最复杂的一次。

麦克阿瑟对作战计划真正做到了精益求精，他告诉自己的助手，必须反复推敲计划中的每一个细节——一旦攻下莱特，就将决定菲律宾群岛乃至于对日作战的命运，为此耗费的任何心力和脑力都不是多余的。

第一章 / 老爹去看黄鼠狼了

1943 年上半年，忧郁和伤感像是蘸了水的藤鞭，在日本联合舰队司令、海军大将山本五十六的身上留下了一条又一条血痕。在年初写给友人的信件中，他提道："开战以来，阵亡将士已近一万五千人，实在令人悲伤、慨叹。"

牛逼终于还是被还给了牛，属于山本的时代彻底结束了，自中途岛一战后，山本所必须面对的，已经是"兵戈声声一年去，阵亡将士若云消"。与损兵折将相应的，则是败仗连连。撤出瓜岛后，山本一度想保存实力，避免立即决战，但俾斯麦海战却使他迎来了第二个"中途岛"。

单就人员损失而言，日军在俾斯麦海战中的损失就超过了所罗门海战中的任何一次，而八艘运输舰无一存活的残酷现实，也表明大规模运输船队补给的方式，在新几内亚再不可行，拉包尔方面只能改成小规模的"东京快车"，即用高速驱逐舰、潜艇、机动驳船等工具来运送补给。

这一情景，与瓜岛战役进入中晚期阶段时几乎一模一样，山本深感震惊。当时军令部主张打持久战，继续固守防线，但山本产生了不同的看法："现在不预先给予大打击，就没有机会挽回了。"

山本对美国战争潜力的认识太深刻了，他知道，在美军加速北进，局面持续恶化的严峻形势下，日本如果再坐等下去，就只有死路一条。

1943 年 4 月 3 日，山本打破开战以来主帅身居后方的惯例，亲临拉包尔航空基地，发起"伊号作战"。

"伊号作战"是一次大规模的空中反击战。山本从各航战部队抽调飞机一百六十架，加上海军岸基飞机一百九十架，编成了一支飞行集团。就飞机数量而言，这支飞机集团既赶不上偷袭珍珠港时期的南云机动部队，也不及菲律宾、马来战役时期的基地航空兵，更不用提作战水平了——一名飞行员因为技术不熟练，竟然刚起飞就掉了下来。

可是有什么办法呢，在流年不利的背景下，就算把整个日本海军的力量都握一起挤挤干，水分一去之后，能剩下的恐怕也就这些了。山本深知利害攸关，他不仅将司令部推进到第一线，亲自指挥和掌舵，还身着纯白军服，来到机场为出征的飞行员送行。

"伊号作战"是自珍珠港事件以来，联合舰队发动的最大规模空袭行动。经过四次空袭，飞行集团共击沉盟军战舰三艘、运输舰两艘，击毁飞机二十五架。

攻击就是最好的防御。山本的脸上露出了难得的欣慰之色，也就在这时，他突然做出了一个令众人都深感意外的决定。

死亡请柬

1943 年 4 月 13 日傍晚，山本向肖特兰等前线基地发出电报，电报内容是告知他将亲往各基地视察，以进一步鼓舞军心士气。

驻守肖特兰岛的城岛高次接到电报，不由大惊失色。日军此时在前线早已失去了制空权，就在两个月前，陆军的今村也是这样，心血来潮地说要到前线视察，结果还没着陆，便与数量多达三十架的美机飞行编队不期而遇。当时今村座机的飞行员马上驾机钻进云层，才非常惊险地躲过了攻袭。

已经有前例在那里了，还非要往枪口上撞，城岛真不懂大头头心里到底是怎么想的：所谓不到黄河心不死，难道一定要掉回脑袋，才会真正学乖一点？

城岛对部下说："对这封电报，你们只能参考，用不着信以为真，这事太愚蠢了。"在山本出发的前一天，见事情仍无挽回余地，他又赶到拉包尔，当面进行劝阻："长官，此去凶多吉少，太危险了，请不要去，飞行还是取消吧。"

山本回答："不，已经通知了各基地，大家都做好了准备在等我，我还是得去。"

劝阻山本出行的并非只有城岛一人。南云卸职后，小泽治三郎出任第三舰队司令官，他首先站出来表示反对，其余将领也大多认为此举十分危险，应暂缓出发，可是最后全都被山本打了回票。

除了吃惊于山本要犯险亲临前线外，众将还惊诧于他所发的电报，城岛说："司令长官简直发疯了，这哪里是电报，分明是发给敌人的一份请柬。"

"伊号作战"中正在起飞的"零"战

那份电报的内容确实太过详尽，基本就是一份关于视察的日程安排表，什么时候出发，几点几分到哪个基地，一字不漏。

城岛当时恨不能把拟电稿的拎出来揍一顿："在这样风云变幻的前线，怎能把长官的行动计划用如此冗长详细的电文发出来？只有傻瓜才会这样干！"

给山本拟电稿的是他的副官渡边海军中佐。这件事其实倒有些冤枉渡边，渡边开始是要求陆军派专人送交的，但通讯军官说没必要，只管发出去，绝对安全。

通讯官拍胸脯并不是没道理。新密码4月1日才刚刚启用，用了两星期不到，而且这套密码是极难破译的五位密码，就算被美国人截获了，对方也无计可施。

于是电报发出去了，一发出，即被太平洋舰队无线电情报分队截获。

无线电情报分队的前身是夏威夷情报站，它不仅继承了情报站的机构，也继承了情报站的幸运：1943年1月，新西兰巡洋舰在瓜岛附近海域撞沉了一艘日军潜艇，并从潜艇上得到了日本海军最新版的密码本。

这叫鹊儿捡着旺处飞，你人气大旺的时候，彩头往往也会争先恐后地直涌而来。无线电情报分队拥有一千多人，依据所缴获的密码本，力量大为增强的专家组很快就摸索出了日军密码变化的规律。

联合舰队的通讯官坚信美国人对密电无可奈何，可事实是，情报分队在收到"死亡请柬"后，只花了几个小时，便予以完整破译。

1943年4月14日凌晨，情报参谋莱顿拿着破译密电，急匆匆地找到太平洋舰队司令尼米兹，一见面他就激动地嚷道："我们的老朋友山本有消息了。"

尼米兹近乎已忙了一个通宵，歪着身子躺在椅子上，看什么东西都有些无精打采，但在朝电报瞥了一眼后，他整个人立刻坐直了。

山本行程表，这么详细，天哪！看完电报，尼米兹转身察看地图，对山本的行程路线追踪了一遍。之后，他确认山本此行的第一站，将进入亨德森机场周围三百英里范围，而这个范围，正好在从瓜岛起飞的美军战斗机的航程之内。

这么长时间与山本打交道下来，尼米兹对这位联合舰队司令官的秉性习惯已经是了如指掌。山本是一个非常守时的人，他的行程表，你可以放一百二十个心。

尼米兹把电报搁在桌上，望着莱顿大声发问："你看怎么办？我们要不要设法把他干掉？"

复仇者行动

早在中途岛战役之前，尼米兹就经常让莱顿站在山本的角度思考问题，莱顿也俨然就是一个山本的假想化身，他完全可以体会到那个人的价值所在。

在日本海军的历史上，联合舰队司令官已历任三十八届，山本是历任时间最长的一届，这种无可替代性，本身就说明了山本在日本人心目中独一无二的地位。

他号称"人间提督"，是联合舰队的象征，一个货真价实的日本军神。即便在中途岛、瓜岛连吃败仗的前提下，人们对他的信赖仍未有丝毫动摇。可以说，在整个日本，除了被尊为"超人之神"的天皇以外，在增强民心士气方面，无人能拥有与山本相仿的影响力。

莱顿坚决主张把化身之外的"我"杀掉，他对尼米兹说："将军，你是了解日本人心理的，如果我们把山本干掉，日本海军的士气将一蹶不振，相信这也一定会使日本举国上下不知所措，陷入混乱。"

尼米兹仍然有些拿不定主意，他想到了更深一层："我考虑的是，他们能否物色到一个更能干的舰队司令。"

老对手再怎么厉害，毕竟知根知底，换了一个新的，要是比老的还更狠更辣，岂不弄巧成拙，变成帮日本人成事了？

莱顿就是一个日本海军的活字典，举凡日本海军将领，谁谁谁，资历高不高，经验足不足，能力强不强，胆量大不大，可以信手拈来。一番比较之后，莱顿做了总结："山本是日军中的头号人物，日本海军最出类拔萃的佼佼者，犹如鹤立鸡群一般。"

看着面前凝神思索的上司，莱顿陡然来了灵感："将军，你知道，这就好像你如果被他们干掉，没有人能取代你一样。"

这个比喻让尼米兹怎么听怎么舒服，他笑了起来："好，让我们试试看。"

尼米兹下定了伏击山本的决心，但截杀这样赫赫有名的人物，已不仅仅是军事行动，还牵涉政治因素，尼米兹一向为人谨慎，他决定先请示华盛顿，征求罗斯福总统的意见。

请示电报送达的时候，罗斯福正与要员们一起共进午餐。听完尼米兹的汇报内容，罗斯福并未立即表态。

战争期间暗杀对方的国王和统帅，对东方人来说可能毫无禁忌，只要你干得掉。但西方人不太一样，这就好像是角斗场内不卖力气，却趁人家中途休息时从脑后砸上一块石头，一旦传出去，会被人认为你严重缺乏骑士风度，是一个懦弱龌龊的人。

当然，到"二战"打得激烈时，很多西方人也顾不得骑士不骑士了，德国、英国都组织过类似暗杀，罗斯福本人就差点被德国潜艇所发射的鱼雷给报销掉。只是美国政府在这方面还一直羞羞答答，罗斯福也从未考虑过暗杀希特勒或墨索里尼。

海军部长诺克斯一般都是跟着罗斯福的心思走，他率先发言，以行动极不光彩为由，反对伏击山本。

陆军部长史汀生瞧着不乐意了："暗杀固然违反战争法，但日本偷袭我们的珍珠港，难道就合法吗？"

珍珠港是原罪，在史汀生看来，山本首先采取极不光彩的行为，偷袭了珍珠港，自然也就丧失了战争法的保护，现在不过是以其人之道还治其人之身，谈不上什么光彩不光彩，若硬要这么说，那就是在作茧自缚。

史汀生还提出一个观点，山本是去前线，也就是作战区域视察，在前线战场，一员大将和普通士兵相比没有任何区别，被杀死都是情理之中的事。

史汀生的话引得一片附和。参谋长联席会议主席马歇尔、海军作战部长欧内斯特·金均表赞同，认为山本乃美军的心头之患、太平洋战场上的首要大敌，若能趁此良机予以截杀，既可报珍珠港的一箭之仇，又可使美国海军免遭更大损失。

诺克斯成了孤家寡人，他想了想，又提出一个疑问："巡视日程有点像是精心安排的，会不会是日本人设了一个圈套，把我们的飞机引诱过去，然后一网打尽呢？"

在座的海军情报负责人解释说，这种可能性不大：山本电报使用了刚刚变更的新密码，又是日本人自以为高深莫测的五位密码，他们无论如何不会料到美方能够破译。试想一下，谁会伪造无法被对方破译的电文呢，那不等于自己编游戏给自己玩，瞎耽误工夫？

上下左右都说得通了，罗斯福的顾虑被完全打消："那么就击落山本座机，干掉我们这位老朋友，大家看给这次行动起个什么名称呢？"

总统定调，诺克斯立即转变风向，他提议道："既然截杀山本是为了报珍珠港一箭之仇，就叫它'复仇者行动'吧！"

接到诺克斯发来的电报，尼米兹马上电令时任第五十七特混舰队司令的哈尔西，要求他不惜一切代价，坚决执行此次行动："祝你好运，满载而归！"

哈尔西层层部署，任务最终落实到"仙人掌航空队"所属的第三九九战斗机中队，这个中队装备的P-38"闪电"式战斗机，在实战中已被证明不输于"零"式战斗机。

当中队长米歇尔少校应召走进作战室，他发现房间里气氛异常，几乎瓜岛所有的高级军官都在，有人递给他一份电报，上面写着："最高机密，第三九九中队的P-38战斗机务必全力以赴，及时赶到并击落山本座机，总统特别重视这次行动！"

落款一栏，是海军部长诺克斯。

不是有事故

山本一天的行程满满当当，从哪里开始截杀呢？

按照行程表，山本会先在布干维尔南部的一座小岛稍做停留，接着再换乘猎潜艇去肖特兰岛。换乘猎潜艇一段离瓜岛最近，因此起先众人都倾向于在这期间下手。

近是近了，可肖特兰附近的猎潜艇不止一艘，到时没法确定究竟是哪一艘，退

胆略过人和大意失荆州之间往往只差一步，很显然山本这次多往前迈了那么一小步。

一步说，就算击沉了山本所乘舰船，他在海上获救的可能性还是很大。

只有当空击毁飞机，才能把山本的存活率降到最低！空中截击方案由此获得了大家的一致赞同。

作战计划报告给哈尔西和尼米兹，尼米兹回电正式签发了这份死刑执行令，在电报结尾处，他以个人名义预祝哈尔西"交好运和取得胜利"。

1943年4月18日，瓜岛亨德森机场一片忙碌，十八架P-38整装待发。一年前的同一天，美军机群也执行过一次长途奔袭任务，即"空袭东京"，与上次相比，这次的困难可以说是有多无少。为免被日军发觉，战斗机不仅需要低空飞行，还要绕道，加上从瓜岛到预定伏击地点的距离，总计要飞上两个小时，超过了战斗机在一般情况下所要飞越的航程。

每架战斗机都加装了大容量的机腹副油箱，以加大航程，这使飞机几乎达到超负荷状态，飞行员必须使用襟翼来增加升力，就这样，飞机也是滑行到跑道尽头才得以离地升空。

这天早晨，在参谋长宇垣等人的陪同下，山本登上了位于拉包尔机场的座机，山本坐一号机，宇垣坐二号机。两架座机均为轰炸机，另外还有六架"零"式战斗机在左右两侧护航。

第三舰队司令官小泽在劝阻未果后，曾找到山本的首席幕僚黑岛龟人："如果长官一定要去的话，用六架战斗机担任护卫，力量太过薄弱。需要的话，可以从我那里调用战斗机，多少都行。"

小泽让黑岛转告宇垣，但那几天宇垣正患病在床，无法理事，小泽的意见并没得到及时转告。

说来也够蹊跷。山本平时出场，都是身着白军装，但这天副官以白色过于显眼为由，劝他换上了草绿色军装。

上午 6 点，飞机从拉包尔机场准时起飞。当天天气晴朗，视野清晰，堪称是最佳飞行天气。宇垣所乘的二号机就在一号机左斜上方，两机机翼几乎相抵，宇垣能清楚地看到一号机的指挥官席，山本的侧影以及其他人不停移动的身影也都历历在目。

这是一次舒适平静的飞行，一个半小时后，飞行编队接近布干维尔岛。就在此时，二号机突然随一号机急剧下降，从七八百米下降到五十米。宇垣感到奇怪，问旁边的人到底怎么回事，得到的回答是："可能发生了操作事故。"

不是有事故，而是有故事。米歇尔机群从日机编队的下面飞了过去，意识到上面的日机就是伏击目标后，米歇尔对着受话器向各机喊道："来路不明的飞机在你们的头顶上空。"

机群马上折返回来，随即抛掉副油箱，摆出空战架势。发现这一情况后，所有"零"战都急速爬升，向美机俯冲过去，风声和机枪声立即混杂成一片。

"零"战上当了，米歇尔事先将机群分成两组，由他亲自指挥的掩护组负责将"零"战缠住，与此同时，由兰菲尔中尉指挥的攻击组则实施迂回，将一、二号机给盯了个死。米歇尔从上方高空向兰菲尔大声呼叫："别管'零'式，盯住轰炸机，打轰炸机。他妈的，轰炸机！"

二号机的急剧下降乃是为了逃避追杀，一号机也做出了同样的反应。在几乎要触到海岸上密林的树梢时，两机进行大角度急转弯，一号机向右，二号机向左，两机拉开了距离。

出发前，美机得到的情报是只有一架座机，现在有了两架，也不知道到底哪一架里面载有那个最大的猎物，但是也不管它了，来一个杀一个，来一双杀一双。兰菲尔扭转机身，对着其中的一架猛烈射击，日机后舱喷出一股黑烟，右发动机和右机翼相继起火。

轰炸机就怕起火，一起火就没得救，而且处于超低空，想打开降落伞逃生都做不到。这架飞机左右颤动着，最后触到了密林的树梢上，机翼脱落，机身像个红色火球一样钻进了密林。

兰菲尔击中的，正是山本所乘的一号机，当宇垣透过舷窗看到这一幕时，不禁悲鸣道："万事休矣！"

猎杀孔雀

美军飞行员并不知道所击中的正是山本座机，他们只知道一个都不能放过，转瞬之间，宇垣的二号机又成为追杀的重点。

火力凶猛是P-38的突出特点。在"闪电"的密集扫射下，二号机的机尾和机翼全被打断，飞机坠入海中，在入水前的一刹那，机身的一个发动机"啪嚓"一声就飞了出去。

二号机乘员，除重伤的宇垣等三人获救外，其余全部毙命。

三分钟内，两架轰炸机全部被击落，米歇尔下令返航。在返航过程中，此役的最大功臣兰菲尔即向瓜岛报告："我们打下了山本！"

出击的战机里面，兰菲尔最后一个着陆，着陆时燃料已消耗一净，他不得不以滑翔方式落地。闻知消息的飞行员和地勤人员纷纷上前向他祝贺，兰菲尔沐浴于荣光之中，他感觉自己就像是足球射手，在一场至关重要的比赛中，踢进了一个决定胜负的好球。

瓜岛方面按照约定，向哈尔西发出表明"复仇者行动"已经成功的信号："老爹去看黄鼠狼（指山本）了。"

接到捷报时，哈尔西正与特纳在会谈，特纳为之欢呼喝彩，哈尔西却不以为然。

"这种处置算得了什么？有什么好的？我真希望把这个流氓恶棍用铁链拴着，牵着他到华盛顿的宾夕法尼亚大街去游行，任人们唾骂，再由你们朝他身上最要命的地方猛踢，那才最好不过呢！"

显然，珍珠港的遗恨，仍然没有从"蛮牛"的脑海中被抹去，他认为简简单单将山本座机给打下去，还是太便宜"这个流氓恶棍"了。

岂止是哈尔西，很多美国人也许一辈子都无法忘记偷袭珍珠港给自己心灵带来的创痛，山本今天的下场正是要为此付出的代价。麦克阿瑟在闻知后同样有一种喝了成打啤酒的爽快，他说："人们几乎能听到，在珍珠港底部，从无数闪闪烁烁的白色残骸中所发出的越来越高的音响。"

参与伏击的飞行员们随后收到哈尔西亲自发来的贺电："祝贺猎手们作战成功，看来，你们猎获物口袋中的野鸭，有一只确实是孔雀！"从此，伏击山本一战便被称为"猎杀孔雀"之役。

4月18日是美国的幸运日，一年前的空袭东京，曾令"孔雀"及其身后的帝国惊骇莫名，一年后，他们又把"孔雀"从高台上给打了下来。

不过美军还无法确定"孔雀"的生死，只能静待日方的回应。

1943年4月19日，拉包尔派出的搜索队在出事地点展开海陆空全面搜索，但连续两天都一无所获，最后还是驻在布干维尔岛的一支陆军搜索小分队找到了座机残骸。

飞机已经摔烂了。机体周围散落着几具尸体，其中一具坐在地上，头部低垂着，手里握着一把军刀，腰里系着机内座席上的安全带。远远看去，还以为在林中休息，近前仔细一端详，才知道已经死了。

甩出机外的尸体，能保持坐姿的仅有这一具，也可见是有些不一样。搜索人员注意到，这具与众不同的尸体佩戴着象征军阶的肩章，上面嵌有三颗金质樱花，另外，此人左手只有三个指头，缺食指和中指。

从上衣兜翻出的一本笔记本证实了死者的身份，上面署名："山本五十六。"

这就是那位叱咤风云、显赫一时的日本海军大将，失去的两根手指是日俄战争时的纪念，他曾因此获得第一号伤残军人徽章。

尸体运回基地后，军医进行了检验，山本身上毫无血污，他死于两颗机枪子弹，分别击中头部和背部，飞机坠毁前已身亡。

中途岛战败时，心情沉重的山本曾在致友人的信件中写道："在下之生命，仅最后百日而已。"不料一语成谶，百日一到，山本果然魂飞天外。

对于山本之死，日方同样进行了严格保密。一个多月后，运送山本骨灰的"武藏"号战列舰抵达日本，这个时候，东京广播电台的播音员才以哽咽的声

山本五十六的葬礼

音对外宣布:"(山本)在一架军用飞机上壮烈牺牲。"

山本在日本被奉为战神、最重要的海军战略家和战术家,他的死亡,从心理上给日本自上而下的各个阶层施以了"难以承受的打击"。

太平洋战争爆发前,山本与东条不仅交往不深,而且积不相能,谁也不见得待见谁,但偷袭珍珠港之役,使得山本、东条双双成为"帝国英才",在日本国内几乎同时达到个人声誉的最高峰。东条由此深知山本的分量和价值,他逐渐明白,日本要想打赢这场战争,不能没有山本这样的帅才。

当得知山本死讯时,东条唰地流下了眼泪,他不顾首相和陆相的身份,就呜呜地哭了起来,哭得两个鼻子三个眼睛,整个没了人形。哭着哭着,他竟然还当着首席军事顾问佐藤贤了的面发起了神经:"山本大将不能死,不,他没有死,快,快去派飞机把他从前线接来,我要亲自禀报天皇陛下嘉奖他!"

人死如灯灭,谁都要打这条道上来去。山本生前好友、赋闲在家的米内光政就表现得较为理智,他一边流泪,一边闭着眼睛对别人说:"山本本人也许愿意这样死去,他或许感到满足了,可是无论日本,还是日本海军,却都因此失去了不该失去的栋梁。"

追人的变成了被追的

接任山本遗缺的,是他的一位好友、海军大将古贺峰一。古贺是山本生前就亲自选择的继任者,但他显然缺少前任那种战略天才和影响力,古贺自己也很清楚这一点,曾经说过:"山本只有一个,谁也不能替代他。"

1943年4月21日,古贺正式到职,并在联合舰队的旗舰"武藏"号战列舰上升起大将旗。航母"隼鹰"号距"武藏"不远,站在航母上的参谋奥宫正武默默地望着崭新的将旗,没有任何振奋之感,有的只是自己也说不清道不明的紧张,以及对战争处于进退维谷时的迷茫。

电报收发员送来的一份紧急电报,打断了奥宫的沉思。那是阿留申群岛海军电台发来的战报:"本日清晨起,我部连续遭到敌巡洋舰与驱逐舰炮击……"

阿留申群岛由一连串链状岛屿组成,西端的阿图岛和基斯卡岛为山本在中途岛战役时所攻取。两座岛屿位于太平洋北部，属于难以开发的荒蛮之地，其战略地位并不显著。山本对其发动进攻，目的主要是分散美军兵力，以掩饰登陆中途岛的企图。

可惜的是尼米兹没有中计，山本聪明反被聪明误，自己的兵力反而给分散了。错位的秧田长不出好庄稼，史学家认为，如果当时山本能将派到阿留申方面的两艘航母用于中太平洋，就足以在中途岛之战中形成决定性因素，到最后，随着中途岛作战失败，阿留申作战也就意义不大了。

日军占领阿留申，最扎美国人眼睛的地方还在于，它是美国的领土。就算那里渺无人烟，几百英里见不到一个人，但日本政府照样可以吹嘘他们把太阳旗插到了美国大陆，而对美国公众来说，被一群占据其岛屿的日军整天死眉瞪眼地盯着，也是件挺没安全感的事。

把星条旗重新插上阿图、基斯卡，成为太平洋舰队1943年的首要任务，具体执行这项使命的是北太平洋舰队司令、由南太平洋战区调来的金凯德少将。

金凯德到任的时候，北太平洋方面的兵力还未准备就绪，他就在位于基斯卡岛东南的两座小岛上建立机场，像瓜岛那样，通过控制海上制空权的方式，把基斯卡岛和日本之间的海上交通线给一刀切断了。

阿图岛位于阿留申群岛最西边，光靠飞机还不行，海军少将麦克莫里斯奉命率一支巡洋驱逐舰编队出发，在阿图岛的西南海域进行巡逻，对日军驶往阿图岛的运输船队进行拦截，其间击沉了一艘装载弹药的运输船。

阿图岛、基斯卡岛不过是两座笼罩在迷雾中的荒岛，若是无心之人，要想在太平洋上一下子把它们给找出来，都不是件容易的事。日本人占了也不知道能派什么用场，不过劳民伤财而已，但他们又觉得非占不可，理由当然还是那个理由：这可是美国国土，爷在这里待一天，就等于占领了美国一天，军事大胜利啊，怎么可以说弃就弃？

为了恢复阿图岛的补给，日军北方部队指挥官细萱戊四郎亲自带上所属舰队，给运输船队护航。第一次安全，第二次，在科曼多尔群岛以南海域与正在巡逻的美军舰队碰上了，于是爆发科曼多尔群岛海战。

最早发现对方的是美舰，麦克莫里斯在雷达荧光屏上看到有日军的护航舰队，便立即下令追击。当时天还没亮，也不知道日舰实力，就以为是抓到了几条鱼，那个高兴。

东方发白，一看傻眼了。细萱舰队有四艘巡洋舰和四艘驱逐舰，麦克莫里斯只有两艘巡洋舰、两艘驱逐舰，同等战舰，日军在航速和攻击力方面都占有优势，更别说数量还比你多。

细萱这时也辨认出美军舰队。他下令运货船向西北方向撤退，然后调整队形，率舰队杀了过来。美舰赶紧撒丫子跑路，追人的变成了被追的。

日舰本来跑得比美舰还快，但是为了发挥后主炮的火力，要调下屁股，这样直线运动变成了曲线运动，航速就慢了下来。在经年累月的海战中，美舰也掌握了一套跑路技巧，他们一边施放烟幕，一边进行特殊的规避。这种规避技术叫作防炮火曲折运动，有点像是陆军老兵躲炮的动作：在敌舰修正弹着点，准备进行下一次射击时，舰船便迅速转舵，向上一个弹着点所激起的水柱方向运动。

饶是躲得如此灵巧，"盐湖城"号重巡洋舰还是中了一发炮弹。一个机舱进水，船体向一边倾斜，而为了校正船身，机械师又忙中出错，不慎使海水灌入了油管，致使锅炉熄火。一时间，失去机动能力的军舰动弹不得，成了最容易被打中的活靶子。

在恨不得多生两只脚跑的情况下，还出现这种情况，麦克莫里斯急到浑身冒汗。既然跑不掉，那就不跑了，他派一艘驱逐舰在熄火的巡洋舰周围施放烟幕，下令其余驱逐舰发射鱼雷，以阻止日舰来袭。

两艘驱逐舰接令后立即转向，并一齐动手，将鱼雷排头射去，迫使日军暂时停止了追击。

在烟幕的遮护下，细萱搞不清楚"盐湖城"的状况，美舰突然变得"凶狠"，又让他心里十五个吊桶打水，七上八下起来。

会不会是基斯卡岛东南小岛上的美机增援过来了？自家没有航母，要是来个空袭，可就一点招都没有了。再一问，舰队的油料也不多了。细萱来了个他以为的见好就收，率部撤回了幌筵岛基地。

明明占有不败之地，却以提前撤退收场，日本海军当局对此十分不满，当即免了细萱的职。自此以后，阿图岛和基斯卡岛只能靠潜艇伺机运送补给，岛上日军陷于完全孤立状态。

声东击西

科曼多尔群岛海战后，这种水面舰艇部队之间的昼间战斗再未发生过，其他战线看上去也都风平浪静，现在美军突然炮击阿留申群岛，令奥宫很是诧异。

他不知道美军是真的意在收复阿留申，还是施声东击西之计，以此为幌子，向日军防线的其他正面，乃至本土发动进攻。

联合舰队高层也莫衷一是。第五舰队司令长官河濑四郎中将采取紧急措施，下令对日本本土东方海面一线加强警戒，与此同时，他亲自率舰队到达了幌筵基地。

1943年5月2日，美机八十五架次袭击基斯卡岛。一天之内空袭次数如此之多，如此不寻常的军事动作，似乎显示美军还是想登陆基斯卡岛，岛上守军及第五舰队为此都处于连续的高度戒备状态，随时准备迎战。

可是没有人登陆，第二天，第三天，一周过去，还是没有任何动静。联合舰队被弄糊涂了，不知道美国人的葫芦里究竟卖的什么药。

真相是，美军确实为阿留申而来。美英联合参谋部希望能尽早收复阿留申群岛，以便苏联对日宣战时，可以在阿留申修建航空中继基地，首选目标便是基斯卡岛。

然而金凯德面临的窘境是，近几个月内，他再怎么等，也无法等到所需的舰只和兵力，换句话说，活要你干，干活的工具却不能一次性给足。

这就让人为难了。金凯德盘算了一下，根据侦察结果，日军在基斯卡岛的力量较强，有六千多人，阿图岛的守备部队只有两千六百人，兵力不到基斯卡岛的一半，而且岛上机场尚未建成，几乎没有什么岸防工事和防空设施。

金凯德灵机一动，决定暂时绕过基斯卡岛，以较少的兵力直取更远的阿图岛。方案报上去后，很快得到美军参谋长联席会议的批准，登陆时间定于5月7日。

空袭基斯卡岛是小范围的声东击西，就是为登陆阿图岛提供掩护，可是为什么又爽约了呢？原因是阿留申群岛浓雾重重，登陆编队被迫推迟起航，登陆行动也只得相应推迟。

1943年5月9日，由海军少将罗克韦尔指挥的这支编队已驶近阿图岛，但罗克韦尔随后又收到一份报告，说登陆地点波涛汹涌，风大浪高，于是行动又推迟了两天。

5月11日清晨，在阵阵浓雾的遮蔽下，登陆编队靠近阿图岛海岸，登陆部队从阿图岛南北部同时登陆。原来预计会有数千日军前来阻止登陆，结果是首批登岸的部队只遇到非常微弱的抵抗。

显然，阿图岛登陆打了日军一个措手不及。当联合舰队司令部收到相关电报时，他们也都颇为震惊，认识到这是继瓜岛之后，美军发起的第二次成功的两栖登陆作战。

登陆部队由美步兵第七师充任，该师先在内华达州的荒漠地区接受基本科目训练，又在加利福尼亚州的沿海地区进行了两栖作战训练，对作战之艰苦有着一定的思想准备。不过，阿图岛实战却告诉他们，这种思想准备还远远不够。

战斗一开始是挺顺利，从登陆夹击，到会合，再到乘胜追击。变化出现在后半程，日军撤到奇恰戈夫港。在那里，他们凭借阵地顽强地进行抵抗。

美七师在荒漠练过，在沿海练过，却唯独没有在极地练过打仗，这一缺陷可害苦了大兵们，他们的衣服和鞋子等装备都不适于在寒冷而潮湿的地区作战，装甲车上去进行支援，也被半冻结的厚苔给陷住了。

正在实施两栖登陆的美军步兵第七师。从士兵们身上的衣着可以看出，他们还没有完全做好防寒防冻的准备。

打了一个星期，地面部队仍没能够按计划突破到奇恰戈夫港。美七师干脆把预备队也投了上去，进攻兵力达到一万一千人，兵力处于五比一的优势，但进展仍十分迟缓。金凯德十分恼火，下令撤换了地面部队的指挥官。

就在阿图岛之战相持不下的时候，联合舰队开始了救援行动。河濑本打算亲率舰队从幌筵基地出击，一打听，对方强得很，罗克韦尔编队辖有三艘战列舰、六艘巡洋舰、十九艘驱逐舰、一艘航空母舰，人家拔根汗毛下来，都比你的腰粗，上去等于白给。

河濑不敢以卵击石,他只能把难题上交给联合舰队司令部。

死期来临

联合舰队司令古贺新官上任,正是要烧把火的时候。救援阿图岛的同时,还能趁此机会进行一场决战,以显联合舰队声威,何乐而不为?

古贺遂下令特鲁克和日本本土的军舰向东京湾集结。经过不太长的时间,联合舰队主力便集结于东京湾的木更津海面。一眼看过去,阵容好不齐整,有"武藏""大和"组成的战列舰群,有"鹰""鹤"字头的航母群,煞是威武堂皇,着实给古贺撑足了面子。

可是面子很难代替里子。只有奥宫这样的内行才知道,联合舰队的实际战斗力有多么虚弱,在多数航空战队,飞行员的飞行技术都令人不敢恭维,是典型的"奶牙尚未退,胎毛还没干",有的竟然还在集结期间练习最基本的着舰训练。

闲时烧香不管用,忙时抱佛腿亦不济事。看到这种糟糕的状况,联合舰队司令部的上上下下才发起愁来。奥宫曾在阿留申群岛待过三个月,了解当地多雾。在这种天气下,飞行员技术水平高,去阿留申没问题,若是凭现在的菜鸟级水平,说得难听些,别说交战了,光雾中飞行,就可能把一支支航空队给无谓葬送掉。

都说航母厉害,可航母靠什么,还不是靠舰载机航空队,失去航空队,体积大而防御能力薄弱的航母甚至会成为其他舰船的累赘。

日军在阿图岛、基斯卡岛都没能及时建成机场,倒是美军未雨绸缪,在基斯卡岛附近建了机场。一座稳固的岛上机场有如一艘不沉的航母,战列舰、巡洋舰就是开上去,也只有挨揍的份儿啊。

古贺连日在"武藏"上召开作战会议,得出的结论都是北方作战太危险,打不得。

大集结变成了劳师动众的巡演,浩浩荡荡的舰船挤在东京湾,却迟迟不敢北上。一直到1943年5月21日,河濑盼星星盼月亮,老不见上面来人,只得硬着头皮自率舰队从幌筵基地出发,准备到阿图岛附近探探风声。

联合舰队实际上已经抛弃了阿图岛上的日军。岛上的守备队长山崎保代只在 5 月 21 日这一天，瞥见过一架一式隼型战斗机飞来，战战兢兢地对美舰进行了一下象征性的攻击。

这个时候，金凯德已意识到久攻不克的部分问题所在。主要是担任火力支援的战列舰没有尽到责，它们虽然成功地支援了美七师登陆，但没有摧毁日军阵地。

金凯德于是命令战列舰重点轰击日军阵地。没了阵地作为凭依，日军只得撤退到靠近北面海岸的一个高地，然后掘壕固守，凭借隐蔽的火力点再行阻击。至 5 月底，退守高地的日军已经打光所有炮弹，轻武器弹药也所剩无几，处于弹尽粮绝的境地。

1943 年 5 月 29 日，还在阿图岛外围转圈的河濑收到了山崎队长的电报，报告他已销毁机密文件，破坏无线电报机，并将做最后突击云云。从那以后，山崎所部与外部的联系就断绝了。

就在这一天拂晓，天亮前两小时，上千名残余日本兵突然从山坡阵地冲了下来。他们一边嘶吼着"日本人喝血如饮酒"，一边端着刺刀向美军阵地的空虚之处突击。这是阿图岛登陆战开始以来日军发动的最大一次敢死队冲锋，若是遇到美国海军陆战队特别是陆战一师这样"屠夫"类型的狠角色，日本人大概就只能喝自己的血了，但美七师显然要差得远，前沿的美国大兵都惊得呆住了，哪里还挡得住对方的凶猛攻势。

日军袭击了两个指挥所，又闯入野战医疗所，将伤病员残杀一空。

天亮后，日军就没这么走运了，冷兵器迅速失去了其用武之地，从周围合拢过来的美军将他们团团围困。在密集火力的扫射下，张狂的日本兵纷纷倒地。

1943 年 5 月 30 日凌晨，残余日军实施了最后一次冲锋。一名日本兵在日记上写道："我将在浓雾中化成面露笑容的神，我只是在等待着我的死期来临。"

在美军早有防备的情况下，这样的冲锋只能为日军迎来集体死期。看着吓人的一长排尸体，美军也不由惊叹于对方武士道精神的狂热。

两千六百名日军，约有五百人用手雷结果了自己，最后，除二十八人被俘外，其余日军不是被击毙，就是自杀了。美军约有六百人战死，一千两百人负伤，还有近一千五百人因难以适应极地气候而无法投入战斗。对美国人来说，这个伤亡代价是相当高昂的。

阿图岛登陆战成为进攻基斯卡岛的前车之鉴。金凯德吸取教训，为登陆部队配置了极地装备，还进行了专门的极地作战训练，此外，又让航空队向基斯卡岛投下了一千两百吨炸弹。

阿图岛上的美军。大兵脸上的表情已经告诉了人们，极地作战的难度究竟有多大。

三个月后，美军再次发起登陆作战，但是，部队上岸后才发现，该岛并无日军防守。原来早在三周之前，联合舰队就趁封锁的美军编队返航补充燃料的机会，出动数艘巡洋舰和驱逐舰，悄悄地将守备部队全都载走了。

这与瓜岛撤军如出一辙，看来老是撤退，也能撤出经验。

第二章／被打死的那种感觉

美军收复阿留申，与山本之死紧紧衔接，足以让日本人为之灰心丧气。东条只得苦中作乐，把阿图岛登陆战中日军的"喝血如饮酒"当作精神刺激剂，一再拿出来鼓吹。

就算吹到天上，那也是骗老百姓的。高层全都心知肚明，裕仁天皇满脸悲痛地对杉山说："将来，你一定要事前有成功的把握才能发起行动。"

从瓜岛到新几内亚、阿留申，日军已经败到了脸色发白，裕仁质问杉山："如果我们继续打这样的仗，只会提高敌人的士气。难道我们就不能在别的什么地方，用某种方法与美军对抗并打败他们吗？"

打一次胜仗，杉山连做梦都想呢，可哪有这样的机会啊？被天皇一逼，他开始语无伦次起来，先是把责任推到海军身上，言称如果海军能够进行一场决战，就可以结束战争，但随后又补充说，他这个想法仅止于想法，因为现实中无法做到。

现实是，美军还将继续打胜仗，而要结束战争的方式看来也只有一种，那就是让日本彻底服输。

收复阿留申群岛后，有人在美军参谋长联席会议上建议，应以阿图岛为跳板，经千岛群岛向日本本土发动攻势。这个建议忽略了补给问题，北太平洋寒冷多雾，沿途也缺乏必要基地，在极端恶劣的气候条件下，一旦发动大规模进攻，后勤补给将非常困难。

另外，日军战时的海外资源主要从东南亚一带夺取，从北面进攻日本，也不足以切断这条补给线。参谋长联席会议未采纳这项建议，美军的主攻方向仍集中于南方。

一见钟情

南方区域很大，当时存在最大争执的是，究竟南方哪一个战区，可作为对日作战的主要反攻区。

麦克阿瑟竭力主张选他的西南战区。借着俾斯麦海战大胜的东风，他还提出了一个雄心勃勃的"埃尔克顿"计划，要求华盛顿再给他五个师、一千八百架飞机和包括航母在内的海军力量，他将统率海陆空三军"直捣黄龙府"。

这么大一个单子，马歇尔如何能够接受？而且若答应下来，等于和以前一样，又要抢海军的蛋糕了，欧内斯特·金那些人能同意吗？

果然，欧内斯特·金不同意，他认定麦克阿瑟就是个好利的先锋、趋势的元帅，光知道抢海军的饭碗——谁说反攻区就是西南太平洋，为什么不能是中太平洋？尼米兹从那边一样可以做到"与诸君痛饮耳"。

马歇尔又被夹到了中间，他只得两边做工作，派特使专赴澳洲，让麦克阿瑟修改"埃尔克顿"计划。

麦克阿瑟无法领会马歇尔的一片苦心，相反，他大发脾气，大动肝火，并且确信又是"海军阴谋小集团"坏了他的好事：该死的，有什么办法将狗尿堆到这帮人鼻子上，叫他们开不了口吗？

马歇尔是陆军出身，本应帮着陆军说话，如今也跟海军站到了一块，一定是被海军的一群宵小包围的结果，这就叫"居于齐则齐声，居于楚则楚音"吧。麦克阿瑟对马歇尔也一并有了怨气，他电告马歇尔，宣称新几内亚战役"由于缺乏资源而被迫暂时停止"。

你们不给好东西，我不干活了！

仗还要打，不能停，参谋长联席会议展开协调，麦克阿瑟和尼米兹均派代表参加。最终，双方达成妥协，西南太平洋和中太平洋都被确定为主要反攻区，老大不欺老二，各打各的。

这一回爱闹能闹的老麦讨了便宜，他终于从尼米兹的太平洋舰队中额外分到一杯羹。除原来规模不大的西南战区海军（新番号为美国第七舰队）外，由哈尔西直接指挥的南太平洋舰队（新番号为美国第三舰队）也暂时划归麦克阿瑟统率，这使他的部队一跃成为太平洋最强大的盟军力量。

哈尔西飞往布里斯班，同麦克阿瑟进行第一次会晤。哈尔西向麦克阿瑟汇报了五分钟，之后两人马上"一见钟情"。

哈尔西说，他很少见到给他印象这么深刻、这么强烈，而且这么讨人喜欢的人，给他的感觉，似乎双方早就是终生挚友了。

麦克阿瑟时年已经六十三岁，在哈尔西眼中却才五十出头："他的头发乌黑发亮，眼睛清澈明亮，仪态端庄稳重。"那种凛凛威风更是别人学都学不像的："即使他身着文职服饰，也能立即认出他是一个军人。"

老麦人长得帅，这倒是人所共知的，同样大家都知道的是哈尔西的"丑"，整个一外星人似的。可是麦克阿瑟并不"嫌弃"："从我们相见的一刹那起，我就喜欢他，我对他的尊敬和钦佩与日俱增。"

哈尔西与尼米兹也是多年好友，不过与稳重内敛的尼米兹相比，麦克阿瑟无疑更对哈尔西的脾气，两个人都是一样的疾恶如仇，一样的口无遮拦，一样的牛气哄哄，舍我其谁。

麦克阿瑟对海军将领有看法，但对哈尔西是例外，因为在老麦的眼中，哈尔西没有别人面对海战的那种恐惧，以及对舰船乃至航母的患得患失，他想到的，就是要同敌人搏斗，置敌于死地。

这种好斗性格令麦克阿瑟为之大声叫好，他毫不犹豫地将哈尔西列为美国历史上的四大水兵之一，能与美国独立战争、南北战争、美西战争中的海军英雄齐名，"在我国海军的历史上，没有人可以比他受到更高的评价"。

原先麦克阿瑟、哈尔西的幕僚班子都还有些担心，生怕这两位个性都极其鲜明的人碰到一起，会来个火星撞地球。没有想到两人惺惺相惜，越聊越投机。

当然在讨论作战方略时，有时也会有些不同意见，这时候哈尔西就直话直说："我不同意。"麦克阿瑟虽为上司，却并不把自己的想法强行推销给哈尔西，他会继续与哈尔西讨论，直到一方被另一方说服为止，这让哈尔西十分感佩："他（麦克阿瑟）阐述自己观点时的措辞，我从未听到过有人超过他。"

麦克阿瑟确实有理由让哈尔西佩服，在给马歇尔撂了一段时间的挑子后，他终于拿出了自己的得意之作，这就是以调整后的"埃尔克顿"计划为基础的"车轮"战役。

"车轮"战役是一次规模空前的军事行动，其作战前线绵延近一千英里，遍及陆地和海域，参战部队包括美国、澳大利亚和新西兰盟军，成千上万的陆战兵、飞行员、水手，数百架飞机、几百艘舰船和潜艇坐上了这辆庞大的"战车"。南太平洋上，车轮滚滚，杀声阵阵。

按照"车轮"战役的总体部署，哈尔西部队进攻所罗门群岛，麦克阿瑟部队进攻新几内亚东海岸，两支部队有如两把巨大的钳子，将最终达到包围拉包尔的目的。

对"车轮"战役能否成功，很多人当时都还抱有疑问，甚至西南战区司令部内的幕僚们也疑虑重重。一场巴布亚战役把大家都给打怕了，日军在巴布亚战场上所体现出的固守战术，以及日军士兵娴熟的战斗技能、不可思议的玩命程度，都让人一想起来就心惊肉跳。

多数幕僚认为，只有大力增援地面部队和飞机，才有可能占领拉包尔及其他日军据点。有人甚至断言，"车轮"要么不启动，一启动，盟军在人员和物资上的损失必然会大大超过巴布亚、瓜岛两役。

在西南战区的一次参谋会议上，一位参谋当着麦克阿瑟的面说出了自己的困惑：兵员补充这么缓慢，西南战区的物资补给只能满足作战计划的基本需要，在这种情况下，怎么去发动下一轮进攻呢？

虽然麦克阿瑟曾经在巴布亚战役后发布了掺水的公报，但这并不表明他对那场战役没有正确认识。在巴布亚战役中，美军是用直接的正面兵力迫使日军后退，这种战术有着深厚的传统思想基础，因为自古及今，作战双方都是围绕"楚河汉界"进行争夺角逐。所谓胜负依归，便是围绕着这条界线推过来推过去。

可是巴布亚一战，也充分暴露了传统战术的弊端，那就是损失和投入巨大，进展却极其缓慢。一次两次还好说，三次四次，以西南战区的资源状况，确实已难以承受。

逐岛进攻与麦克阿瑟心目中的理想打法并不符合，通过他对巴布亚战役的总结，完全有理由换一种角度，用一个新的构思来解决问题。麦克阿瑟站起身，告诉与会众人："我所要采取的作战方针，将打破墨守成规的一贯做法。"

蛙跳战术

什么叫墨守成规，就是维持旧法，一成不变。可是时代和条件都在变，正是在巴布亚战役中，麦克阿瑟看到了突破的可能，他自问自答了几个问题。

问：到巴布亚战役的最后阶段，日军为什么会支持不住？

答：缘于日军补给线被切断。

问：日军补给线是怎么被切断的？

答：缘于我们实施了严密的海上封锁。

问：如何才能维持严密的海上封锁？

答：必须有强有力的空军进行掩护。

问：空军怎样才能到达掩护海域？

答：占领机场，推进航空线。

这么反过来正过去一推，麦克阿瑟的新战术跃然纸上。具体来说，就是集中有限兵力和资源，先攻取日军防守力量薄弱、适合建造机场的地区。之后，便以新建机场为垫脚石，按空军掩护海军，海军切断补给的模式循环运作。

麦克阿瑟说明了他的真实用意：我们发动进攻，不是要占领日军的坚固据点，而是要予以包围，使守军变得软弱无力乃至饿死，这叫"乘虚而攻，让其自行消灭"。

作为美国在太平洋战场上资历最高、谋略最深的陆军名将，麦克阿瑟终非浪得虚名。他提出的这种战术构思，与尼米兹在瓜岛战役中牢牢占据瓜岛的打法相比，既有异曲同工之妙，又能自成体系和格局。

麦克阿瑟的新战术摒弃了传统的一线平推战法，好像池塘里的青蛙在荷叶上跳跃前进，因此被称为"蛙跳战术"。

战后东条承认，"蛙跳战术"是美国战胜日本的三个最关键要素之一，但在这一战术理论刚刚提出时，它并没有得到特别的信服和认同，哈尔西在进攻所罗门群岛时，最早想采用的就不是创新的

一个好厨子会根据不同的食材，做出最精美的菜肴，麦克阿瑟的"蛙跳战术"是太平洋战场上不可或缺的一道大菜。

"蛙跳战术"，而是更为传统的逐岛进攻战术。

哈尔西首先要攻下的是新乔治亚岛。

日机航程有限，要从拉包尔或布干维尔起飞轰炸瓜岛，就必须带副油箱，但带了副油箱又会影响战斗效能，于是日军便计划在中所罗门群岛部署两个海岛机场，新乔治亚岛的蒙达机场即为其中之一。日本人的想法是，先从拉包尔起飞，中途在蒙达加一次油，然后再前往瓜岛或图拉吉上空，返回时也一样。

蒙达将成为日军轰炸瓜岛的中转站，哈尔西这一剑是非砍不可，同时新乔治亚岛也在瓜岛"仙人掌航空队"的有效作战半径之内，陆基航空兵可对登陆行动进行支援。

蒙达机场一直处于全速修建状态，为了不被美军侦察机发现，日军将丛林植物环绕在铁丝网上，做足了伪装。差不多快到要完工的时候，哈尔西才知晓它的存在，并下决心提前实施"脚指甲行动"。

蒙达机场位于蒙达角海岸，蒙达角以南五海里处有个伦多瓦岛，如果在岛上设置大炮，可以轰击蒙达机场，但日军却没有注意到这一点，伦多瓦岛上仅有不超过三百人的守备队，而且没有配备火炮。

"脚指甲行动"的第一步就是要夺取伦多瓦岛。1943 年 6 月 30 日晨，从瓜岛出发的特纳登陆编队出现在伦多瓦岛附近。日军部署在蒙达角的岸炮部队一看，以为美国人要攻取蒙达机场，就准备等特纳编队靠近点再打。趁此机会，登陆部队马上换乘登陆艇。

日军炮兵如梦初醒，急忙进行射击，然而为时已晚，美军驱逐舰很快压制住了日军的炮击。在舰炮的有力支援下，登陆部队向伦多瓦岛发起冲击，兵力薄弱的守敌被全部歼灭。

伦多瓦岛距离布干维尔岛机场不过二十分钟航程，但日军没有料到美军会发动奇袭，布干维尔岛上的飞机事前已被全数撤往拉包尔。发现美军进攻伦多瓦岛，才有二十七架日机急急忙忙赶来参战，此时从瓜岛出发的美军战斗机早已等候多时，以逸待劳，这群日机被打了个落花流水。

下午 3 点，登陆编队将所有物资卸载完毕，起锚返航。归途中编队遭到日机攻击，特纳的旗舰"麦考利"号运输舰被鱼雷击中，失去了机动能力。更不走运的是，天黑以后，美军鱼雷艇又将被拖带中的"麦考利"误认为日舰，竟然将它击沉了。

自瓜岛战役开始，在特纳所负责的运兵行动中，只损失一艘运输舰真不算什么，最重要的是，他完成了哈尔西所交给的任务——1943年7月1日，登陆部队在伦多瓦岛建立火炮阵地，用炮火罩住了蒙达机场。

所罗门群岛区域为东南舰队司令草鹿任一中将所负责。在收到美军登陆伦多瓦岛的报告后，今村立即派参谋井村和今泉赶到东南舰队司令部，商讨怎么陆海协同，对蒙达角的日军进行增援。

陆军人是有的，可以从布干维尔岛等地抽调士兵，问题还是和过去一样，得配船。

眼下能搞运输的只有驱逐舰。可是海军又突然小气起来，舍不得拿驱逐舰运兵，他们让陆军等一周时间，以便可以弄些其他小舟艇过来。

几个陆军参谋气得七窍生烟：我点葱你偏给蒜，用小船来运大部队，能载得下那么多人吗？再说了，战机转瞬即逝，一周过去，黄花菜都凉了！

海军方面被驳得哑口无言，只得答应立即派出驱逐舰。

1943年7月4日晚，四艘日军驱逐舰从布因基地出发，满载着部队，驶入了新乔治亚岛西北角的库拉湾。就在这时，瞭望哨突然发现在己方十公里以外有炮火在闪光。

炮火闪光来自美军登陆编队。哈尔西集结了两千六百名陆战士兵，正准备在蒙达角北部的赖斯湾登陆，护航舰为掩护登陆，对岸上实施了炮火轰击。

根据炮火闪光的密集程度，日军编队指挥金冈国三判断，美军实力应在己方之上。事实也是如此，由安斯沃斯少将指挥的护航舰队共有轻巡洋舰三艘、驱逐舰九艘，要对攻的话，日舰显然处于劣势。

日本海军有比较丰富的夜战经验，金冈国三下令展开远距离偷袭。在夜幕掩护下，日舰接近至六千米距离，向美舰发射了十四条"长矛"鱼雷，随后终止运输任务，立即掉头返航。

当晚库拉湾内黑暗多云，偶尔暴风雨还会笼罩海湾，所以美军编队未能发现日舰，雷达也未能及时提供预警。等到雷达屏幕上有所显示时，"长矛"鱼雷已经袭来，一条鱼雷命中"斯特朗"号驱逐舰并当场引发爆炸。巨大的爆炸恶狠狠地撕开了两舷船壳，船体中部迅速塌陷下来，完全丧失了航行和通信能力。

发现"斯特朗"的无线电无人应答，安斯沃斯知道不妙，急忙派出两艘驱逐舰前来救援。救援舰将舰艏靠上"斯特朗"的左舷，在"斯特朗"沉没之前，救出了包括舰长在内的大部分船员。

金冈国三并不准确地知道自己的偷袭成果，回到布因基地后，他

日军"长矛"鱼雷的攻击力凶悍，图中这艘巡洋舰被两条"长矛"鱼雷给生生打掉了舰艏。

连蒙带猜地向东南舰队司令报了个数字：鱼雷击沉美军一艘巡洋舰、一艘驱逐舰。

要说金冈国三也算是够谨慎，并没有把战果吹得太离谱，而且他本来的运输任务也未完成，但自从俾斯麦海战以来，日本海军几无胜绩，就这么一次小胜已够他们显摆的了。

天不起风晴不了，人不说谎成不了。出于宣传需要，东南舰队对库拉湾偷袭战大肆渲染，堂而皇之地拔高为战胜美国名将哈尔西的巨大胜利。

为了把"巨大胜利"进行到底，同时完成既定计划，日军投入十艘驱逐舰，实施了一次更大规模的增援行动。

电子狗

除了增加舰数外，编队的技术含量似乎也提高了，旗舰"新月"号上安装了雷达报警设备。

日军原先对雷达基本上是一无所知。珍珠港事件前两个月，日本超级间谍吉川猛夫发现一艘美国重型巡洋舰的前桅杆头部，装了一种桁架型天线，但这种天线他从未见过，也不知道有什么用途。

珍珠港事件结束后，始终未暴露身份的吉川获释回国，在对被俘美军的一次审讯中，他才无意中得知"桁架型天线"就是美国海军正在装备的"雷达"。

吉川猛夫了解到，雷达可通过反射电波的回馈，探测出对方舰艇所在方向和距离，以此减少目视误差。他立即向军令部做了汇报，但并未引起军令部的足够重视，当时日本海军的雷达知识也仅止于皮毛。

从中途岛战役开始，雷达逐渐显山露水，到几次所罗门海战，军令部已经不敢不正视雷达在海战中的重要作用了，因为他们发现美国人活像装了千里眼和透视眼镜，夜战时的目力有时比日舰还厉害，以至于日本海军的传家宝——利用夜间逼近敌舰，然后发射鱼雷，差不多要过期失效了。

怎么办？跟着造啊，美国人能造雷达，难道日本人不能？

在军令部的严令督促下，海军技术部只好埋头鼓捣，但科技这东西不是别的，光逼逼不出成果。货真价实的雷达实在是造不出，只弄出了雷达报警设备。

这种设备相当于如今汽车上的"电子狗"，可以接收并测定雷达的脉冲信号，当雷达信号达到一定能量值时，就会发出警告，提醒你军舰已被对方发现，得赶紧逃。

也就是说，只有当遇到装有雷达的美舰时，"电子狗"才用得上，它无法直接发现美舰，不能当"导航仪"使。这当然不够完美，可有总比没有强，起码上路能少扣点分或少罚些款吧。

1943年7月5日晚，日军编队驶入库拉湾。当天晚上没有月亮，突然的雨云又使能见度迅速降低到一海里以下，这种气象条件使得日军瞭望哨的视野和分辨能力大打折扣，好在有"新月"号的"电子狗"，日军编队指挥官秋山辉男的心里才算有了点底。

"电子狗"很快有了反应，显示左舷五公里外有美军水面舰只出现。秋山如获至宝，"电子狗"真心好啊，要不然美舰杀到面前都不知道呢。

日舰可以像昨天那样觑个冷子，射完鱼雷后撒腿就跑，但秋山这次打算两不耽误。他将驱逐舰分成三拨，前面七艘分别编成第一、二运输队，只管卸载人员物资，后面包括旗舰在内的三艘编成掩护队，向"电子狗"显示位置驶去，以便靠近后作战斗警戒。

秋山被骗了，骗它的就是"电子狗"，它报了个假警。左舷五公里外的目标根本就不是什么美舰，秋山这么一移动，反而让自己被真正的美舰给逮个正着。

其实日军编队一离开布因基地，就被盟军的海岸监视哨发现了。接到报告后，哈尔西立即命令刚刚返回图拉吉港的安斯沃斯编队再次出海截击。

美国人比日本人更勇于面对现实，也更善于总结经验，因此与瓜岛时期相比，这时候的美国海军又有了长足进步，具体表现为装备更趋精良，行动组织更为严密。

所罗门海战时，SG 型对海搜索雷达只在一两艘舰艇上安装，如今所有军舰上都装了 SG 型雷达。它们被专门安装在一间舱室里，这种舱室叫作雷达标图室。操作人员在雷达荧光屏上发现目标后，就会在标图室进行标绘和分析，其他海岸观察哨和无线电得到的情报也会汇集到此处，这使雷达标图室成了一个战场情报中心。拥有这样的中心，海战时就可占据极大优势。

行动组织上，过去的舰队大多是临时拼凑，那边来一点，这边添一点，彼此之间甚至都不太熟悉，更不用说良好配合了。现在则是编制较为固定的特混舰队，指挥官和舰艇水兵可以定期地在一起组织训练，从海战特别是夜战的技术水平，到官兵的士气、信心都一并上去了。

以为凭这种条件，足可以在夜战中打个翻身仗，未料日军一个偷袭，还未正式交手，就先让自己中了一镖。安斯沃斯浑身不爽，接令后二话不说，带上由三艘轻巡洋舰、四艘驱逐舰组成的编队便出发了，他要为沉没的"斯特朗"复仇。

日舰比美舰早进入库拉湾，而且航向不同，但在质量低劣的"电子狗"的误导下，掩护队却糊里糊涂地提早进入了美军雷达的可测范围，更让人哭笑不得的是，当被真正的美军雷达发现时，"电子狗"又来了个默不作声，几如美军安插的卧底一般。

六英寸机关枪

在发现掩护队的最初几分钟里，美军编队并没有立即开火。这是因为附近海岛上高耸的山坡回波掩盖了目标，以至于战场情报中心的专家们无法准确研判出前面究竟有多少日舰，也不知道它们的配置和航向。

一切只能看指挥官的临场指挥和决断能力了。安斯沃斯下令变航行队形为战斗队形，在接近日舰到中等距离时进行雷控射击。

接近是为了射得更准确，但缺点也显而易见——距离六千两百米，美军还没有开炮，而随着距离的缩短，日军瞭望哨却已凭借目力发现了美舰。

短时间内，安斯沃斯无法再通过雷达分配射击，他只能集中所有火力，选择最大的或最近的目标进行射击，这个目标就是秋山的旗舰"新月"号。

雷控射击是利用雷达电波碰击敌舰，再通过反射，自动准确地测定距离所实施的射击。这和用测距仪测定距离的打法完全不同，理论上讲，应该达到百发百中的效果，所以美军在夜色中的射击相当准确，巡洋舰主炮的第一次齐射就命中了。

在战斗的前五分钟，三艘巡洋舰共向日舰倾泻了超过两千五百发一五二毫米炮弹（六英寸炮弹），美军称之为"六英寸机关枪"。炮弹大部分落在了"新月"上，"新月"还没来得及发射鱼雷，雨点般的炮弹便摧毁了它的舰桥，正在指挥作战的秋山及其幕僚当场殒命，接着舰体也沉入海底。

安斯沃斯深知日军夜战中的法宝是什么，因此五分钟后即下令编队转向，以躲开鱼雷攻击。

理论上正确的东西，实战中也未必都一一可行。掩护队的驱逐舰除"新月"号外，分别是"凉风"号和"谷风"号。安斯沃斯以为五分钟的"机关枪扫射"足以把大部分日舰扫成筛子，但实际只打沉了"新月"，"凉风""谷风"并未遭到射击，还拥有足够的反击能力。

在所罗门海战中，因为弹药中没有消焰剂，美军舰炮发射时的火光会暴露自己的位置，从而为鱼雷攻击提供目标。美军注意到了这个问题，但为前线提供的无焰弹仍然很少，三到四次齐射就打完了，再开火时，炮火刺目绚烂，在夜色中非常显眼，成为日舰理想的瞄准点。

"凉风""谷风"瞄准美军的炮火闪光处，将鱼雷管中的所有十六条"长矛"鱼雷全部射出，随后两舰一边施放烟雾，一边撤出了战场。

安斯沃斯编队转向时，日军发射的鱼雷正好到达美舰所在位置，处于编队中央的"海伦娜"号轻巡洋舰是日舰瞄准的基点，先后被四条鱼雷击中。以"长矛"鱼雷所具有的破坏力，仅仅一条就足以击沉一艘巡洋舰，"海伦娜"的舰体两头被炸得像折叠过一般。瓦罐不离井上破，壮士难免阵前亡，军舰也一样，"海伦娜"多次在所罗门海战中死里逃生，但这次它没能逃过去，最终沉入了大海。

"海伦娜"中雷让美军队形一度出现混乱。转向完成后的编队立即重组队形，以攻击新出现的日军第二运输队。安斯沃斯看到第二运输队正在右转，于是下令编队

"海伦娜"号轻巡洋舰。军舰和人的命运一样，不死只是大半辈子，死了才是一辈子。

进行机动，先一步占据舰队海战中最理想的"T"字横头阵位。

在"T"字阵位上，所有美舰均可发挥火力，而日舰只有第一艘"天雾"可还击。由于位置不利，日舰丧失了发射鱼雷的机会，"天雾"连中四弹，"初雪"也被三发炮弹命中，两舰慌忙撤逃。后面的两艘驱逐舰见美舰舰炮又狠又准，更不敢接战，也急忙掉头。

日舰都有一套躲雷达的办法，有的利用海岸雷达杂波进行掩护，有的驶离雷达的有效范围，安斯沃斯在雷达荧光屏上看到的只有己方驱逐舰，便下达了"所有火炮退膛"的命令。

出乎安斯沃斯意料的是，原本退出的"凉风""谷风"又回来了。它们重新装填了备用鱼雷，准备实施第二次攻击，但此时美军编队已撤出战场，只得悻悻而返。

无脑的"电子狗"将他的主人秋山送上了不归之途，但秋山死之前将日舰分成三拨，被证明是做出了一个正确的决定。当安斯沃斯在库拉湾与掩护队激战的时候，日军运输队已将一千六百多名陆军官兵和九十吨补给物资送到了岸上。

因为没有雷达引导，日军驱逐舰在卸载完毕后只能各自寻找捷径跑路，其中"长月"号驱逐舰误入浅水海域并搁浅，天亮后被美军飞机击沉。在库拉湾海战中，日军驱逐舰共被击沉两艘，五艘受伤，包括秋山在内的三百多人丧生，但是基本完成了运输任务。美军损失一艘万吨级轻巡洋舰，也没能阻止日军的增援行动，对美方来说，这总体上是一次失利的海上阻援战。

找星星的能手

尽管增援行动基本获得成功，但与进攻的美军相比，蒙达地区的日军仍处于劣势。为了确保蒙达机场的安全，东南舰队决定继续运送增援部队和补给物资，1943年7月12日晚，又派出了一支新的运输编队。

奉哈尔西之命前来截击的还是安斯沃斯编队，其队伍得到加强，扩充为三艘巡洋舰和十艘驱逐舰。在科隆班加拉岛东北方向，美军夜航侦察机发现了护航的日军警戒队，共有巡洋舰一艘、驱逐舰五艘。

上回日舰数量占优，只是指挥官一开战就阵亡，使得它们没能形成应有的抱团优势。这一次想抱团也不成了，数量优势在美舰一方，加上夜航的预警，安斯沃斯对此大有胜算，他下令编队呈战斗队形向日舰驶去。

在库拉湾海战中，美军驱逐舰大多作壁上观，原因是没来得及发射鱼雷，这回大家长了记性，伴着巡洋舰"六英寸机关枪"的嘶叫，前卫的五艘驱逐舰都提前发射了鱼雷。

然而状态好的并非仅仅只有美舰，日舰也一样，不知道是不是被"提防着你的皮"之类的咒骂和恐吓给惊醒了，以往迷迷糊糊的"电子狗"一下子机灵起来，给美舰的接近报了警。

美军雷达自然比"电子狗"要强，但雷达说到底只是一种侦察手段，实战时还是要更多地依赖人的经验和素质。太平洋战争前，日军在训练等方面准备充分。在日本飞行员训练目力的课程中，有一项是大白天找星星。一般人是不太可能做到的，但经过一次又一次的实践，日本飞行员都成了找星星的能手，往往还会越找越多。每当看到一颗特殊的星星，他们会很快记住它的位置，然后把视线猛地转向九十度方向，随即又转回来，看看自己能否立即找到。

用这种极端方法，日军训练出了王牌飞行员，也训练出了一批目力极强的夜战精英，他们能达到的水平能力，是战前准备不足的美军所难以企及的。在美舰开火的前一分钟，瞭望哨就凭肉眼发现了美舰，指挥官伊崎俊二下令打开探照灯，实施鱼雷和舰炮射击，安斯沃斯预想的先发制人变成了遭遇战。

日军旗舰"神通"号轻巡洋舰因为打开了探照灯，首先成为"六英寸机关枪"

的最理想标靶。在极短时间里，美舰就向其发射了两百三十发炮弹，"神通"号仅锅炉舱就被命中十弹，机舱被完全炸毁，旋即丧失航行能力。

日军的五艘驱逐舰也将发射管里的鱼雷全部射出。日军鱼雷手与瞭望哨一样，在夜战中均具备"要么不发，发必中"的高水平，美军"林德"号巡洋舰被鱼雷击中，失去战斗能力，被迫由驱逐舰护送返航。与之相比，美军鱼雷兵相对训练不足，也缺乏实战经验，前卫驱逐舰射出的鱼雷大多被浪费了。

日军驱逐舰射完鱼雷后，便高速撤出战斗。美军驱逐舰趁势向已无法航行的"神通"发射鱼雷，这是不能动的固定靶，要再射不中，就得自己抽自己嘴巴子了。一条鱼雷击中"神通"，"神通"在猛烈的爆炸声中断为两截，很快沉入海底，包括伊崎在内的四百八十二名船员随舰沉没。

安斯沃斯以为夜战已经结束，日军已经败逃，但他想错了。

库拉湾海战中有一个细节被忽略了，那就是日军驱逐舰的去而复返。这其实是日军在夜战中的一种战术打法，即暂时撤出战斗，重新装填鱼雷后实施二次攻击。

五艘驱逐舰重返战场，并带来了满筐的鱼雷，留在战场的美舰猝不及防，一艘驱逐舰被击沉，另外两艘巡洋舰也遭到重创，经过紧急抢修，才得以返回图拉吉港。

与库拉湾海战相似，交战归交战，日军始终没有耽误卸载，一千两百名陆军和二十吨弹药被送到了岛上。因交战海域在科隆班加拉岛附近，此次夜战被称为科隆班加拉海战，美军在海战中已不是小挫，而是严重失利，受到重创的三艘巡洋舰中，"林德"号直至战争结束也没能完全修复，另外两艘也经过数月大修才得以重新归队。

从库拉湾海战到科隆班加拉岛海战，都是面对面真刀实枪的夜战对抗。它的结果证明，与1942年相比，虽然美国海军的夜战水平已有很大进步，但要完全追上日本海军，还必须付出更大的努力。

战斗神经症

两次海战，让哈尔西在所罗门群岛海域的海军遭到沉重打击，一时之间，他几乎凑不出可以出海作战的巡洋舰了，日军则利用这一有利时机，加紧向所罗门群岛中部运送援军和物资。

哈尔西当然不能坐视不管，海上暂时无法截击，就从空中开始。

1943 年 7 月 16 日，瓜岛"仙人掌航空队"两百多架飞机向日军布因港飞去。港口上，日军驱逐舰正在紧张地装运物资，以便增援新乔治亚岛。看到美机飞来，日军急忙出动战斗机进行拦截。

在战斗机互相对抗的同时，七十二架美军俯冲轰炸机和鱼雷机冲破拦截，对布因港内的日军舰船进行了空袭，日军舰船全都靠在一起，动都没法动一动，只能眼巴巴地挨炸弹。

日军驱逐舰被炸沉一艘，炸伤两艘。这样一来，运送编队就必须调整，东南舰队司令草鹿任一被迫取消了增援行动。

集中一地出发显然有了风险，草鹿下令各舰从各自的驻泊港起航，在海上会合后再一起出发。这次运输任务完成得不错，但在途中，却被美军"卡特琳娜"式夜航机给盯上了。

接到夜航机的报告后，瓜岛的 TBF "复仇者"式鱼雷机陆续赶到，它们对日舰编队实施了"平桅轰炸"。

"平桅轰炸"是鱼雷机所采取的一种超低空轰炸方式，其投弹高度只比军舰的桅杆略高，当然命中率也水涨船高，而且每架鱼雷机挂的炸弹都是重达一吨的重磅炸弹，威力相当惊人。在这次空中攻击战中，日军共有两艘驱逐舰被击沉，其余舰船也大多受伤。

之后空中攻袭便成了哈尔西对付日军海上增援的利器。日本海军为此气急败坏，草鹿任一将东南舰队司令部从拉包尔迁至布因，与美军大打基地航空战。

基地航空战与海上航空战不同。海上航空战是以击沉对方舰船为目的，基地航空战则以飞机为主攻目标，实际上就是战机之间的对攻，其中自始至终要参加拼杀，损伤也最多的是战斗机。

此时美国海军在南太平洋上使用的主力战斗机，已不是 F4F "野猫"式，而是 F4U "海盗"式。"海盗"的机翼庞大笨拙，视野很小，降落速度也太快，不太适合作舰载机使用，但这种新型战机却成为岸基海军陆战队的新宠。

"海盗"有着结实的身板，奇快的飞行速度，"零"战只要被它狠撞一下，立刻机毁人亡，因此只要运用得法，在与"零"战较量时，"海盗"并不处于下风，有如陆航的P-38"闪电"式。日军飞行员本身也更害怕见到"海盗"，他们给"海盗"取了个绰号，叫作"狂啸死神"，原因是"海盗"俯冲和攻击时的声音非常尖厉，会让他们感到毛骨悚然。

热带岛屿机场上的 F4U"海盗"式战斗机。驻瓜岛的美国海军陆战队最早开始使用这种新型战斗机，"海盗"也很快就在实战中显示出了它出色的作战能力。

一方面是性能上去了，另一方面是美机的数量还占有优势。截至 1943 年春，美国飞机的月产量为九千架，日本只能生产美国的六分之一，至关重要的"零"式战斗机每个月不过出产两百架。美国的飞机总数达到八万多架，日机才一万多架，在这种情况下，日本海军航空队要想在空战中不致完全落于下风，只有一个办法，那就是经常动员手头所有的"零"式战斗机，尽可能保持局部优势。

加班加点的结果，是日军飞行员疲惫不堪，休息和营养都得不到充分保障。就算是王牌飞行员，在经过连续空战后，也会出现视力下降、注意力无法集中等现象，而这在杀机以分和秒计算的空战中是极其致命的。

美军飞行员就不同了。"仙人掌航空队"拥有足够的人员和飞机，能够确保飞行员每隔一到三天参加一次空战，并且还可以让飞行员在做好充分准备，处于最佳精神状态和健康情况下作战。

空军的越战越勇，并不能替代哈尔西的焦灼。海空大战，都是为了增援岛上的地面战，但地面战打得不尽如人意。

美军刚登陆新乔治亚岛时，一切都是按照计划进行，看上去很是顺利，令人乐观的战况是从进入丛林地带后发生剧变的。

新乔治亚岛的热带丛林，比瓜岛更密、更潮湿，也更不利于军事行动。丛林里的荆棘丛刺没完没了，必须不停地用刀砍伐，才能辟出一条通行道路。其间还有无数条冰冷刺骨的丛林溪流，有的必须泅渡过去，有的看上去靠人力简直无法通行。

前来新乔治亚岛接运伤兵的登陆艇都快挤不下了。打仗也像做数学题，求等式，要想有一个好的结局，就要设置一个不那么好的过程。

登陆美军主力为美国陆军第四十三步兵师，只经过数周的丛林战训练，在丛林作战和生存方面，还属于菜鸟级别，他们在丛林里跋涉十二个小时，才向前挺进了十一公里。官兵们时而四肢着地爬过山梁，时而连滚带爬地滑下山坡，人人饥肠辘辘，被丛林折磨得生不如死，连一天到底是怎么过去的都弄不清楚。

与丛林一样可怖的是日军的袭扰。每当夜幕降临，新兵们便如堕地狱，日军无休止地进行辱骂，鸣放鞭炮，虚张声势地做出进攻动作，这些都使得蜷缩在散兵坑中的士兵无法入睡。他们不知道潜藏在丛林中的日本兵会在什么地方出现，又会在什么时候用冷枪要了自己的性命。

张皇失措下，连蜿蜒爬行的蛇、陆栖蟹甚至是发出幽绿磷光的烂木头，都会被心惊肉跳的士兵当作是敌人的偷袭，进而向其发射子弹。患有"战斗神经症"的人越来越多，竟然超过了战斗中挂彩受伤的人数，让战地医疗队十分头疼。

日军原驻岛部队加上援兵，在数量上不及美军，但美军的进展速度仍极其缓慢，地面战眼看有演变成另一场瓜岛战役的可能。哈尔西顿有宝刀锈钝之感，多年以后，他回顾道，"烧焦了的名誉的余烟依然呛着我"。

古罗马战法

谁该为战况不佳负责任？第一个要打屁股的自非主将莫属。哈尔西果断进行调整，把前线指挥官撤下来，换成了霍奇少将。

霍奇发现仗打不好的关键，还不在丛林战的难以适应上——他到前线时，仗已打了快半个月，新兵也变成了老兵。

真正的难点是蒙达的牢固阵地。日军指挥官佐佐木登把所有部队都收缩到了曾被摧毁的蒙达机场，并在周围建起了环形防御体系，全部机枪阵地和战术据点都是在珊瑚礁上深挖一点五米，再用水泥和木头垫高，然后加以巧妙伪装，十分易守难攻，霍奇称之为"蒙达硬骨头"。

这样的硬骨头，靠人啃是很难的。霍奇请求增援，要求增加攻坚武器。

哈尔西批准了请求，霍奇得到了攻坚所必需的坦克、火焰喷射器和炸药包。1943 年 7 月 25 日，经过短暂休整的美军重新展开攻势。

有了啃骨头的器械，也并非就一劳永逸，丛林的泥泞限制着进攻效率，而日军死守阵地的狂热，则令美军不得不打起十二分精神。实战中，美军必须先一个据点一个据点地把日本兵从掩体中赶出来，再在残酷可怖的白刃战中将其消灭。

日军逐步被压缩到蒙达机场附近的狭长地带。8 月 1 日，美军先遣部队冲进机场边缘，又经过四天的激战，他们才完全占领了蒙达机场。当天，哈尔西收到了胜利的电报："我军今日从日军手中夺取并全面占领了蒙达，我们谨将它奉献给您！"

他的复电极其干脆有力："置其于死地！"因为美军占领蒙达，并不表示同时控制了新乔治亚岛。日军残部在佐佐木登指挥下，退守蒙达西北的巴洛科港，仍可对蒙达机场构成威胁。

东南舰队和第八方面军司令部也没有放弃新乔治亚岛，他们一方面要求佐佐木登死守巴洛科港，另一方面准备继续沿用"东京快车"的方式进行增援。

向新乔治亚岛运送援兵和补给，库拉湾原本是首选，然而在美军的夜间航空战术奏效后，日军的运输舰船都不肯走库拉湾了，它们宁愿选择科隆班加拉岛南面的危险水道，那边水道有些危险，不过遭到夜间空袭的概率要小得多。

在这条航线上，美军以伦多瓦岛为前进基地，派遣了鱼雷快艇进行拦截。交战中，一艘鱼雷快艇被日军的护航驱逐舰撞成了两截，而这艘快艇的艇长就是未来的美国总统肯尼迪。

当快艇被撞断时，肯尼迪在瞬间有了"被打死的那种感觉"。他跳出了快艇，在受伤情况下救出一名部下，之后又在海水里漂了四个小时，最后才被海岸观察兵发现并获救。美国有好几位后来的总统都参加了"二战"，其中肯尼迪的表现尤为出色，他因此被美国政府授予紫心勋章以及海陆军勋章。

鱼雷快艇的拦截不是没有成效，它们曾击沉一艘日军驳船，还击中过若干艘其他舰船，但是这点损伤对"东京快车"来说只是隔靴搔痒，不会造成太大影响。

要破坏日军新开辟的海上补给线，就得使用比鱼雷艇大一些的舰只。哈尔西第三舰队的特混编队，有的离这条航线较远，有的损伤较重，无法立即投入作战，比如安斯沃斯编队，能出动的只有驱逐舰分队。

在此之前，美军的海战编队，历来是巡洋舰和驱逐舰混编，驱逐舰主要为巡洋舰担任警戒，巡洋舰才是海战的主角，通常驱逐舰是不单独出动的，这次也是被逼得实在没办法了。

任务最后落到了驱逐舰分队指挥官伯克中校身上，伯克领命之后喜形于色。

伯克是一个非常有思想的海军军官，他一直主张，若在所罗门群岛狭窄的水域间进行海战，驱逐舰和巡洋舰就不要混编，更不要把驱逐舰排在巡洋舰后面，那样在海战中驱逐舰就会变得毫无作用。安斯沃斯所指挥的两次海战便是明证，驱逐舰事实上成了巡洋舰的附庸，既无法自由作战，也难以发挥其灵活机动的特长。

驱逐舰不应为掩护巡洋舰而束缚自己的手脚，但"长矛"鱼雷已经使日军驱逐舰在作战中拥有了巨大的攻击优势，驱逐舰要单打独斗，必须找到一个克敌制胜的有效战法。伯克一直在研究相关战术，他从古罗马战史中得到了灵感。

古罗马军队的布阵堪称一绝，当时只要武士们能在开阔场地摆开阵势，便鲜有匹敌者。在与北非迦太基的二强对决中，罗马统帅西庇阿又建立了步骑兵交替攻击的布阵战术。伯克认为这种战术既合理又简单，完全可以套用到现代海战中来。

对军事家而言，战史就是最鲜活的战术课本，伯克由此拟订了一个类似于古罗马战法的作战方案，但在出击前夕，他被调任至更高一级的职务，阴差阳错下，失去了在实战中检验自己战术理论的机会。

幸运的是，他的继任者穆斯布鲁格中校同时继承了这一方案。

莫名其妙地沉了

1943 年 8 月 6 日，穆斯布鲁格率驱逐舰群从图拉吉港起航。日落时分，他收到侦察机的报告，得知日军四艘驱逐舰正高速向南航行，那正是新一轮的"东京快车"。

穆斯布鲁格推算了一下，从日舰的航行速度来看，估计日舰将在午夜前后进入科隆班加拉岛西北的韦拉湾。

晚上 10 点半，美舰驶入韦拉湾。根据各舰的武器装备情况，穆斯布鲁格将六艘驱逐舰分成两个分队。鱼雷较强的三艘驱逐舰为第一队，由他亲自指挥，火炮较强的另外三艘驱逐舰为第二队。第一队装备有三到四座五三三毫米鱼雷发射管，第二队的鱼雷发射管只有两座，但增加了四门四〇毫米火炮。

长有长妙，短有短强，为充分发挥两队各自的优势，穆斯布鲁格事先就与各舰舰长约定，如果日军编队全是驱逐舰，就由第一队首先发起攻击，如果全是小型舟艇，就由第二队首先攻击。侦察报告显示来者是驱逐舰，穆斯布鲁格便在布置战斗队形时，令第一队在前，第二队在右后，两队相距约三千七百米，均呈单纵队平行航行。

午夜稍过，日军四艘驱逐舰进入韦拉湾，不久即出现在穆斯布鲁格的旗舰"邓拉普"号的雷达荧光屏上。

发现日舰时，双方还隔着近二十公里之遥。穆斯布鲁格立即用报话机通知各舰，并自率第一队在黑暗中悄然向日舰接近，第二队则紧随其后。

由于美舰此前从未在韦拉湾海域频繁出没，日本海军比较麻痹大意，此时既未进入战备状态，也没有加强瞭望观察，当然要观察也比较困难，当天的夜空中没有月亮，到处漆黑一片，伸手不见五指。

五千七百米，日舰仍未察觉任何异动，穆斯布鲁格下令发射鱼雷，三艘驱逐舰每个各送出八条鱼雷。

穆斯布鲁格不仅追求战术整体，也讲究技术细节。他在鱼雷发射管的管口处加装了闪光遮挡装置（消焰器），鱼雷发射时没有火光，日军瞭望哨发现不了，所以日舰仍然在傻乎乎地朝着鱼雷飞来的方向前进，这使鱼雷的实际航行距离还不

参加韦拉湾海战的美军驱逐舰"斯特瑞特"号。在旗帜鲜明的年代里，想左右逢源反而会弄巧成拙，曾经那么卖力地伺候巡洋舰，却没得到过多少好评，那还不如干脆独挑大梁了。

到四千米。

鱼雷发射后一分钟，日舰终于发现了美舰，但不是因为鱼雷，而是日军瞭望哨看到远处似乎有黑影移动，经仔细辨认，判断出是美军驱逐舰。水手们赶紧去搬鱼雷——不用搬了，美国人免费赠送的鱼雷已到眼前！

美国海军鱼雷过去常被人讥笑为是一堆无用的"废铁"。穆斯布鲁格在鱼雷技术上的另一个改进，是不再在弹头上安装性能不可靠的磁性雷管，而宁可使用老式然而稳定的触发装置，这使美军鱼雷也具备了争气的条件。突前的三艘日舰都被鱼雷击中，只有殿后的"时雨"号得以幸免。惊慌之下，"时雨"将发射管中的八条"长矛"鱼雷全都射了出去，然后借着施放的烟幕脱离战场。

穆斯布鲁格早已防着这一手。第一队射完鱼雷后，便高速回转，呈单横队退出，"时雨"的八条鱼雷没有一个找到婆家。

按照伯克方案，在第一队得手后，第二队将从另一方向突然开火。实战中，穆斯布鲁格又对这一方案做了改进，当第一队的鱼雷射向毫无察觉的日舰时，第二队已奉令抢占了"T"字横头阵位。

第一队往东北一撤，第二队即从西南用主炮和鱼雷发起猛击，将一艘已经受伤的日舰打沉了下去。

见帮手已到，第一队也顺势转过身，对日舰实施炮击。在交叉火力的攻击下，战场上剩余的两艘日舰被打得晕头转向，不知西东，只知道向四周盲目乱射。

这已是待宰羔羊，不足为虑，可虑的是那艘已溜出去的日舰"时雨"，过去的经验说明，它很可能还要杀回马枪。穆斯布鲁格让第二队继续轰击，他自己率第一队前去截杀"时雨"。

在重新装填鱼雷后，"时雨"果然回来了。就在它准备再次实施攻击时，被围攻的一艘日舰的弹药舱中弹，发生了大爆炸，"时雨"舰长听差了，以为美机也来助阵，正对自己的友舰进行空袭，当下再不敢往前，掉头便开回了拉包尔。

幻听救了"时雨"的命。在当晚的海战中，四艘日军驱逐舰，仅"时雨"一艘得以逃生。在穆斯布鲁格计算精准的三重打击下，三艘刚服役不久的日军驱逐舰先后爆炸并沉没，而美军编队却毫发无损。日舰爆炸时烟火冲天，十分壮观，当三十海里以外的美军鱼雷艇船员看到时，还误认为是科隆班加拉岛的火山在爆发。

被击沉的三艘日舰全都满载地面部队，上面的陆军士兵连同船员大多随舰葬身海底，日军在新航线上的运输行动第一次遭遇到如此干净彻底的失败。

以往的美日海战中，双方都是互有损伤，即便美军取胜，也得付出一定代价。韦拉湾海战首开美军毫无损失的全胜先例，这也同时标志着，经过不断摸索，美军终于找到了有效的夜战战术，在日军所擅长的夜战领域，他们再不会感到怯场了。

这种变化足以让日本人为之颤抖。联合舰队的航空参谋奥宫正武有一个同学就在被击沉的驱逐舰上担任舰长，命大，活了下来。被救回布因基地后，奥宫向他表示抱歉，说那天夜里，本来派出了支援飞机，但因为遭到暴风，没能进行有效的配合云云。

奥宫是想宽慰对方，但这位舰长就像没听到一样，脸上仍是一副惊恐万状的表情，嘴里还喃喃自语："不知怎么回事，舰就莫名其妙地沉了。"

奥宫再也开不得口。

增援不到位，反击就无望，佐佐木登残部撤出了新乔治亚岛，从海上悄悄地退至附近的科隆班加拉岛。

第三章

像眼镜蛇那样的攻击

新乔治亚岛战役结束了，但哈尔西并没有特别喜悦的感觉。与以往的胜利相比，这次胜利来得过于缓慢而且代价也太高昂了。他原以为"脚指甲行动"只需投入一万五千人，但是实际投入的兵力比这个数字的三倍还多，以至于一切能够使用的预备队都参加了战斗，其中陆军有三万两千人，海军陆战队一万七千人，许多将校级军官都亲自上阵。

这是一份谁来付账都要心痛不已的大单子：约有一千名美军阵亡，四千人受伤，简直像是经历了一场可怕的噩梦。

在心理上，日军官兵都属于攻势第一主义者，日本陆军的操典和教科书也都特别重视进攻，加上瓜岛战役的经验，大家之前普遍认为，日本人不善于打防御战。瓜岛战役中"万岁突击"这样在美军看来异常古怪的战法，也被解读为是战斗疲倦心理的反应——都恨不得早死早超生，不耐磨啊。

然而除了瓜岛战役，类似的战役都越来越难打，从布纳战役到阿图岛登陆战，再到现在的新乔治亚岛登陆战，美军的伤亡呈与日俱增之势。究其原因，还是攻守已经易位。以瓜岛战役来说，除了最初和最后两个阶段外，都是日本人在攻，至少也算是反攻。到布纳战役，就转为美军采取攻势了，这也意味着，从那以后，在恶劣的自然条件下，用血肉来争夺对方阵地的不再是日军，而是美军。

日本人并不是不耐磨，它的民族性格里本身就有受虐的部分。于是，一个在攻击思想中培养长大的军事力量，摇身一变，很快蜕变为有史以来最顽强的防御战力。

按照哈尔西原来的想法，是要逐岛攻击，也就是说下一个目标应是占领科隆班加拉岛以及该岛的韦拉机场。韦拉机场是除蒙达机场之外，日军在中所罗门群岛所部署的两大机场之一，美军实施了多次连续轰炸，都没能将这一机场摧毁，它也足以对瓜岛构成真正的威胁。

但是哈尔西突然改变了主意。

倏地一跳

哈尔西得到情报，科隆班加拉岛驻有一万日军，是新乔治亚岛日军的两倍多，而且佐佐木登早已深沟高垒，做好了打持久保卫战的准备。

为夺取新乔治亚岛，就耗费了一个多月，要咬开科隆班加拉这颗更为坚硬的"胡桃"，两个月还不知道行不行，即便美军可以不惜伤亡。

这个时候，麦克阿瑟的"蛙跳战术"就显现出了它的高智慧——难打，我们就像青蛙一样跳过去嘛。

根据海岸观察兵的侦察，科隆班加拉岛之后的韦拉拉韦拉岛防御薄弱，岛上驻军不多。随后派出的鱼雷艇侦察队，证实韦拉拉韦拉岛上的日本人确实很少。

那就不客气了，哈尔西决定避实击虚，先朝韦拉拉韦拉岛下手，把科隆班加拉岛的佐佐木登晾在那里："跳过敌人的坚强据点，予以封锁，让他们活活饿死。"

按照哈尔西新制订的"乐天行动"计划，美军以新占领的蒙达机场为基地，出动战机为登陆行动提供掩护。1943 年 8 月 15 日拂晓，美国陆军第二十五师约六千名官兵乘坐着登陆艇，在韦拉拉韦拉岛南部登陆。

吸取新乔治亚岛战役的教训，登陆部队没有在第一时间对守卫机场的日军发动攻势，他们在丛林外建了一道环形防线，让海军工程营在防线里面修建新的简易机场。

伤亡惨重的问题没有了，进展缓慢也不用担心——为的就是建机场，一登陆就开工了。

韦拉拉韦拉岛的北部还有六百日军，但他们无力进行反击，直到被盟军包围于该岛西北角的一个狭小区域，这时换上来包围他们的已不是美军，而是新西兰部队。

韦拉拉韦拉岛，士兵正在等待出击命令。

"蛙跳战术"的运用有其特有的背景和条件。假如放在纯陆地战场，要采取这种战术，就等于给自己挖坑，那些被扔在后面的敌军完全可以凭借阵地来破坏你的后勤补给线，或是干脆从背后进行袭击。

可这里是太平洋，守在科隆班加拉岛的佐佐木登就算看到美军的补给船路过，也无可奈何，反而美军通过这么一跳，却成功地将日军包围和孤立起来，并切断了其补给线。

被围日军成了瓮中之鳖，要是等不到后续给养，就只能像哈尔西所断定的那样"活活饿死"，但在韦拉湾海战后，"东京快车"便熄了火，没有驱逐舰敢去火中取栗。

日军大本营完全傻了眼。美军收复阿图岛后，日本海军的一些高级将领纷纷做起了事后诸葛亮："我们在阿图岛本应猛打之后就撤，但我们却傻头傻脑地看上了这块地方，运去大量物资和不必要的人员，弄得无法脱身。"一句话，这种过于追求表面成绩，实质赔了夫人又折兵的做法，真是要不得。

孰料这话说了没几天，就轮到了中所罗门群岛。对战争进程而言，中所罗门群岛同样不是决定性地区，本来也不应投入太多的兵力，可是就因为新乔治亚岛战役之初，日军曾取得几次海战的小胜利，输送行动一再得手，就弄得一帮"诸葛亮"不知如何是好了。

草鹿任一的算盘打得更妙，他要通过在蒙达地区的抵抗，为加强科隆班加拉岛的防御赢得充裕时间，在科隆班加拉岛迟滞盟军前进后，再利用这段时间加强布干维尔岛的防御，一座一座岛折腾过去，折腾死美国人。

美军对布干维尔岛港口的日军基地实施空袭，基地内的大小舰船都在加速逃离。

可惜哈尔西并没有按照他们期望的游戏规则出牌，美军倏地一跳，令所有算计都泡了汤，草鹿任一的纵深防御体系更是立马崩溃。

接下来被折腾死的是日本人自己。韦拉拉韦拉岛距布因基地仅七十海里，近到日军战斗机要爬高，都得绕个很大的圈子。美军充分利用新建机场，对布因基地发起航空战，空袭的频率越来越高，攻势越来越猛。

草鹿任一骑虎难下，只得把飞机全部集中起来，继续进行反击和对抗。

联合舰队司令官古贺缺少前任的战略天才，他执行的是一套相对保守的战略，自阿图岛被美军收复后，他就把大部分兵力都收回东京湾进行训练，只派二航战到前线助战。

二航战司令官已由角田换成了酒卷宗孝，酒卷亲率二航战的飞行队支援草鹿任一。将近两个月的空中消耗战打下来，二航战的飞行员和飞机都损失了近一半，整支部队进入半身不遂的状态。

谁家里也不是无底之仓、长流之水，同时补给又难抵消耗，到 1943 年 9 月 1 日，二航战连一架飞机都没有了，成为一支空壳的航母部队。目睹此情此景，身为航空参谋的奥宫感到了"我国国力贫乏的辛酸"。

反击行动再无任何实际效果，不管空中还是海上，都像"把水泼在烫石头上那样"，而从军事角度来看，科隆班加拉岛已成死地。

握不住的沙，干脆扬了它，到了这个时候，大本营总算明白了这个再浅显不过的道理。联合舰队司令长官古贺下令取消"东京快车"，向所罗门群岛增派部队的行动戛然而止，草鹿任一所要考虑的，是怎样把两岛的部队撤出来。

第一枚"硬币"

1943 年 9 月下旬，草鹿派出快速驳船，以暗夜为掩护，逐次将科隆班加拉岛的守备部队运到布干维尔岛。

美军早就料到了这一着棋，一直处于警戒之中，穆斯布鲁格和他的驱逐舰纵横来去，把日军的运输舰队当成了一群活靶子，至 10 月 4 日，一共击沉四十艘登陆驳船，约占日军驳船的三分之一，日军用以护航的炮艇和一些轻型舰艇也成了陪葬品。

由于美军没能把科隆班加拉岛完全封锁起来，岛上的一万多名日军，仍有四分之三得以安全撤离，但是被击沉如此多的驳船，也使得古贺在撤运韦拉拉韦拉岛守军时，不得不下令恢复"东京快车"。

1943 年 10 月 6 日晚，六艘日军驱逐舰驶入韦拉拉韦拉岛西北海域。得到夜航机报告后，附近的四艘美军驱逐舰立即进行截击。

自从韦拉湾海战后，日军的水面舰艇部队，在一般情况下都不敢主动与美舰交战，但这次日舰数量占着优势，由不得它们不放手一搏。

不知道是不是韦拉湾海战给日舰造成了心理阴影，以往灵活异常的日舰此时全都束手束脚，四艘前卫驱逐舰先是错过了占据"T"字横头阵位的机会，随后又因为一齐转向，挡住了自己的部分炮火。

美军驱逐舰在战斗中的表现显然比以往更有信心，它们一共发射了十四条鱼雷，同时对距离最近的一艘日舰实施了猛烈炮击。这艘倒霉的日舰几乎完全暴露在美军舰队的火力之下，不久就因受创过重而沉没了。

打得兴起的美军也出现了失误。他们在转为战斗队形后，本来应做曲折运动，以防遭到日军的鱼雷攻击，但是为了提高舰炮的射击效果，各舰仍保持了原航向。夜战到底是日本海军的看家绝活，你稍一懈怠，就会给他创造机会，结果两艘美舰均被"长矛"鱼雷炸毁了舰艏，混乱中又发生了相撞，导致其中一艘再也无法修复，只得自行炸沉。

如果没有三艘美军驱逐舰赶来支援，迫使日舰退出战斗，这次海战美军很可能要上演马失前蹄的剧目。趁美舰打捞船员之机，日舰驶抵韦拉拉韦拉岛，悄悄地运走了岛上日军。

至此，美军完全占领了科隆班加拉岛和韦拉拉韦拉岛，他们在这两座岛上拥有四座前进机场，下一个攻击目标布干维尔岛顺理成章地进入了美机的作战半径之内。

当哈尔西在中所罗门群岛缓慢挺进的时候，麦克阿瑟正在新几内亚东海岸做着"蛙跳战术"的另外一个试验。

按照"蛙跳战术"，1943 年 6 月 30 日，麦克阿瑟抢先拿下了新几内亚东海岸以外的伍德拉克岛和基里维纳岛，那是两座未被日军控制的岛屿，任务难度不大，却可以让西南战区部队获得两栖登陆作战的经验。

占了岛，马上建机场。美军在伍德拉克岛登陆两周后，就接纳了第一架飞机。因为阴雨连绵及管理不善，基里维纳岛的机场建设拖延了一段时间，但在一个多月后也投入使用。

同一天，驻布纳的美军第四十一师出动约一千人，以夜色为掩护，乘坐鱼雷快艇和登陆艇冲上海滩，在一座叫纳索湾的海岛登陆。

纳索湾处于布纳和萨拉莫阿之间，是新几内亚日军守备较为薄弱的所在，岛上只有一百五十个日本兵。美军十个打一个，在付出死亡十八人的代价后，很快就将海岛攻了下来。

利用伍德拉克岛、基里维纳岛的机场，可以有效削弱日军的抵抗力和士气。占据纳索湾，则既能为短程飞机提供前进基地，也能通过这一理想港口，使进攻部队得到补给品。

向莱城和萨拉莫阿跳跃的根据地建起来了，万事俱备，只欠东风。

在莱城和萨拉莫阿这两个目标中，莱城在战略上最为重要。它是当时新几内亚的首府，日军占领之后，修建了机场、港口和大量的仓库，使之成为日军向南进攻的主要前进基地之一。如果予以占领，可作为今后进攻拉包尔乃至新几内亚北部海岸的空军基地。

这是一方面，另一方面日军虽然在莱城至萨拉莫阿一带部署了一万名守军，但主力集中于萨拉莫阿，莱城的防御较为薄弱。

麦克阿瑟将逐个清除日军据点的行动命名为"硬币行动"，综合评定下来，他决定将第一枚"硬币"抛向莱城。

莱城是一座海边的港口城市，适于进行两栖登陆，然而麦克阿瑟的西南海军却没有那么多的两栖登陆艇，以及用于护航的巡洋舰、驱逐舰。

这个时候的太平洋战场已分成了三大战区，即麦克阿瑟的西南太平洋战区，哈尔西的南太平洋战区和尼米兹的中太平洋战区，各有各的指标，各有各的仗打，全都忙得不可开交。麦克阿瑟已经拉来了哈尔西，他没法再去动尼米兹的奶酪，哈尔西虽属麦克阿瑟指挥，可进度又超慢，你这边抽去一点，那边没准得歇火。

都动不得，麦克阿瑟只好自力更生，在手上现有的陆空军身上打主意。

1943 年 7 月，位于纳索湾的盟军部队由陆上进军，直指萨拉莫阿，与此同时，肯尼指挥的西南空军全体出动，对新几内亚沿海进行"搜索驳船"的巡航飞行，凡是前往莱城、萨拉莫阿的日军驳船，一律炸了没商量。

海上无法运送援兵，今村只能从莱城抽调部队，从陆地南下增援萨拉莫阿，这样一来，莱城守军就更少了。

当然这一切都是麦克阿瑟所期望的，他要做的正是"把敌人从莱城吸引出来，并诱使其部队和物资向南移动"。麦克阿瑟一面用计耍弄着拉包尔的今村，一面通过"卡斯特"密码破译队随时掌握着对手的动向。

破译密码，如今仍是麦克阿瑟和尼米兹指挥作战时不可或缺的重要手段。山本被击身亡后，美方一直成功地隐瞒着密码被破译的事实，哈尔西受命不得将此事的内幕泄露给报界，因此真相直到战后才得以公布。

日本人当然也不傻，他们曾将这一事件列为"甲级事件"进行调查，并怀疑密码已被破译，为此还故意拍发了一封草鹿任一即将视察前线的电报。谁知道尼米兹更精明，他马上识破了这一小伎俩，在电文提及的时间和航线上，没有派出任何一架飞机，倒是有美机奉命在伏击山本的地点上空作"例行巡逻"，以便给对方造成山本遭遇伏击纯属偶然的错觉。

日军果然上当，他们真把山本之死当作了偶然事件，除了庆幸自己的密码仍旧绝对安全可靠外，就是怪山本自己命运多舛，正好遇上了美机的"例行巡逻"。

伞投杀伤炸弹。美国第五航空队的独门绝技，专为低空飞行轰炸而设计，攻击准确率更高。图中，伞投杀伤炸弹正落向日军机场上的三菱重型轰炸机，照片拍摄后几分钟，日机就被大火完全吞噬。

于是密码照用，"卡斯特"照破。麦克阿瑟把今村的往来密电当成了决策的重要依据，还专门调来两名日语专家，以增强"卡斯特"的破译能力和效率。

1943 年 8 月 17 日，在经过连续几天的电波侦听和分析综合后，"卡斯特"给麦克阿瑟送来了一份重要情报。情报显示，今村为了能够在美军"进攻萨拉莫阿"之际，向守军提供更多的空中保护，已将两百多架飞机调往韦瓦克空军基地。

韦瓦克正在西南空军的打击范围之内，麦克阿瑟毫不犹豫地命令肯尼实施空袭。早已做好准备的战机如离弦之箭一般呼啸而出，它们在空中排出庞大阵形，向日军基地直扑过去。

美军第五航空队发明了一种"伞投杀伤炸弹"，这是一种外挂降落伞的高爆炸弹，由改装后的 B-25、A-20 携带。在炸弹被低空投下后，它的延迟引信可以保证飞机有足够时间脱离爆炸范围，而高爆炸弹空爆后产生的碎片和气浪，则足以横扫机场上的一切人和物。

8 月 17 日是新几内亚日机的"凶日"，只用了不到一天的时间，停放在韦瓦克基地的所有飞机全部被炸毁，日本在新几内亚的空中力量遭到毁灭性打击。消息传来，麦克阿瑟大感快慰，他为自己的妙笔作出点评："这是一次时机绝妙的痛击，再没有比飞机停留在地面上更无能为力的事了。"

麦克阿瑟不能忘记，就在珍珠港被偷袭后的十个小时以后，日本发动"克拉克偷袭"，将他在菲律宾克拉克机场上的战机几乎炸光，如今终于到秋后算账的时候了。

原本可以一较短长的日军航空队只剩下六架飞机可以保护莱城，只能从拉包尔出动飞机进行远距离空中支援，麦克阿瑟通过夺取新几内亚战场的制空权，搬除了攻占这座港口小城的最大障碍。

后生可畏

麦克阿瑟佯攻萨拉莫阿是明修栈道，用于暗度陈仓的是澳九师登陆莱城。1943年 9 月 4 日，在浓雾的掩护下，澳九师乘坐登陆艇，在莱城以东二十英里的海滩上登陆。

澳九师也是一支从北非战场调回的精锐部队，在沙漠上与德军精锐部队较量过，战斗力自然了得，加上又是为自己的祖国而战，因此气势如虹。当天午后，他们就成功突破日军的滩头阵地，直抵莱城要塞。

更漂亮的还在后面。在麦克阿瑟的指挥下，太平洋战场上的首次大规模空降作战即将诞生。

担任空降作战任务的，是刚从美国运抵澳大利亚的第五〇三空降团。这支部队几乎全部是由新兵组成的，再加之是第一次参加实战，为了提振士气，麦克阿瑟在莫港机场对他们进行了检阅。检阅过程中，他发现士兵中存在着初上战场的那种不安情绪，在返回的路上，他临时决定，与新兵们一起飞到天上去，从空中指挥作战。

当向幕僚们提出这一设想时，几乎没有一个人赞同，肯尼更是极力阻拦，他对麦克阿瑟说："只拿五个美元月薪的日军飞行员会在你身边穿个窟窿。"

麦克阿瑟毫不理会，他所担心的只是到时会不会晕机，以至于"在小伙子们面前丢脸"。见顶头上司执意要去，肯尼只好立即进行安排，并且亲自驾机护航。

1943年9月5日拂晓，当最后一片云雾渐渐地从莱城西面的机场上空散去，美军西南空军的三百零二架飞机形成一片巨大阴影，瞬间遮蔽了这座简易机场的上空。

攻击时间一到，居前的轰炸机即一波一波地进行俯冲投弹和扫射。在大量烟幕弹的掩护下，九十六架 C-47 运输机紧随而至。在运输机的上方，高高盘旋着麦克阿瑟的专机，这位四星上将把脸紧紧地贴在飞机舷窗上，注视着下面的空降场面。他看到股股人流从运输机中倾泻而出，伞花在空中组成了千姿百态的图案。

在真实战场上，第五〇三空降团并不需要麦克阿瑟给他们壮胆。士兵们落地后，立即用火焰喷射器朝丛林开火，一条条红色的火龙穿过，将高大而又极不规则的绿色植物尽数"吃掉"。

一切都进行得如同时钟般准确无误，美军的首次空降作战取得了圆满成功。激动之中，麦克阿瑟也忘了晕机不晕机，步履轻快地便从飞机上走了下来，一个六十多岁的老头，看上去就像年轻人一样。

为表彰麦克阿瑟在此场空降作战中的勇敢精神，美国空军部部长授予他空军勋章，很少有陆军将领能得到这个荣誉。

空降部队控制机场后，澳七师随后在该机场机降，与澳九师一东一西对莱城日军进行夹攻。直到此时，今村才发现麦克阿瑟的真实企图，他赶紧放弃萨拉莫阿，将数千名日军移至莱城。

他觉悟得太晚了，1943年9月9日，盟军完成了对莱城的合围。三天后，两支部队在莱城会师，七千五百名残敌只能逃往山中。

"硬币行动"的构思既缜密又大胆，充分体现出麦克阿瑟在军事上的高深造诣，被认为是"第二次世界大战中最漂亮的军事行动之一"。美国著名军事家、"一战"老将潘兴以后生可畏的口吻赞赏道："一个指挥官不是经常能达到包围敌人，消灭敌人的目标，麦克阿瑟却做到了，他以劣势兵力，在米尔恩湾、俾斯麦海、莱城及萨拉莫阿的战斗中三战三捷。"

一名澳大利亚士兵注视着远处新几内亚岛屿的风光

麦克阿瑟深知趁热打铁的道理，他没有停顿，反而趁日军溃退的混乱之机，提前发起"硬币行动"的后续步骤，夺取了日军防御结构中的另一个主要堡垒芬什港。至此，新几内亚的大部分地区尽在美军掌握之中，日军的残留部队也变得毫无力量。

与拉包尔的距离越来越近了。1943 年 10 月 12 日，肯尼出动第五航空队的三百四十九架飞机，对日军在拉包尔发起一次最大空袭，共击落日机一百七十六架，击沉或击伤日舰一百一十九艘，日军在这一战场上的空中力量彻底陷于瘫痪状态。

麦克阿瑟把空袭行动称为是"像眼镜蛇那样的攻击"，他传令嘉奖肯尼及西南战区空军司令部。第二天，他一见到肯尼，就高兴地拍着这位得力部下的肩膀："乔治，昨天你捅了拉包尔日军的脊背，把他们的筋骨全抽光了吧？"

面对如此大的战果，连肯尼也掩饰不住得意之色，他马上回答道："将军，这也许就是西南太平洋战争的转折点！"

现在就请你们上马

麦克阿瑟收复新几内亚的速度之快，使日军大本营十分吃惊。

在麦克阿瑟、哈尔西联合发起"车轮"战役之前，新几内亚、所罗门群岛哪一个更重要，曾是日军大本营内的争论焦点。陆军坚持前者，海军倾向后者，结果便是一分为二，各管一摊，陆军的今村主要负责新几内亚，海军的草鹿任一主要负责所罗门群岛。

现在不用争了，今村丢掉了新几内亚，草鹿任一在所罗门群岛也只剩下最后一个岛屿布干维尔。布干维尔成了拉包尔与美军进攻部队之间的唯一屏障，此岛一旦被美军攻陷，不用说拉包尔，就连联合舰队司令部所在地特鲁克都保不住了。

日本海陆军又一次成为同一根绳上的蚂蚱。大本营命令今村把所有的后备力量都转至布干维尔，南京大屠杀的罪魁祸首第六师团登岛，作为守卫机场的主力。联合舰队也同时受命配合行动。

这时联合舰队储备在特鲁克的燃料已经告罄，古贺连忙向东京告急，但由于运力不足、盟军对运输线进行毁灭性袭击等原因，日本国内的储备重油也已所剩不多，如果联合舰队继续出动大型舰艇，军令部估计燃料只够用到 11 月中旬。

联合舰队新任参谋长福留繁便建议古贺，不妨把一航战的飞行队从特鲁克调至拉包尔，这样即便不出动航母，也可以与美军主力交战。

小泽治三郎的一航战原来一直在日本国内进行训练，二航战被废掉之后，才开至特鲁克待机，但小泽反对轻易出战，表示除非美军航母前来挑战，否决他决不会将部队白白浪费在无底洞般的消耗战中。

小泽态度如此，古贺一时也犹豫起来。帮古贺下决心的是哈尔西。1943 年 10 月 27 日，美军在布干维尔南面的莫诺岛登陆。如果美军在莫诺建立航空前进基地，布因等几个日军基地都会因后方补给线被切断而瘫痪，拉包尔也将处于美机威胁之下。当然更为重要的是，这座岛将是美军进攻布干维尔的绝好跳板，此岛一据，弯弓射雕之势毕现。

今村很着急，但是他的陆基航空兵已消耗殆尽，既无法反击，也无足够能力自保。古贺认为事态重大，无法坐视，他不顾小泽的反对，以联合舰队司令长官名义发布"吕作战"令，下令将一航战的飞行队主力前调到拉包尔，投入布干维尔方面的空战。

新的登陆战给哈尔西出了一个极大难题。作为战略阶梯的最后一级，美军无法"蛙跳"或迂回，明知骨头够硬，也必须啃。

布干维尔的面积和地形都与瓜岛相似，美军战斗的基本性质也差不多，最初都是对有限目标的突击，只要攻占和守住机场即可，并不需要立刻控制全岛，然而布干维尔却难以做到瓜岛式的突袭。

原因很简单，布干维尔已是日军在所罗门群岛的最后一道防线，眼看着美军步步逼近，锁链也越锁越紧，若是再不严防死守，那就是全世界都找不到的极品傻瓜了。

战略性奇袭已不可能，战术性奇袭还有机会。布干维尔是一座大岛，日军无法处处设防，其主力集中在机场附近以及海岛南部，哈尔西想到，可以选择一处日军防守薄弱的地点登陆——岛上遍布深山密林和沼泽，只有极少的狭窄小路能够通行，就算日军知道美军已经登陆，等集中兵力前去阻击，美军的滩头阵地也早就得以巩固。

至于机场，没必要再像瓜岛战役时那样抢日本人的现成货了，自己建一个。

综合海岸侦察兵及侦察机提供的情报，符合条件的登陆滩头，只有奥古斯塔皇后湾的托罗基纳角。按丛林的行程标准来计算，一旦美军登陆托罗基纳角，即便距离那里最近的日军都无法及时赶到。

但是这一登陆点也有问题，它的周围只有一块平地，而那块平地却是一片泽国，并不适宜修建简易机场。

因为这个缺陷，大家争论了半天，最后哈尔西拍板："就定于托罗基纳，现在就请你们上马吧！"

登陆作战被命名为"樱花行动"，由第一两栖军担负。因瓜岛战役而名扬天下的"瓜岛屠夫"总教头范德格里夫特以中将身份，被任命为军长，负责对开始阶段进行指挥。

自1943年10月27日起，范德格里夫特使出一连串的"右路短刺拳"，分别向布干维尔周围的一些小海岛发起登陆。这些小岛并不特别重要，攻占它们，有的是要消灭交通线上可能会再现的威胁，还有的纯粹就是佯攻，以掩护真正的登陆行动。

日军难以看出范德格里夫特的意图，美军攻占一座岛，他们就拼着命地往那里反攻，渐渐地便失去了平衡和重心。

11月1日，范德格里夫特终于打出了"强有力的左勾拳"，搭载海军陆战队第三师的舰船到达奥古斯塔皇后湾，陆战队员纷纷在托罗基纳角抢滩登陆。

姜是老的辣

范德格里夫特战术上的左右虚晃骗过了日本人，他们原以为美军会在南部海岸登陆，所以在那里重兵设防，没想到美军却跑到西海岸去了。在此之前，日军只是

陆战队员从运输舰进入登陆艇，准备在托罗基纳角登陆。

向他们认为可疑的其他登陆点派遣了一些象征性部队，托罗基纳角仅派去了三百人。

三百名日本兵在托罗基纳角掘壕固守，当陆战队登陆时，从十几座伪装得十分巧妙的碉堡中飞出了子弹，并夹杂有野炮火力。

布干维尔的抢滩登陆，比瓜岛要困难得多，托罗基纳角海浪极高，滩头既险又窄，登陆艇损毁的情况很严重。有的部队被毁的正好是指挥艇，弄得部队失去指挥，秩序大乱。在这种情况下，假使日军碉堡里配备了足够兵力，登陆行动必定夭折，即便只有这三百人，若是作战技能出众，火力使用又适当，对毫无保护的登陆艇而言，也足以构成巨大威胁。

好在这一切都没发生。日军没有把托罗基纳角当成重要的防御阵地，派来的这三百名日本兵并非精兵，起不到一夫当关的作用。他们带来了一门七五毫米炮，从炮的位置来看，本可以用来监视全部滩头，但日本兵们又想把火炮给掩蔽起来，不让美军看到，结果反而使火炮的射界受到影响，也影响了炮击效果：一共射出去五十多颗炮弹，却只击毁三艘美军登陆艇。

在美军登岸之后，很快就用手雷摧毁了这些碉堡以及火炮。到黄昏时分，陆战队已建立起坚固的滩头阵地。

这一天，古贺正好乘机到达拉包尔，准备开始"吕作战"。得知美军已在布干维尔登陆，他迅速做出了反应，当天晚上，在大森仙太郎的指挥下，一支巡洋舰驱逐舰编队向奥古斯塔皇后湾扑来，企图攻击美军的运输舰队，并掩护约一千名陆军实施反登陆。

到了午夜，他们距离登陆美军所在海滩已不到五十英里，只要攻击得手，许多美国陆战队员都不会活到天亮，"樱花行动"也可能随之失败。

为运输舰队护航并担任警戒的，是梅里尔少将的特遣舰队。梅里尔舰队已经进行了两次对岸射击，时间长达十六个小时，官兵们已经疲惫不堪，但在得到海岸侦察兵和侦察机的报告后，梅里尔仍毅然率队迎战。随他出战的两名副将，分别是两支驱逐舰分队的指挥官：奥斯汀中校和首倡"古罗马战法"的伯克上校。

梅里尔舰队也是一支巡洋舰驱逐舰编队，但总体火力不及大森舰队，大森有重巡洋舰两艘、轻巡洋舰两艘以及六艘驱逐舰，梅里尔只有轻巡洋舰四艘、驱逐舰八艘。

不过梅里尔的准备很充分，战前就制定了方案并反复演练。为了对付"长矛"鱼雷，两支驱逐舰分队将首先攻击敌之两翼，迫使日舰拉开一定距离，然后再发挥美舰的优势，在雷达的协助下，使用远射程火炮进行射击。

午夜的奥古斯塔皇后湾暴雨飘泼，伸手不见五指，适于雷达而不适于肉眼观察。梅里尔的旗舰率先发现日舰，他下令伯克驱逐舰分队进行鱼雷攻击。

正在此时，大森舰队实施转向规避，伯克分队发射的所有鱼雷无一命中。

这是一个意外，而指挥官的作用就是要在意外中继续把握战机。梅里尔意识到已无法如方案中那样阻止日舰的靠近，于是他马上取消了原计划，命令各舰以雷达瞄准，全体向日舰开火。

梅里尔舰队的相对火力并不是很强，但由雷达控制的集中火力就不一样了，战斗过程中，日军轻巡洋舰、驱逐舰各被击沉一艘，美军只有一艘驱逐舰的舰尾被鱼雷击中受伤。

夜战经常是混战。奥古斯塔皇后湾海战也一样，美舰在高速并列航行中发生相撞，钢质舰体火光飞溅。

隔开了，又会误射。伯克分队已磨合过一段时期，配合较为默契，奥斯汀分队乃是新组建单位，还未来得及进行编队训练，动作较慢。因为雷达分辨不清，伯克分队有的炮弹也朝奥斯汀分队飞了过去，奥斯汀通过超短波报话机朝伯克大叫："我们刚才又面临一次近弹，希望你们不要再对着我们射击了！"

伯克搔了搔头皮："对不起，请您原谅下一组的四发齐射，因为已经射出了……"

怕打着自己人，难免会多出很多忌讳。本来日军两艘重巡洋舰已出现在驱逐舰的鱼雷攻击范围之内，但在紧要关头，也被奥斯汀分队误作美舰，没有向其发射鱼雷，从而失去了一次扩大战果的机会。

大森舰队力不能支，被迫退出奥古斯塔皇后湾。伯克请求梅里尔允许他追击逃跑之敌，梅里尔则估计天亮后即会有敌机空袭，命令穷寇勿追，同时做好迎击日机的准备。

姜是老的辣，梅里尔的预计是正确的。初战便告负，古贺岂能忍得下这口气，他在拉包尔集结了一航战的全部可用兵力，一百七十三架战机，发誓要在第二天给美舰一个毁灭性打击。

我会娶它做老婆

1943 年 11 月 2 日晨，随着小泽一声令下，八十九架"零"式战斗机、十八架九九式舰爆飞出拉包尔基地，目标直指奥古斯塔滩头的运输舰队。

事先得到预警的美军运输舰立刻开始规避，同时，从科隆班加拉岛、韦拉拉韦拉岛赶来的十六架美军战斗机展开空中护卫。

在以往的战斗场面中，十六架美军战斗机对八十九架"零"式战斗机，是不可想象的，但这时美军战斗机的性能质量又有了提高，老的 F4F "野猫"式战斗机已逐渐淡出视野，替代它的除了 F4U "海盗"式战斗机外，还有一种更富传奇色彩的新型战斗机。

这事说来话长。那还是中途岛战役的时候，在阿留申群岛的一架"零"式舰载机因故障迫降失事，日军派了艘巡逻潜艇前去仔细查找残骸，但并没有找到，他们判断该机一定毁坏严重，飞行员非死即伤，即使找到了，要在冻土地上搬移也没有多大价值，就不了了之了。

实际上，这架"零"战的飞行员虽然当场死亡，飞机本身却只受了点轻微损伤。五周后，当美军的一支搜索队找到它时，飞机仍处于良好的工作状态。

其时"海盗"还未大量上马，若单打独斗，美军的任何一种机型都不是"零"式战斗机的对手。"零"式战斗机在太平洋战场上可以说是所向无敌，一提起这种战斗机，人人都会不寒而栗。能缴获到一架几乎完整无损的"零"式战斗机，美国人欢喜得眼泪鼻涕横流。他们马上将这个宝贝运回美国国内，稍加修理后认真加以研究，并做了一切可能的飞行试验。

不久，专家们就完全掌握了"零"式战斗机的秘密，了解了这种机型所有的优缺点。"零"式战斗机的优点是机动性非常好、航程也远，但为了减轻重量，没有安装用以保护飞行员和油箱的防护装甲，更无自密封油箱及任何自动灭火装置，这样便使得它在空中极易起火，经不起一点损伤，甚至于连美军陆航的"战斧"、海航的"野猫"这些老式机都能轻易对付的损伤，它也受不了，美军飞行员戏称之为"空中打火机"。

航母上的 F6F "地狱猫"。图中实际上有两种型号的 F6F，位于弹射器上的是 F6F-5N，它后面的是 F6F-5，二者最明显的区别是右翼端的雷达配置不同。

心中有数后，美国飞机设计师们马上动手，造出了一种各方面性能都超越"零"式战斗机的战斗机，这就是 F6F "地狱猫"（又称"恶妇"式）。飞行员们对它爱不释手，一名海军飞行员甚至开玩笑说："我真爱这种飞机，要是它会做饭的话，我会娶它做老婆。"

美国人善于学习和创新的基因在太平洋战场上得到了淋漓尽致的发挥。在空中竞技过程中，美军飞行员把自己的飞行水平提高到了极致，飞机性能也得以不断改良。先前的"海盗""闪电"已初步改变了美军战斗机对"零"式战斗机的劣势，随着"地狱猫"的问世，"零"式战斗机被彻底锁入地狱，日本的空中力量被远远地甩在了身后。知晓此事的奥宫发出感慨：只丧失一架"零"式战斗机，却使美国人得以迅速征服所有的"零"式战斗机，真的是想不到，这是日本最后战败的决定因素之一。

现在轮到日军的飞行员发抖了。看到"地狱猫"，"零"式战斗机自顾尚且不暇，又哪里能保护得了轰炸机，日机队形散乱，最后只有十二架飞机在慌乱中扔下炸弹，而美军运输舰基本未受多大损失。

欺负不了运输舰，日机编队只好转向，朝梅里尔护航舰队撒气。老谋深算的梅里尔早有所料，在日机相隔十海里时，巡洋舰已急转九十度，摆好了轮形防空阵势。

日机尚未接近，防空炮火便呼啸而去，且射击相当密集准确，一架九九式舰爆被直接打爆，短短两分钟内，便有六架舰爆被击落，天空中充满了炮弹和飞机的碎片。

两分钟过后，梅里尔下令舰队调转，迎接日机从另一个方向发起的三机一组攻势。美舰猛烈的炮火和和娴熟的舰艇操作，令日机像面对刺猬一般，心虽痒痒，但就是无处下嘴，它们投下的炸弹也大多丢到了海里。

至日机败退返航，梅里尔舰队共击落了十七架日机，日机仅有两颗炸弹落到甲板上，致一名船员受伤。

运输舰队继续卸货，当天晚上已经有一万四千人和六千吨补给上岸。陆战队准备迎接岛上日军的反击，但第六师团并未现身，这个师团杀平民百姓的劲头十足，要论打仗的脑子也不过尔尔，他们宁可守着机场，在丛林和山脊中掘好工事，等着美军去进攻，美军不去，他们就不来。

这么弱智，是因为判断美军一定会去夺他们的机场，可美军偏偏不稀罕他们那破机场了。陆战队只需从滩头往内陆扩展，以便背后的工兵和海军工程营可以跟进。

当然，扩展也并不容易。陆战队在前行过程中遇到了比日本兵更讨厌的东西，那就是像微生物一样繁密的热带丛林。从常绿的沼泽、低矮的灌木，一直到缠满藤蔓的巨树，它们有时蜷伏地面，有时高耸入云，有时像浮沙一样绵软，有时又像石头一样坚硬，在这座充满腐化气味的绿色地狱里，任何东西都陷得进去，但任何东西又都拔不出来。

与布干维尔相比，瓜岛简直可以算是风景优美的公园了，有人这样描述布干维尔："丛林是所有一切生物的敌人，它吞食自己的青春，青春又绞死了它自己。"

无论从哪一个方向朝内陆推行，都困难重重，陆战队员们涉水砍树，边爬边走，其进度只能用一尺一尺来计算。在恨恨不已中，一位陆战队员忍不住说出了这样的话："当这次战争过去之后，我们所应该做的事情，是把这座布干维尔岛给日本人——让他们永远住在这座倒霉的地狱里！"

不亚于一次赌博

奥古斯塔皇后湾海战的结果，令古贺十分气愤。在这场海战中，日舰本来占有优势，若论火力，两艘重巡洋舰都装有二〇三毫米舰炮，但偏偏打不过美舰的"六英寸机关枪"；论技术，日本驱逐舰传统的鱼雷攻击也是毫无建树。

古贺将这一切都归咎于大森的拙劣指挥，他当即将大森予以撤职，另派栗田健男率队从特鲁克泊地南下，以挽回大森所造成的败局。

1943年11月4日，美军侦察机发现了驶往拉包尔加油的栗田编队，并及时发出敌情通报。

栗田编队是一支更强有力的巡洋舰驱逐舰编队，包括六艘重巡洋舰、两艘轻巡洋舰和十一艘驱逐舰。这时梅里尔编队正在普维斯湾补充燃料和弹药，路途太远，而且就算能赶过来，也寡不敌众。要补充兵力吧，所有重型巡洋舰都已被尼米兹召回中太平洋。

哈尔西仿佛看到了栗田编队横冲直撞，血洗托罗基纳角的情景，他感受到了一种前所未有的压力："在担任南太平洋总司令的整个任职期间，这是我所面临的最危急时刻。"

情急之下，哈尔西想起一件事，就在十六个月前，麦克阿瑟曾经提出过一个大胆的作战方案，即派出一支航母部队进入所罗门海域，去袭击停泊在拉包尔的日军舰船。麦克阿瑟原先不掌握航母部队，掌握航母部队的太平洋舰队又未予理睬，方案便被束之高阁。

眼下正巧珍珠港的美军第五舰队（中太平洋部队）有一支航母大队在哈尔西手上，但是它的规模并不大，一共只有两艘航母："萨拉托加"号和轻型航母"普林斯顿"号。

"普林斯顿"是战前由轻巡洋舰改装的航母，载机数量和飞机维修能力都很有限，实际上只有"萨拉托加"这一杆老枪能让人放心得下。让它们深入险地不亚于一次赌博，而且当时哈尔西的儿子就在其中的一艘航母上服役，即便他被别人叫作"蛮牛"，思想斗争也非常激烈。

"樱花行动"的成败，乃至南太平洋战争的成败，皆系于能否挡住栗田编队。沉默一段时间后，哈尔西终于下达了启航命令："我真的宁愿两艘航空母舰被损坏，只要不失去它们就行，但是我不能容忍我们的人在托罗基纳角被全部消灭，而我们却站在一旁干搓手。"

哈尔西的幕僚长注意到，那一刻，哈尔西变得异常苍老，"看上去足有一百五十岁"。

空袭拉包尔

　　11月5日，在谢尔曼少将的指挥下，以"萨拉托加""普林斯顿"为核心的航母部队出发，驶抵拉包尔东南约二百三十海里的所罗门海北部海面。

　　九十七架航载机倾巢向拉包尔飞去，谢尔曼没有留下一架飞机护航，用以保护航母的是从韦拉拉韦拉基地起飞的战斗机。他的运气也不错，所罗门海北部有阵雨和迷雾，航母正好躲进去藏身。

　　拉包尔却是碧空如洗，两个小时前，栗田编队刚刚到达拉包尔，港内挤满了舰船，美军舰载机立即发起攻击。

　　拉包尔方面惊恐失色，连忙用高炮和"零"式战斗机进行拦截。趁护航的"地狱猫"与"零"式缠斗之机，俯冲轰炸机和鱼雷机飞行员穿过棕色的高射炮火，对栗田编队进行了毁灭性的打击，共有四艘重巡洋舰、两艘轻巡洋舰、两艘驱逐舰受重伤。

　　美机仅损失十架，击落日机倒也有二十五架。这次突袭把谨慎有余的古贺吓得够呛，虽然明知道有美军航母停在拉包尔附近，但如此大规模的突袭行动，使他认为美军航母一定有强大的战机进行护航，海上出击只是蜻蜓撼铁树，不自量力。

　　古贺唯恐他的重型巡洋舰再遭打击，在没有派飞机进行搜索和袭击的情况下，便把伤痕累累的栗田编队召回了特鲁克。

　　古贺胆怯畏缩，有人却突然兴奋起来，这个人是曾强烈反对将一航战前推的小泽。

自瓜岛撤退后，太平洋上一直未发生过大的航母战斗。受燃料危机等因素的影响，联合舰队也无法进行大战，航母只能全停在港内，美国《时代》周刊曾将古贺列为 1943 年的封面人物，下方有一行小字："他的舰队在哪里？"

航母不派用场，舰载机只能另投他途，一航战回国训练，二航战转用于陆地，经过"凄惨的苦斗"，最后打了个光。令小泽感到诧异的是，这一期间，美军航母部队的消息竟然也完全断绝。他判断，美军的航母飞行队应该也在进行紧张训练，蓄势待发，而且小泽还听说，虽然太平洋舰队在去年损失了大部分航母，但从今年起又建成了一批新的巨型航母，这使他又惊又疑。

猜哑谜的日子不好过，因为不知道对方究竟发展壮大到了什么程度。整整九个月过去，美国航母突然现身，由不得小泽不激动。

依着官法打杀，依着佛法饿杀，像古贺那样轻举妄动固然不妥，但如果见着便宜不上，那就更不对了。小泽要找到这支美军航母部队，有一艘打一艘，有两艘打两艘，这样的话，一航战来拉包尔一趟也算不虚此行了。

自娱自乐

美机突袭拉包尔的当天下午，从拉包尔出发的日军侦察机发现了谢尔曼编队的身影。接到报告后，小泽定计，既然白天攻击还是有些风险，就改用空中夜袭。

小泽真是聪明过了头，他没有动脑子想一想，谢尔曼编队是否还愿意待在老地方。到了晚上，当突袭的日机风尘仆仆地赶到原发现地点时，"守株待兔"的办法果然失效，谢尔曼编队早就得胜还朝，走了。

不过显然没有一架日机会认为兔子不在大树旁，当然他们看到的其实不是谢尔曼编队，而是由布干维尔返航的登陆艇。日机仅仅重创了一艘步兵登陆艇，但返航的飞行员却信口吹嘘，开出了一份牛皮大单子：炸沉美军大型航母一艘、重型巡洋舰两艘、轻型巡洋舰一艘、驱逐舰一艘，还有一艘中型航母起火翻沉。

因为战况激烈，飞行员常常会在统计战果时出现错误，只是这次错得实在有些离奇，不过也正是这样，才能哄得古贺和小泽都合不拢嘴。当天晚上，在军舰进行曲的伴奏下，日军大本营发布"第一次布干维尔岛海面空战大捷"，宣布一航战取得了一次辉煌的胜利。

自从取得"辉煌胜利"，小泽就有了空袭的瘾。1943 年 11 月 8 日，总计九十七架日机从拉包尔飞向布干维尔登陆场。这天正好美军第二梯队进入奥古斯塔皇后湾卸载，但在战斗机的保护下，没有一艘运输舰被击沉，日机倒是损失了十五架。

黄昏时分，日军侦察机发现美军护航舰队，于是小泽又如法炮制他的夜袭大法。日机对美舰展开三批次的攻击，不过仅一艘轻巡洋舰被炸伤。

战绩寥寥，并不妨碍写战功赫赫的工作总结，"第二次布干维尔岛海面空战大捷"新鲜出炉。战报宣称白天击沉了两艘运输舰、两艘驱逐舰，晚上又击沉战列舰三艘、巡洋舰两艘、驱逐舰三艘、运输舰两艘。

照这么报下去，南太平洋舰队差不多已损耗过半，真实情况当然不是这样。哈尔西在极端危险的情况下，用航母部队对拉包尔进行突袭并取得巨大成功，是先前几乎所有人都未曾预料到的，他自己也大受鼓舞和启发，决心以更大规模来再次进行这种突袭。

他向尼米兹提出请求，再从第五舰队借调来一个加强的航母大队，该大队由蒙哥马利少将指挥，下辖三艘新的航母和三艘轻型巡洋舰。三艘新航母分别为"埃塞克斯"号、"邦克山"号和"独立"号，这些航母里面，除"独立"号是与"普林斯顿"同级别的轻型航母外，其他两艘都是两万七千一百吨级的巨型航母。

11 月 11 日，蒙哥马利与谢尔曼编队奉命再袭拉包尔。哈尔西指望五支航母飞行队能让拉包尔完全变成碎砖烂瓦，但谢尔曼的那两支飞行队在起飞后，因天气恶劣而被迫放弃行动，只有蒙哥马利的三支飞行队成功到达港口上空。

参与空袭行动的共有一百八十五架舰载机，其中含有二十三架 SB2C"地狱俯冲者"。"地狱俯冲者"是一种最新型的俯冲轰炸机，它

SB2C"地狱俯冲者"

的操纵性能不够稳定，不讨飞行员的喜欢，很多人甚至把它叫作"畜牲"，但与SBD"无畏"相比，"地狱俯冲者"的速度更快、作战半径更大、携带的炸弹也更多。

让飞行员们有些不爽的是，栗田编队已经离港，所有重型巡洋舰也都撤往了特鲁克，他们只能猛揍剩下的其他舰艇。在"地狱俯冲者"的轮番攻击下，日舰挨着些儿就是死，磕着些儿就是伤，共有一艘驱逐舰被炸沉，一艘驱逐舰和一艘轻巡洋舰被炸伤，还有多艘运输舰和货船遭到重创。

这一次小泽准确地探明了蒙哥马利编队的位置。当天下午，他出动一百二十架飞机对美军航母发起突袭，美军航母有岸基战斗机和舰载战斗机交相担任空中掩护，加上高炮配合，使得日机无隙可乘。最终日机损失了三十五架，美机仅损失十一架，而美舰毫发无伤。

日军飞行员已经学会并习惯于自娱自乐。他们的报告是：美军航母一艘中度损伤，一艘燃烧起火。日军大本营据此宣布了"第三次布干维尔岛海面空战大捷"的消息。

无价之宝

航空参谋奥宫正在新加坡负责飞行员训练，即便在新加坡，他每次也能听到象征胜利的军舰进行曲，看到纷至沓来的战斗"喜报"。奥宫是经历过中途岛战役的老军官，他当时就有些看不懂、想不通。

一航战的这一拨飞行员虽是机动部队的老底子，但更多的是后来补充的新飞行员。在以往的美日海战中，那些老王牌飞行员的空战技术那么高，而且当时"零"式还具有压倒性优势，参与空战的日机数量又多，即便如此，要想击沉击伤一艘美军航母也不容易，为什么现在得分反而越来越高呢？

奥宫心存怀疑也不敢发声，但一航战的损兵折将却是确定无疑的。从11月2日到11日，伴随着三次"空战大捷"，一航战已损失了百分之七十的飞机，一半飞行员命归黄泉，一航战里面最重要的部队，那些技术熟练的飞行队长和分队长则死伤近半——新飞行员或许还可以继续得到补充，老飞行员死了就死了，将永远成为空白。

作为日本海军的中坚力量，机动部队继瓜岛所罗门海战后，再次丧失了战斗力。11月12日，古贺以对"赫赫战果"表示满意为由，宣布结束"吕作战"。

不管古贺是否真的相信日军在空战取得了胜利，但从拉包尔遭袭后，就忙不迭地撤出重型巡洋舰这一举动来看，他实际上在海战中早就示弱了，倒是负责布干维尔岛防守战的陆军指挥官百武还不肯低头认输。

在美军登陆的最初几天，百武一直没有调集重兵从陆地对美军的滩头阵地发起攻击。某种程度上，是瓜岛经验蒙蔽了他，他认为美军会像在瓜岛时一样占领岛上机场，如果调重兵出去，是中了美军的调虎离山之计划。另外，托罗基纳角区域全是沼泽，无法修建机场的地理状况，也强化了百武的这一认识。

岛上不能抽兵，就从别处调兵，百武决定派第二十三步兵团（缺一个大队）实施反登陆战。"第二次布干维尔岛海面空战大捷"前夕，第二十三步兵团的第一梯队共四百七十五人，乘坐四艘驱逐舰，以"东京快车"的方式从拉包尔出发前往托罗基纳角。

百武想起到夜袭的效果，遗憾的是，他没弄清楚美军滩头阵地的正确位置，第一梯队登陆地点距离美军陆战队的左翼还很远，且正好处在美军哨兵的视野范围之内。因此，这批日军一上岸就悲剧了，能供其选择的方案非此即彼，要么气不稍喘地与美军作战，要么分散逃入丛林。

美军海岸警卫队运输舰船员在搁浅的日舰"鬼怒川丸"旁游泳

第一梯队选择了前者，就地建立滩头阵地，准备在后续大部队登陆之前，在岛上坚守到底。

日军擅长丛林战的一个重要特征是，他们在丛林中构筑阵地的能力很强，阵地通常修得又好又快，凡在太平洋和日本人打过仗的人都深有体会。尽管美军很快包抄过来，但日军已经躲在坚固的工事后进行防守了。

在野炮和迫击炮的掩护下，陆战队用了一天才突入日军阵地，而那时天色已黑，跟日军打夜战是要吃亏的，队员们又自动撤了回去。

有道是，白酒红人面，黄金黑人心，日军被放了一马，却又要趁机对美军发动夜袭。只是他们的时机凑得实在不巧，美军正在抽调更多的炮兵，以便为第二天的攻击做准备，于是"官差吏差，来人不差"，企图渗入阵地的日本兵全给火炮做了夜宵点心。

此后几天，第一梯队遭到全歼。从缴获的文件中，范德格里夫特得知，百武拟从拉包尔派出的反登陆作战部队有近三千人之多。

这一情况在托罗基纳角战斗还未结束时其实就已经发生了，当时第二十三步兵团的后续大部队先在东北面登陆，然后向美军偷袭了过来。

布干维尔岛上幽深的沼泽很让美军头疼，既限制部队前进，又妨碍建立机场，但这一回沼泽却帮了陆战队一个大忙。第二十三步兵团发现眼前全是沼泽地，只有一条绕行小路可以通行。

战场上，烦人的沼泽就是守军的无价之宝。范德格里夫特早就认识到了绕行小路的价值，他在小路上提前建立了阻塞工事，仅用一个连扼守，就将不断涌来的大股日军全给击退了。

解决日军的第一梯队后，美军主力逐步集中于东北面，直至将第二十三步兵团驱逐于皮发村之外。在美军陆战三师进入布干维尔时期，百武一共只发动了这一次攻势，最后仍以完败告终。

盲战

日军攻势失败的原因，在于百武没有集中岛上的日军主力包括第六师团主动进行反击，当美军将环形防御阵地不断往前扩展时，日军除了死守还是死守。

守自然比攻要舒服。第二十三步兵团占据着良好地形，构筑的工事又足够坚固，以至于陆战队每次都要用炸药包爆炸的方式，才能将日本兵从阵地中逐出，战斗变得十分惨烈，美军的每一段新防线，都必须用鲜血和生命来换取。

除日军之外，陆战队员们还得对抗自然力量的威胁。自登陆之后，岛上没有

海军陆战队士兵在布干维尔岛上的合影

一天不下雨，整天都是湿漉漉的。岛上的动物种类繁多，不过几乎没有可爱型，比较惊悚的倒是不胜枚举，比如兔子一样大的蚱蜢，将近八厘米长的黄蜂。凡是经历过这次战役的老兵，都忘不了那些古里古怪的动物：蜥蜴、蜈蚣、蝎子、蜘蛛……

在丛林中，队员们对动物全是敬而远之，连碰也不敢碰一下。不是动物都有毒或是有多么凶猛，而是害怕发出响声后，被日军发现他们的所在位置，要知道，光日军狙击手就不是好惹的。

有一个陆战队员原来有打鼾的毛病。睡觉时，队友们一听到他的呼噜声欲出，便用铁锹把满锹的泥土倒在他脸上，用这种很不地道的办法把他给弄醒。久而久之，这名队员的打鼾毛病因此不治而愈。

日军被一点点挤压，最终在皮发村北的一座椰子园里建立了主阵地，范德格里夫特指挥陆战三师向椰子园发起攻势。

范德格里夫特预定的作战计划是，以一个整营突破前进，而以 E 连为前卫，但是在实战中，后续部队的启程时间发生延误，在日军开始阻击时，除 E 连外，其他连都落在了支援距离之外。同时，因事先未掌握日军阵地的准确位置，也无法让炮兵进行配合射击，孤军深入的 E 连不仅没打着狼，还差点让狼给叼了。

第一天的攻击就此告吹。第二天，陆战队吸取教训，做了充分的侦察和炮兵准备，并调来飞机和轻型战车担任掩护。

然而意外和霉运还是没有远离。两辆掩护战车在茂密的丛林中迷失了方向，好不容易找着道后，又稀里糊涂地把炮口对准了自己的部队。

战场秩序顿时大乱，陆战官兵们惊慌失措，朝着四面八方胡乱放枪。不过经过一段时间的混乱，他们很快又恢复了理智。

毕竟受到过野外作战和生存的高强度训练，即便在彼此失去联系和配合，处在各自为战的情况下，每个陆战队员仍然能知道主攻方向在哪里，并毫不动摇地向那里发动进攻。

当停火命令下达时，部队开始打扫战场，这才发现经过陆战三师的"盲战"，所有的日军主阵地都已被完全攻克。

在哈尔西派航母部队再袭拉包尔的前三天，美国陆军第三十七步兵师开始登陆布干维尔岛，并接管阵地的一半。岛上兵力已逐渐达到一个军的标准，美军的指挥体系也随之发生变化，原"仙人掌航空队"队长盖格少将接替范德格里夫特，担任了第一两栖军的军长。

盖格本身是海军陆战队员出身，而且是一个完成了飞行员训练的陆战队员，因此才能够指挥"仙人掌航空队"并把这支航空队操练到风生水起。

盖格带着军部人员登上布干维尔岛，并在岛上正式成立军部。他手下的这个军与其他所有美军部队都不同，这是一个由陆军和海军陆战队联合组成的单位，里面的各个建制及兵种都具有不同的背景，训练和战术观点也不同，要指挥他们，难度不小。同时，美军虽然在椰子园战斗中取胜，但是其防线范围还没有把飞机场的预定位置给包括进去，而日军第二十三步兵团在皮发河东部建立了新的主阵地，阻碍着美军的进展。

盖格的工作表现，说明他非常称职，第一两栖军被调配得井井有条。在盖格的指挥下，陆战三团奉命向皮发河东部发起攻击。

1943 年 11 月 20 日，陆战三团二营扫荡了日军的前哨阵地，渡过皮发河后继续前进。突前的 E 连侦察排发现了一座高达四百英尺的小山岭，上面只有极少的日本兵把守。侦察排长席比克中尉马上认清了这个位置的价值，立即率兵攻克，并掘壕进行防守。

陆战队的喷火坦克正在攻击日军碉堡

丢掉山岭之后，日军指挥官才意识到排兵布阵上的疏漏，急忙集中兵力实施反攻。陆战队也派兵援救，使山岭守军最终增加到两百人。

山岭争夺战愈演愈烈，美军一共击退日军四次进攻，将这块阵地守得坚如磐石。二营的其他连在其他方向都没能突得上去，只好被迫撤退，最后重上前线皆依赖于这座山岭。因此它后来便以侦察排长席比克的名字命名，被称为"席比克岭"。

此后一连三天，两军形成了对峙。利用这段时间，盖格一面加强侦察，一面从陆军和陆战队中调集炮兵做射击准备。

三十一节伯克

11月24日，一切准备就绪。七个营的炮兵集中火力进行射击，口径从七五毫米到一五五毫米不等的野炮在前线怒吼。陆战三团一营同时担任火力掩护，在阵地上用机枪向日军扫射。

上午9点，陆战三团三营居左，二营居右，跃出阵地，开始发动声势浩大的突击。

美军进行了三天准备，日军也没闲着。第二十三步兵团同样调来了炮兵，而且炮兵的作战技巧很出色，火炮射程被调整得十分精准，当陆战队员们从阵地跃出时，立即万弩齐发。猛烈而准确的火力使美军蒙受了极大损失，伤亡数字达到整个布干维尔岛战役的最高峰。

火炮对双方步兵的杀伤差不多是对等的，当陆战队九生一死地冲过烈火地狱时，日军的抵抗力也已经降到接近零点，一线阵地全被美军火炮夷为平地，到处都是日本兵的死尸和被毁掉的工事废墟。

再往前推，火炮射程有所不及，无法进行充分压制。日军的抵抗又变得激烈起来，并且从三营的左翼发动了有组织的反击，给所有前进部队都造成了迂回的威胁。

三营官兵猛扑上去，通过一番血腥的肉搏战，才消除了这一威胁。随后这个营又立即向前挺进，中间连喘口气的工夫都没有。

此时距离出发阵地，已经在八百码开外，陆战队一面进行整顿，一面布置迫击炮阵地，以便对第二目标线发动突击。

突击重启后，日军的抵抗虽然还是一样顽强，但兵力已经分散，毫无组织，因此其实际战斗力十分微弱。三营、二营在迫击炮的掩护下，像碾路机一样碾过去，终于到达了第二目标线。

1943 年 11 月 25 日上午，盖格调来了新的生力军，陆战第九团从左，陆战突击团从右，继续向前推进。激战一个白昼后，为保存实力，日军第二十三步兵团所剩的最后一支成建制部队乘着夜色逃跑了。

这场被称为"皮发岔路之战"的激战至此告一段落。战后美军在丛林中找到的日本兵遗尸即达两千零十四具，但是到底日军伤亡了多少，始终没有做过精确统计，连日军也无准确数字，只知道第二十三步兵团作为番号整体已不复存在了。

皮发岔路之战发生之时，百武仍没有弄清楚美军的真实意图，他只能静观战局的发展。战斗打完，他自以为搞懂了，认为原先的估计一点没错，美军上岸就是要夺取机场。

不能再浪费过多的人力和精神主动出击或反登陆了，那样不合算。打定主意之后，百武便把退到布干维尔岛内陆的日军残部收集起来，与第六师团等部队合兵一处，建立起新的内陆防线。这条防线以岛上机场为保护核心，且远在美军火炮的最大射程之外，防线内的日军只等"疯狂"的美国人攻上来，好施展他们的以逸待劳之术。

现在让百武发愁的，不是登陆的两栖军，而是美军航空队。日军在布干维尔岛共有六个飞机场，大部分在南部的布因，有一个在北部的布卡，就是这座布卡机场，由于遭到美机的频繁空袭，已无法使用。

另外，相对于布因机场，布卡机场所在的布卡岛防守薄弱，百武也担心盖格会乘虚而入。为此他要求海军迅速派出巡洋舰，以"东京快车"的方式向布卡岛运送陆军增援部队，同时从该岛撤出多余的空勤人员。

1943 年 11 月 25 日，联合舰队抽调五艘驱逐舰组成编队，其中三艘载人，两艘护航。就在这天傍晚，美国夜航机发现了航行中的这支日舰编队，并迅速进行通报。

此时谢尔曼和蒙哥马利的航母大队已调离所罗门海区，该地区海战任务仍由南太平洋第三舰队单独承担。接到敌情通报后，哈尔西的作战参谋一算，美舰必须以三十一节的平均速度航行，才能在指定时间内到达目的地。

哈尔西想到了伯克的驱逐舰部队，他们的驱逐舰皆为太平洋战争爆发后建造的新舰，即"弗莱彻"级驱逐舰。"弗莱彻"级驱逐舰被认为是"二战"时期最好的驱逐舰，配备有 SG 型对海搜索雷达，火力凶猛，且具有优异的续航力。

不过伯克部队的驱逐舰虽有"小海狸"之称，但平时的最高编队速度也只达到三十节。哈尔西亲自给伯克下达了一道命令："伯克，你必须以三十一节航行，到达布卡岛以西大约三十海里处，如果遇到敌人，你完全知道应该怎么办。"

伯克立即组织了一支由五艘驱逐舰组成的分舰队，以三十一节的速度朝目的地高速驶去。因为这段典故，他本人后来就有了一个新的绰号："三十一节伯克"。

当分舰队赶到一个叫圣乔治角的狭窄海峡时，他们通过雷达发现了日舰。伯克是驱逐舰"古罗马战法"的首创者，但阴差阳错，第一个赖此成名的却成了他的继任者穆斯布鲁格，这次终于可以由他亲自来实施自己的军事主张了。

圣乔治角海战的前半段，几乎就是韦拉湾海战的翻版。伯克也是将舰队一分为二，尔后，他自率三艘驱逐舰绕过日军侧翼，向其中两艘担任警戒的日舰发射了十五条鱼雷，然后转向撤离。

当晚天色很黑，不过在伯克看来，漆黑的夜晚正是"理想的鱼雷攻击机会"。果然，日舰编队对美军的来袭毫无察觉，仍然在照直前进。伯克的鱼雷命中点计算得十分精到，鱼雷不偏不倚地击中了那两艘倒霉的日舰。听到爆炸声后，已提前占领阵位的另外两艘美军驱逐舰开始射击，将两艘日舰送入了海底。

要说圣乔治角海战与韦拉湾海战有什么不一样，就是多了一个追击的过程。在伯克的指挥下，美舰对三艘载满地面部队的日舰展开猛追。

追了十多分钟后，伯克突然命令"小海狸"们掉转

参加圣乔治角海战的美军驱逐舰"查尔斯·奥斯本"号

航向。接着，船员们就看到三条"长矛"鱼雷在后面爆炸了，如果美舰不做出这一动作，很有可能就会有舰艇中招，众人对伯克的指挥才能和对危险的预知能力都感到十分惊讶，认为自己能在伯克指挥下作战简直是太幸运了。

伯克分舰队在追击中又击沉了一艘日舰，之后他们一直追到离拉包尔约六十海里处，才趁天未亮转向返航。

太平洋战争初期，日军驱逐舰和巡洋舰长期掌握着主动权，美国海军的驱逐舰舰长们曾屡遭挫折，经受最艰苦的战斗考验，即便"车轮"战役开始后也是如此。正如一位多次参加驱逐舰大战的美军船员所说："在所罗门群岛的每个人都深深感到，每一分钟都付出了沉重的代价。"

在伯克、穆斯布鲁格等人的不懈努力下，他们终于形成了自己的战略战术，作战技能也变得更加成熟老练。圣乔治角海战是最后一次动用"东京快车"，从此以后，日本人再也不敢用驱逐舰来做这个偷偷摸摸的生意了。

很血腥也很累人

百武费尽心力，就算计着美军会去取他的布卡岛和布卡机场，但实际上盖格根本就没往那个地方想，因为他通过皮发岔路之战已达到了战略目的。

至 1943 年 11 月中旬，已有约三万四千名陆军士兵及陆战队员进入布干维尔岛，环形防御阵地将近二十二平方英里。更重要的是，可建机场的平地就在这二十二平方英里之内，沼泽的难题也找到了解决方法——说来并不复杂，排掉沼泽里的水即可。

11 月 24 日，托罗基纳机场初具雏形，美机第一次在机场上做了紧急着陆。假以时日，机场工程便可全面完成，这种情况下，美军还有什么必要攻打布卡岛，或去死磕百武苦心经营的新防线呢？盖格剩下来要做的，只是把已有的环形防御阵地夯个结实，以便为飞机场提供更大的安全保障。

美军大规模的攻势作战已成为过去，当然这并不意味着岛上的枪炮声已经完全平息。

11 月 29 日，盖格对柯岩里滩头发动了突袭战。柯岩里滩头在奥古斯塔皇后湾的西南面，距离美军现在位置有十英里远，那里有一些日军的补给站，布干维尔岛日军主力在南部基地，如果百武忽然改变主意，把第六师团调过来攻击，这些补给站就很关键了，所以不得不防。

盖格出动的兵力为伞兵营和一个突击连，采取的方式为两栖登陆。晨光熹微中，柯岩里的日军把登陆美军当成了自家援兵，有一位日本军官还从丛林里跑出来，向第一个登陆的陆战队员喊话。

这份交情自然是怎么都攀不上的。发现真相之后，日军大吃一惊，感到又气又急，并马上发起猛烈攻击。柯岩里日军的实力超出了原先预计，美军不久就被压制到纵深不到两百码的滩头，若是日军不看走眼，他们能否顺利上岸，似乎都得打上一个大大的问号。

现在岸是登上来了，但登上岸的人处境也非常尴尬：背后就是一望无际的大海，退无可退。美军只有竭尽全力地挖掘防御工事，以等待转机。

转机并没有到来。日军的火力越来越强，盖格明白任务已经失败，只能在登陆部队的弹药还没有用完之前，尽快让他们全身而退。

在日军迫击炮的阻击下，登陆艇无法靠近滩头，因此前两次营救行动都失败了。黄昏时，盖格调来一艘美军驱逐舰，在柯岩里滩头附近向日军阵地开炮射击。同时，岛上的美军主阵地也把一五五毫米重炮的射程发挥到极限，朝柯岩里方向轰击。

在炮火掩护下，登陆艇趁着天黑终于把部队接了出来。值得庆幸的是，百武从没有想到把南部基地的重兵调过来，盖格也就再未尝试袭击柯岩里。

布干维尔岛上的最后一次大的地面战，是赫尔托博平之战。赫尔托博平是一座山岭，位于美军环形防御阵地的边界附近。盖格考虑把它作为前哨阵地，就派了一支侦察队前去侦察，

奥古斯塔皇后湾，美军正在用吊臂将伤兵送入登陆艇。

结果却发现上面已经有日军一个加强中队在据守，他们占据了山峰和斜坡的上半部，而且已经挖好了坚固工事。

赫尔托博平已经成了日军的前哨阵地，这座山岭的斜坡上盖满厚密的丛林和树木，许多大树高达两百英尺，把整座山岭都给遮蔽住了。第一线的美军士兵虽然可以听到日本兵在周围走动，但因视野所限，连开枪都不知道子弹应该射向哪里。

炮弹要想直接命中日军阵地，也非常困难，充其量只能吓一吓日本兵，并给一线的美国兵壮壮胆。一位大兵就很感谢大部分时间都在做无用功的炮击："当炮弹落在你的正前方，你就可以蜷伏在洞穴里安心睡觉了，而不必害怕那些小王八蛋跑过来麻烦你。"

盖格决心把日军逐出赫尔托博平，他派陆战队前去发起攻击。赫尔托博平本身就是一个天然的防御阵地，斜坡险峻异常，差不多呈垂直状，陆战队只能插入丛林深处，贴到日军身边大打肉搏战，并且一旦获得立足点后，若不遭遇重大压力和损失，便咬着牙死守不退。

这种打法很血腥也很累人，但它却是海军陆战队的强项。从1943年12月12日起，陆战队连战六天，一步一步把日军逼入绝境，最终控制了赫尔托博平。守卫这座山岭的日军共有两百三十人，全部战死，无一逃脱或被俘。

随着赫尔托博平之战结束，美军防线得到完全巩固，除了边界上小的冲突外，盖格不再轻动干戈。在防线内，一座可供战斗机和轰炸机共同使用的新机场已经正式启用，这座机场离拉包尔仅仅二百二十海里，美军战机从这里起飞，便可轰炸包括拉包尔在内的俾斯麦群岛各个地区。

继瓜岛战役之后，海军陆战队再次做到了不辱使命，他们可以交卸任务了。12月15日，美国陆军第十四军军部代替第一两栖军的军部，成为布干维尔岛上的美军最高指挥机构。一周后，原驻岛上的陆军开始与陆战三师进行接防，陆战三师陆续撤回他们位于瓜岛的营地。

如同在瓜岛一样，许多陆战队勇士都倒在了布干维尔岛，活着的人只有生的侥幸和对战友的怀念。在美军墓园的告别仪式上，一位陆战队指挥官坦率地说出了自己的心声："虽然我们今天离开了这个活地狱，可是这些恐怖的印象我却永远、永远不会忘记。"

第四章 / 在刀尖上行走

在奇袭拉包尔的两次战斗中，谢尔曼、蒙哥马利航母大队均立下奇功，它们离开南太平洋战场，是要回归第五舰队建制，加入一场横渡中太平洋的新攻势。

中太平洋攻势被视为整个太平洋战场的攻击主线。它不仅规模空前，而且在战争史上的地位也独一无二：中太平洋的岛屿上密布日军的空军基地，如何迅速越过这一带洋面，进而把战争推进到日本海域，在过去的战例中找不出任何可借鉴之处。

为此，美军进行了精心筹划，新型的训练手段、战术、武器，乃至支援、供给和保障方式都拿了出来。至1943年秋，海军完成了全部的攻势准备。

作为中太平洋部队的主力，新组建的第五舰队拥有六艘巨型航母、八艘护航航母，其他战列舰、重型巡洋舰、轻型巡洋舰、驱逐舰、运输舰更以百计。

十四艘航母和其他各类军舰大多是刚下生产线。山本在世时承认，德国、意大利和日本，有没有能力进行航母战争，最终将取决于工业生产能力。在这方面，如果说日本人骑的是自行车，美国人开的就是汽车，毫无疑问，美国无可匹敌的工业体系已经成为第五舰队规模可观且持续增长的基本保证。

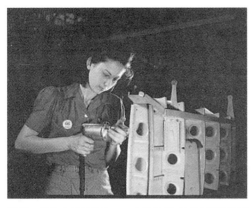

进行飞机生产的美国女工。由于前线对军用武器的需求量大，而国内劳动力又不足，许多妇女也参与了军工制造。

当第五舰队刚刚诞生时，围绕新舰队司令人选，海军内部就议论得沸沸扬扬，但正式的任命决定却迟迟没有下达。

有一种传言，说太平洋舰队尼米兹曾力召哈尔西回来就任，只是麦克阿瑟不予放行。当然传言不过是传言，如此富有挑战性的职位，够级别的军官谁不惦记呢？莫说以麦克阿瑟的个性应该不至于那么小气，就算这事是真的，哈尔西还不得跟老麦吵翻天，又何来相处融洽？

它只说明一点，新的舰队司令确实很难选。在大家的心目中，哈尔西就是一条线，低于这条线难以服众。

按照这一标准，成功指挥过中途岛一役的太平洋舰队参谋长斯普鲁恩斯应在其列，可尼米兹自己到底是怎么看的呢？

判断和智慧

每天早上，尼米兹都会和自己的参谋长一道，以散步的方式从宿舍走到办公室。走着走着，尼米兹突然对斯普鲁恩斯说："舰队的高级指挥官将有一些变动，我很想让你去。"

说到这里的时候，尼米兹停顿了一下，接着又说："但可惜的是，我更需要你留在这里。"

斯普鲁恩斯被外界称作"活机器"，他和尼米兹一样，都是能够把持得住自己的人，一向好也在心里，歹也在心里，喜怒不形于色。听了尼米兹的话，斯普鲁恩斯尽管感到有些失望，但他还是语气和缓地向尼米兹表态："战争是件大事，我个人当然希望再同日本人打一仗，但你需要我留在这里，我也只能服从。"

当天晚上，尼米兹思考了一夜。第二天早上散步时，他告诉斯普鲁恩斯："你真走运，我最后还是决定让你去。"

斯普鲁恩斯原以为已无缘到一线领兵打仗，听了之后不禁又惊又喜。几天之后，正式任命下达，斯普鲁恩斯一身双职，在担任第五舰队司令的同时，还兼任第五十八特混舰队司令。

这一次，许多人都感到了惊讶，因为斯普鲁恩斯兼任的那个职务。

过去的美军航母都是单艘行动，即便在同一个编队，也基本上是各打各的，这主要是考虑到彼此牵连，会牺牲航母的机动性，但在实战中，由于每艘航母都要单独派战斗机为自己护航巡逻，警戒舰艇也得两个三个分出来为它们充当"保镖"，使得航母的整体作战效率反而大打折扣。

尼米兹据此提出了快速航母的战术概念，并根据这一概念组建了第五十八特混舰队。第五十八特混舰队就是一支快速航母编队，它由四个航母特混大队组成，每个大队都配备着不同数量的大型航母、轻型航母以及战列舰、巡洋舰、驱逐舰。

与每艘航母单独进行空中警戒不同，航母大队发挥团队优势，实行的是集中空中战斗巡逻。巡航时，由驱逐舰组成外层反潜警戒幕，一旦出现空袭危

两名准备起飞的美军航母舰载机飞行员，他们身后是 F6F "地狱猫" 战斗机。

险，驱逐舰即加入由战列舰和巡洋舰组成的内层环形警戒幕，这些护航舰船采用无线电引信的高炮，集中对空射击时，可形成前所未有的防御优势。

四个航母大队之间既能联合行动也能独立作战，甚至也能从中抽调部分舰船编成突击编队，以执行特别使命。比如谢尔曼、蒙哥马利航母大队赴南太平洋作战时，采取的便是这种模式。

除了做减法，更多的时候是做加法，其中之一就是配备后勤供应舰编队。当为数众多的油轮、飞机供应舰和补给船只随第五十八特混舰队一起行动时，美军便随时可以把遥远岛屿变成重要的补给基地，这个时候的航母大队就是一座座海上浮动机场，其机动性能和自卫能力达到了早期航母作战难以企及的高度。

东条把快速航母的远程作战能力，作为"蛙跳战术"之外，美国战胜日本的另一个关键因素。实际上，第五十八特混舰队甫一问世，便显示出了自己的不菲身价，所谓高端大气上档次，凡是熟悉太平洋作战计划的人，都知道这支舰队非同寻常，很可能成为第五舰队的核心，但凡有些雄心壮志的军官没有不想做第五十八特混舰队司令的。

在任命没有下达之前，多数航空兵军官都一厢情愿地认为，这个职务将会落到他们中间的某个人身上，毕竟航空队对航母编队而言，具有无可代替的重要性。

不料尼米兹最后还是选择了斯普鲁恩斯。有的落选者失望之余，便以各种理由来批评尼米兹的用人，比如斯普鲁恩斯没有当过飞行员，怎么能指挥如此重要的航

母部队，等等。

尼米兹不为所动。他选人的标准就是看候选人的能力，而不是其他。的确，斯普鲁恩斯没有开过飞机，但这并不说明他就指挥不好开飞机的人，尼米兹说："斯普鲁恩斯懂得自己的任务是什么，他的最大优点是善于判断——根据情报和他的专业知识作出的判断。"

作为特混舰队的司令，并不需要亲自开着飞机去战斗，但他要在云谲波诡、瞬息万变的复杂战局中作出正确判断，而这方面的能力，斯普鲁恩斯早在中途岛战役中便表现得淋漓尽致。尼米兹对此予以了充分肯定："中途岛海战的胜利全靠斯普鲁恩斯，我们之所以能打胜那一仗，就是因为有他的判断和智慧。"

斯普鲁恩斯的判断力，有时连尼米兹都不及。在中太平洋攻势中，尼米兹设想先打马绍尔群岛，斯普鲁恩斯则提出异议，理由是，美军的任何陆上基地都不能对马绍尔群岛实施成功的侦察和支援，难以做到知己知彼，而且马绍尔群岛的防守较为坚固，若第一战就出状况，会给整个攻势带来不利影响。

斯普鲁恩斯建议第一刀应对准距离更近，也更容易攻下的吉尔伯特群岛。待占领吉尔伯特之后，再对马绍尔群岛进行侦察和支援就方便多了。

经过充分讨论和研究，尼米兹采纳了斯普鲁恩斯的这一建议，将攻略目标改为先打吉尔伯特，后打马绍尔。

按照预定作战计划，吉尔伯特的第一个目标是瑙鲁岛，但斯普鲁恩斯在看过瑙鲁岛的照片和图表后，发现这座圆形岛滩头狭窄，四周全是悬崖峭壁，不仅易守难攻，而且占领后也无法建立机场。

另外，瑙鲁岛与美军要进攻的下一个目标塔拉瓦环礁相距太远，占领瑙鲁岛后，对夺取塔拉瓦起不到支援作用。还有，瑙鲁岛与联合舰队的基地特鲁克太近，容易遭到袭击。

斯普鲁恩斯的想法是舍瑙鲁岛，取马金环礁。后者距塔拉瓦环礁不远，离马绍尔群岛更近，且马金环礁都是珊瑚岛，凡属珊瑚岛，即有两个优势：岛上可开辟机场，环礁中可停泊舰艇。

自己的决策屡次被部下推翻，尼米兹脸上再装得虚怀若谷，在众人面前也难免有些下不来台，但他知道，斯普鲁恩斯的建议均来自对实战需要的细致思考，有理有据，因此心绪平复后他马上报请参谋长联席会议予以批准。

鱼没上钩

西进吉尔伯特群岛的作战计划被命名为"复苏行动"。行动原定于 11 月 19 日实施，由于要等待哈尔西借调的谢尔曼、蒙哥马利航母大队赶回，总攻发动日期又顺延了一天。

1943 年 11 月 20 日拂晓，大洋复苏，第五舰队倾巢出动，所有参战部队均向着吉尔伯特群岛的目标进发。

吉尔伯特阶段的作战行动，另有称谓，叫作"电击行动"。作为"电击行动"的第一目标，马金环礁对于美军来说并不陌生，瓜岛战役期间，"美版八路军"卡尔逊突击营正是在这里打了一场漂亮的突袭战。马金环礁的主岛及日军指挥部所在地，是布塔里塔里岛，此地一取，则等于控制了整个环礁。

布塔里塔里岛的日军总共不足八百人，其中海军陆战队员只有两百八十四人，其他全都是地勤人员、日军工兵和朝鲜劳工，其防御能力并不强。这也是斯普鲁恩斯优先将其作为进攻目标的原因之一。同时，布塔里塔里岛靠近马绍尔群岛，二者相距仅一百九十海里，容易遭到马绍尔日军的袭击，因此斯普鲁恩斯要求必须在一天之内就予以占领，以便支援舰队能迅速撤退。

第五两栖军军长霍兰·史密斯少将亲自指挥了布塔里塔里之役。这座小岛的形状有如一只铁锤，日军的主要设防地带在"锤柄"约三分之一处，史密斯计划先在"锤头"实施牵制性登陆，以便把日军从"锤柄"吸引出来。之后，美军再在"锤柄"进行二次登陆，将日军予以拦腰截断。

鱼钩设计得很精妙，只是鱼没上钩。不是饵不够，或是鱼不饿，而是日军兵力太少，基本上都留在原阵地未动，让霍兰·史密斯枉费了一番心机。还好，护航舰队的空海支援很给力，使部队登陆时未遇到太大困难。

不给力的恰恰是登陆部队。从珍珠港开来的第二十七步兵师长期担任夏威夷的警备任务，此前未正式参加过战斗，这是他们首次进行实战。由于久驻海外，该师的很多士兵都很想家，反映在战场上就是怯战，缺乏应有的英勇精神。部队上岸之后，仅仅受到几名狙击兵的射击，或者是一两挺机枪的拦阻，便整整几个小时动弹不得，尤其到晚上特别容易紧张，偶有风吹草动，一群人就神经过敏，胡乱射击，有时干脆连阵地都放弃了。负责输送登陆部队的特纳后来向尼米兹报告："坦率地说，他们（第二十七步兵师）还没有开战就战战兢兢，一直吓得发抖。"

向布塔里塔里滩头挺进的美第二十七步兵师。海滩上的烟柱，并非来自岸上日军的炮火，而是先前海军支援舰队的轰炸所致。

霍兰·史密斯也非常恼火，他富有两栖作战经验，知道这样打法不行，但短时间内又没法把弱兵马上调教成强兵，只能硬着头皮指挥下去。

按原定计划，用一天时间肃清是绝对不可能了，光把日军驱逐出主阵地就用了两天，再将其压迫到"锤柄"的一端，又用了两天。

在布塔里塔里岛战斗中，美日兵力对比是二十三比一，但占绝对优势的美军花了整整四天才占领布塔里塔里岛，日军除陆战队一人、工兵和劳工一百零四人被俘外，其余全部被歼。第二十七步兵师也战死了六十四人、伤一百五十二人，这个伤亡率是比较高的。

耗时过长的登陆战，使支援航队无法按原计划及时撤退。结果一艘日本潜艇趁机驶进马金海面，用鱼雷击中了"里斯康布湾"号护航航母，航母发生爆炸，九百多名船员中有近六百五十人丧生，远远超过了登陆部队的损失。

第二十七步兵师的拙劣表现，让霍兰·史密斯对陆军的两栖作战能力完全丧失了信心，他其实最想指挥的，还是海军陆战队。

都知道陆战队更厉害，斯普鲁恩斯将由新西兰调回的陆战二师用于了真正的硬骨头——塔拉瓦环礁。塔拉瓦面积超过马金，是吉尔伯特群岛十六个珊瑚岛中最大的一座岛，同时也是日军的防御重点。

陆战二师的所有单位都在不同阶段参加过瓜岛战役，瓜岛战役结束，他们在新西兰休整训练了七个月。那是一段甜如蜜的时光，新西兰人对这批逃出丛林地狱的勇士倍加青睐，有许多人在新西兰结了婚，有更多的人准备结婚，真是"直把他乡作故乡"，以至于离开新西兰时，几乎人人都恋恋不舍。

出发了也不知道要往哪去，一切都处于高度保密状态，只有少数军官才掌握行动内幕。陆战队员们只看到海水越来越深，云层越积越多，据此判断船是在往北走。

在海上航行七十二小时之后，指挥官才宣布进攻目标："从今天算起，第六天的8点30分，我们将袭击吉尔伯特群岛的塔拉瓦环礁。我们将从末端的一个小岛登陆，土人称它为贝提奥岛。"

无论塔拉瓦环礁，还是贝提奥岛，对于普通陆战队员来说，都是一些虚无缥缈的地名，他们过去听都没听说过，连怎么发音都弄不清楚。当时为了保密，军人书信中一般都不直接提及军营驻地。一名士兵为了让他在美国的情人知道下一步去向，便想出了一种巧妙的暗语，比如"我最亲爱的紫罗兰"是说他将开赴特鲁克，"我心爱的紫罗兰"表示去拉包尔，但他实在不知道怎么形容塔拉瓦环礁，于是只好用了"宝贵的"，意思是他还在海上。

涂抹

美军军用地图上给塔拉瓦环礁的代用名字是"海伦"。

很浪漫的一个名字，但对陆战队员来说毫无意义，在枯燥乏味的航行过程中，他们只能用晒太阳、打扑克、磨刺刀，或者写家信来打发和消磨时间。

指挥官告诉陆战队员们："登陆之前，我们将用海军的炮火和俯冲轰炸机狠狠地敲它一通。我们将用强大的火力轰击这个地方，直到它成为一片废墟。"

一艘巡洋舰正在实施火力支援，它所射出的炮火制造出了一组奇妙的环状图案。

此言果然不假。在陆战二师到达塔拉瓦环礁之前的三天里，第五十八特混舰队的部分舰船就分批接近塔拉瓦环礁，对岛上的日军阵地进行了有计划的炮击和空袭。海军信誓旦旦地向陆战队的军官们保证："我们的意图不是想要压制住这座岛，也不想毁灭它，我们只不过是把它'涂抹'掉罢了！"

陆战二师在瓜岛时见识过海军舰炮的威猛，因此听到后全都乐不可支。论面积，塔拉瓦环礁远不及瓜岛及布干维尔岛，有人更夸大说，塔拉瓦环礁可能还没有纽约的中央公园大呢。想想看，这次海军的舰炮火力比瓜岛那次还要猛，还要多，日军都挤在这么一个狭小地方，他们怎么受得了呢？

现在陆战队唯一担心的事，是别把塔拉瓦环礁炸得太过火，到时候连登陆落脚的地方都找不到。一名陆战队员对此颇有失落感："很难想象这么多炸弹落到这座小岛上，还会剩下什么东西。"其他人已经互相吹起了老牛，这个说："我要向日本鬼子尸体的脸上吐唾沫。"那个说："这不好玩，最好掰开他的嘴，让他咽下去……"

1943 年 11 月 20 日，凌晨 4 点，运输舰队驶抵预定登陆点：贝提奥岛。这座只有两英里长的狭窄小岛，也是塔拉瓦环礁中唯一设防的岛屿。

天空刚刚现出黎明的迹象，舰队就开始放艇。运输舰上所搭载的登陆艇被放到海上，陆战队员纷纷从挂在舰边的船网上爬下来，逐一跳上登陆艇。

这时海面上突然升起许多水柱，《时代》周刊的随军记者看见一颗炮弹在登陆艇旁爆炸，他不禁喊起来："我的天呀，偏太多了，那些小伙子还需要练习练习。"

敢情他还以为炮弹是美军发射的。旁边的一位陆战队军官提醒他："你难道认为那是咱们的炮打的吗？"

是岛上日军开炮了。在新加坡战役中，日军从英军手里缴获了一批八英寸大口径海岸防御炮，就安装在贝提奥岛上，这些巨炮轰击时声如巨雷，虽然所有的炮弹没有一发能直接击中船只，但横飞的炮弹碎片还是对舰上人员造成了不少伤亡。

显然贝提奥岛上的日军火力并没有被"涂抹"掉，大家目瞪口呆，几乎难以置信，登陆编队的指挥官大骂炮火支援部队信口开河，害人不浅。在炮火的威胁下，运输舰只得暂时撤到其射界之外，已经放到海上但依旧吊在舰旁的登陆艇也被一并拖了出去，那情景就仿佛是母鸭带着一群小鸭在游泳一样。

美军支援舰群马上予以还击。三艘旧式战列舰、五艘巡洋舰，先后驶向岸边，对贝提奥岛进行破坏性射击。按照所处位置不同,舰炮射击距离也不等,最远的一万四千米,最近的一千八百米,但所有炮弹都虎虎生风地奔向日军的火炮阵地及掩蔽部。

接着,支援舰群又转到预定登陆区域的正面,对滩头实施射击,借以把日军驱逐出滩头阵地,同时也从精神上给敌方以打击。

当天的炮击持续了两个半小时,将近三千吨炮弹倾泻至贝提奥岛。隆隆炮声中,硝烟将舰身完全笼罩,只有炮口发出的火光在一闪一闪发亮,而贝提奥岛则成为一片火海,巨大的烟柱和滚滚灰尘直冲云霄。

战前美军做过较为精细的空中侦察,定出了大部分巨炮以及一些防御设施的位置。火力攻袭中,这些显要目标皆无遗漏:战列舰的十六英寸舰炮很快就让岛上的"八英寸"炮台变成了哑巴,日军的木制营房被烧毁,一座军火库被炸毁。

正式登陆前五分钟,舰载机再次对滩头进行猛烈扫射,而支援舰群则向纵深转移火力,以便尽可能地为陆战队铺平前进道路。

为了实施这次登陆行动,美军拍摄了许多空中侦察照片。从照片上看,贝提奥岛就像一只栖息的海鸟。这只"栖鸟"的"脚"是一道四米高的防波堤,那是日军沿着海水涨潮时的水线,用椰子树圆木在海滩上构筑出的一道极其坚固的壁垒,只有使用重炮才能将其摧毁。

日军的主阵地就在防波堤后面,日军不仅可隔堤炮击,还能通过堤上设有的射孔,对进至滩头的部队进行射击。

如果仅仅依据照片,根本看不出哪里是贝提奥岛的防御弱点,这座岛已经完全要塞化了。见多识广的指挥官们只能通过对比,来找出相对合适的登陆场,最后他们发现日军重要的海岸防御设备,以及复杂的水底障碍

LVT 履带式两栖登陆车,这种带炮塔的登陆车神气是神气,就是装不下多少人。

网，几乎都在"栖鸟"的"背部"，"下腹部"则较为柔软，换句话就是比较好突破。

所谓"下腹部"，乃是贝提奥岛位于礁湖一侧的海滩，有一千四百米长，那正是美军确定的唯一登陆场。

在抢滩登陆的运输工具上，登陆艇当然是首选，但不清楚贝提奥岛附近的潮汐涨落情况，到时如果海水过浅，登陆艇就过不去了。在这种情况下，霍兰·史密斯拍板决定使用履带登陆车。

履带登陆车（或称两栖牵引车）是一种新式登陆工具，依靠履带和推进器前进，其基本功能不是运人，而是运物资。它可以通过岩石、沼泽等险峻地形，从船上直接把物资运到内陆，而不必在滩头卸货。这是登陆艇和一般卡车都无法做到的，从功用上看，履带登陆车更像是能在海面浮动，且便于抵岸的水陆两用坦克。

过去运物资的，现在要用来运人。不过也正因为纯粹是补助性运输工具，所以部队配备的并不多，陆战二师只有一个履带登陆车营，七十五辆车，经过调补，到开始进攻前，也仅集中了一百二十五辆车。一辆车最多装二十人，这么一点车，要把一个陆战师全部运上海岸，是绝对无法做到的。

解决的方案是前面三个攻击波用履带登陆车，后续部队则改用普通登陆艇运送。

刀山剑海

1943 年 11 月 20 日，上午 8 点 45 分，履带登陆车载运陆战队员分三拨进入礁湖，随后便向岸边涉水行驶。不久，它们遭到了日军枪炮的射击，这些火力都很散乱，对登陆车构不成太大威胁，说明在遭到长时间炮击之后，日军的恐怖心理还没有马上恢复过来。

但是从第四拨开始，情形就没这么好了，因为他们乘坐的是登陆艇。

对一般登陆艇而言，至少要有一点二米的水深才能航行，可是美军登陆时遇到贝提奥岛退潮，连着沙滩的海滩礁盘（珊瑚礁）区正好处于一天中水最浅的时候，水深充其量也不超过零点六到零点九米。

之前一些指挥官所担心的事情终于发生了，登陆艇搁浅在礁盘外，前进不得。陆战队员们只能跳入水中，把武器高高举过头顶，徒步涉水向岸边前进。

此时距离岸边还有七百码。陆战队员身上全都背着沉重装备，即便是在普通海边行进，也足以把一个体格健壮的人累到半死不活，何况那还是礁盘——海底全是坚固的珊瑚礁，有如刀山剑海一般。

这是蜗步一样的前进速度。有人走着走着，突然掉进一个特别深的洼地，一不小心就淹死了。走在浅水里的人们日子也不好过，除了防备脚下外，他们还得躲避前面如雨袭来的日军枪炮。

之前美军以为，经过那么长时间的猛烈炮击，贝提奥岛的日军一定已经失去防御能力，有人判断："似乎岛上已无生物，部队靠近海岸，看来只要走上岛去就行了。"还有人猜测："陆战队将站着进去，岛上活着的日本兵不会超过五十人。"

其实不然，设在地堡里的日军指挥所、掩体、隐蔽的火炮阵地几乎都未受到严重破坏，大部分日本兵也都安然无恙，他们仍可使用小口径火炮、机步枪封锁海滩，对企图接近的美军登陆部队进行射击。

眼前已不是抢滩登陆，而是极为惨烈的屠杀，礁盘上面的海水由蓝色变成了红色：靠个人力量奇迹般登岸的幸运儿是有的，但只是少数，多数人都沉入了海底或倒在海滩上。

由于日军炮火过于猛烈，无论伤者死者都无法及时抬运下来。尚未登岸的履带登陆车如果不想从死伤者身上碾压过去，就只能退回海中，绕道前进，结果有四辆履带车沉没，乘员全部闷死在里面，剩下的两辆履带车也成了日军火炮的活靶子。

海滩上横七竖八的美军尸体，足以说明海滩登陆战的惨烈。在无法设防的情况下，战争往往是单方面屠杀的代名词。

陆战二师师长朱利安·史密斯少将闻讯，只得下令暂停第六波之后的攻击，以避免出现更多的无谓损失。这意味着，在后续增援重启之前，已登岸部队必须靠自己的力量战斗下去。

美军按登陆海滩的不同位置，分别命名了"红一滩""红二滩""红三滩"。在"红一滩"

登陆的陆战二团三营因处于日军两边侧射的夹击之下，多数履带登陆车中弹后失去机动能力，只有少数勉强抵岸。除此之外，从"红二滩"登陆的陆战二团二营、从"红三滩"登陆的陆战八团二营皆冲上了滩头。

已登陆部队的处境非常危险。作为参加过瓜岛战役的老部队，陆战二师对于日本人和日本人的战术早已不陌生，可是在这座珊瑚岛上，他们却还得和那支初出茅庐的菜鸟部队——第二十七步兵师一样从头学起。

一座岛屿的海岸线如果足够长，守军就算使出天法，也无法对所有要点做到处处设防，你只要找到一个合适的点，要在滩头站住脚都不会太困难，瓜岛和布干维尔岛之役皆是这样。贝提奥岛不同，这里的海岸一共只有一英里半长，经过日军十五个月的打造，几乎到处都是铜墙铁壁。

上岸的部队只能趴着，否则一站起来就会成为几个方向的射击目标，从而沦为枪下之鬼。大家都知道，如果不赶快组织滩头防线，日军只消发动一次大逆袭，就可以在滩头上将他们歼灭干净。

第一、二、三攻击波的美军在编制上较为整齐，但四、五、六攻击波因为损失太大，残余部队到达滩头时都已经溃不成军，编制乱七八糟。一些下级军官和老兵便主动担起责任，随时随地把身边人员组织起来，不管原来是哪个单位的，都一律填入滩头防线。

真正凝聚成有机的战斗整体，是在肖普到来之后。1943 年 11 月 20 日，上午10 点 30 分，突击部队指挥官、陆战二团团长肖普上校登岸，并在占领的一个日军据点处设立指挥所。

肖普到一线来指挥作战也是机缘巧合，他原来在师部担任作战科长，正好陆战二团的原团长在演习中负了伤，于是一个星期前，他便被临时派到了这个位置。

肖普可不是一个简单的幕僚人员，他是正规海军陆战队员出身，曾经有过多年带兵打仗的经验。另外一个优势是，陆战二师拟订作战计划时，他还在师部作战科主持工作，所以对岛上的地形、日军设防情况，以及陆战二师的攻击方案，都有明确认识。可以这么说，对进攻贝提奥岛，全师也许没有第二个人会比他更为清楚了。

贝提奥岛约有两千六百名日本海军陆战队员，皆为与陆战二师一样的精兵。此外，岛上还有一千名日军工程兵和一千两百名朝鲜劳工，其中的一部分工程兵受过军事训练，配有武器，因此该岛有战斗力的日军应估计为三千名。陆战二师是个加强师，约有一万六千人，但按原计划，该师留了一个团做预备队，其余两个团又留下了预备队，这样使得实际参战的部队数量严重不足。

突击登陆的兵力至少要比守军多两倍，这是一条基本的军事原则。肖普上岸后，很快就和已登陆的各个战斗单位建立了电话联络网，他下令团预备队立即投入战斗，同时通过无线电方式，请求师部立即给予舰炮和空中火力支援。

师长朱利安·史密斯不仅满足了肖普的要求，还从师预备队抽调了一半兵力，增援陆战队遭受严重损失的部分。此后，正在指挥布塔里塔里战斗的霍兰·史密斯也应他们的请求，从自己统率的第五两栖军中拨出预备队予以增援，这大大增强了肖普部队的攻击力。

战史评论家认为，肖普在贝提奥岛登陆战中所做出的一切当机立断的决策，都被实践证明非常合理有效。他几乎是以一人之力单独指挥着整个登陆战，他镇静如常的指挥风格和敏锐的军事天才，在最紧要的关头挽救了陆战二师在这次登陆战中的命运。

成败未卜

海军陆战队在向日方阵地艰难逼近

在舰炮和空中攻击的掩护下，陆战队从滩头出发，逐步向内陆推进。

单纯从地面上看，贝提奥岛上很少能找到活着的东西，包括日本兵，更不存在瓜岛、布干维尔岛上常见的丛林，就是有几棵稀疏的椰子树，也早已被炮火打得七零八落。

敌人在哪里呢？他们在

地下！

日军的要塞工事挖得很深，工事的顶层铺着厚达两米的枕木和钢板，上面再堆一些珊瑚岩石或者沙土。那些必须露出地面的部分，很像一座沙丘，或者一堆乱石。

在贝提奥岛上，这样的沙丘或乱石非常普遍，你搞不清哪些是真的，哪些是工事伪装。有时美军正想在"沙丘"旁边坐下休息，忽然就听到了日军在下面说话的声音。这是件非常恐怖的事，因为你听得到声音，但看不见人，更无法向他射击，有些人往往还没找到工事在哪里，就被日军的隐秘火力给撂倒了。

此时陆战二师简直有点怀念瓜岛那座"活地狱"了，在那里，厚密的丛林固然会使行动受到限制，然而部队毕竟拥有相当大的回旋空间，敌我主防线也分得较为清楚。贝提奥岛的最大宽度只有八百码，地下又有蜂窝一样的工事和固定阵地，陆战队连一个排都难以活动开来，更不要说一个师了。

日军在岛上的工事并不是杂然无章，而是构成了一百多个相对独立的防御据点：其正面火力一般集中在狭窄地带，枪眼和炮眼都特别小，虽然这样视界受到极大限制，但威力却极其可怕；两侧主要依靠其他工事的交叉支援，这样使得美军不仅无法从正面加以攻击，而且也难以实施迂回。

守岛日军指挥官柴崎惠次对防务自鸣得意，他夸口说，就是来一百万人，用一百年，也攻不下这座贝提奥岛。

事实证明，美军固然在进攻珊瑚岛方面经验不足，可是日本人也太小看对手的威力和意志了，要知道，这可是一支在瓜岛经过千锤百炼，又在新西兰休整期间进一步训练打磨的劲旅，说陆战二师是全世界最精锐的丛林战部队之一也不为过。

陆战队员不屈不挠地往前推进，即使身边不断有人倒下，大兵们也没有一点迟疑和退缩。他们冒着危险挨个接近防御据点，然后使用手雷、手投炸药包和火焰喷射器，将正面、侧面工事及其里面的日本兵彻底消灭。

打着打着，陆战队也发现了日军防御上的弱点：各工事之间虽可形成配合，但也因此缺乏弹性，只要其中一个工事被打掉，其余工事解决起来就相对容易多了。

当然容易并不是说吹口气就能做到。以日本兵那种不是丧心就是病狂的脾气，你不从肉体上予以完全消灭，他就会躲在工事里死抗到底。

到黄昏将近的时候，登上滩头的五千名美军用伤亡近三分之一的代价，控制了西面海岸的一半，并且在这个滩头堡的基础上，建立起一个纵深达三百码的滩头阵地。

然而随着夜晚的到来，敌情反而更趋严重，因为按照惯例，日军必然会以黑夜为掩护发动强袭。肖普用无线电向师部报告："情况依然可虑。"他下令所有人员开始挖掘工事，同时实行火力管制，严禁士兵开枪，以免暴露目标。

太平洋舰队司令部内也充满了紧张气氛。当天白天，尼米兹看到了陆战二师调用师预备队的电报，这么早就使用师预备队，说明岛上形势相当严峻。除此之外，电报在结尾处还使用了"成败未卜"四个字，遥想太平洋战争初期，威克岛失陷前，岛上所发电报也曾出现过相同的字眼，幕僚人员均有了一种不祥的预感。尼米兹也深为不安，他静静地坐着，脸上毫无表情，过了一会儿，他轻声地说："我已经把我们所有的兵力都运去了，力量充足，人数占优势，为什么还是没有打好呢？"

百分之九十都是等候

幸好预料中的最坏情况并没发生。

在支援舰群的炮击下，日军防御工事虽只受到轻微损伤，但其赖以进行通信联络的电话线却被完全炸断了，柴崎只能指挥所辖的少数部队，而他与大多数工事都失去了联系，同时支援舰群整个晚上都在继续进行扰乱性射击，也迫使日军无法实行大规模动员。

最令人提心吊胆的一晚终于度过了。第二天一早，岸上的美军个个又累又渴又饿：尽管日军没有发动夜袭，但没有一个陆战队员晚上能够睡好；他们每个人都携带了两个水壶，可在酷热天气下早就喝干了，而贝提奥岛又无天然水源可以补充；口粮只有一天的，也吃完了。

纵使在这种情况下，战斗也不能停止，因为贝提奥岛百分之九十的面积，仍然掌握在日军手里，柴崎已经给他的士兵下达严令："据守各重要地区，直至最后一兵一卒，把敌人消灭在水边。"

与第一天相比，第二天的火力支援情况大有改善，无论舰炮炮击还是舰载机的轰炸，命中率都在不断提高。中午前后，海潮开始上涨，登陆艇爬过礁盘，给肖

普送来了后续部队及陆
战炮，这使得陆战队在
推进时获得了更多便利，
但实战的艰苦程度，仍
大大超出想象。

在前进过程中，他
们随时会与看不见的敌
兵不期而遇，因此也无
法保持操典中所规定的
队形和组织。班、排、连

美军向机场发动进攻。跃进的过程，也是不断寻找隐蔽物的过程，可
是看看图上的景象，实在也不知道可隐蔽的地形在哪里。

不见了，基本作战单位变成火力小组，这个小组可能只有两三个人，但也可能多达
两百人——由不同单位的剩余人员混合拼凑而成，指挥官有时可能是军官，但也可
能就是一名刚入伍的新兵。

几乎所有交手都是近距离，需要爬、滚或者跳跃俯冲，不过在这种特殊的战斗
中，比杀敌更重要的，其实还是保护自己。每进入一个新的区域，陆战队员都必须
想尽办法寻找掩蔽物，包括树木、弹坑，甚至是已被炸毁的日军工事，实在找不到，
也得给自己挖上一个散兵坑。

寻找掩蔽物，是为了避免被日军强大而隐秘的火力所杀伤。一到这个时候，
陆战队员便既不能进又不能退，只能卧倒在地，听任机关枪子弹从背部上方飞扫
过去。

这段时间短则几分钟，长也可以达到几个小时，可是再长也得等下去，否则不
啻送死，陆战队虽然推崇英勇精神，却并不提倡大家像日军那样傻乎乎地喂子弹。

在等候的时间里，可能将由呼唤到的舰炮、舰载机或者海岸火炮去炸毁工事，
也可能会有其他火力小组通过迂回方式，用手投炸药包或火焰喷射器近身消灭敌
军，这样的话，他们才能继续加入战斗。

有人形容说，贝提奥岛上的战斗百分之九十都是等候，只有百分之十才是战斗，
甚至到了战斗的最高潮，也免不了要继续等候："等……等……等，在这个倒霉的
战争里，就只有等！"

陆战队用了差不多一整天的时间，往前推进了八百码，到日落之前，战线已推进至南海岸，日军被包围在了飞机场的中央。肖普在傍晚发出的电报上已对前景充满了乐观："部队伤亡很多，阵亡人数不明。战斗成效：我们在取胜！"

这一天夜里，日军即便能够组织起来，也再无逆袭之力，一部分感到绝望的日本兵开始动手自杀。有人用手雷将自己的肚子炸开，实行"另类切腹"，有人把步枪的枪口抵在颌下，然后用脚指头扣动扳机。

1943 年 11 月 22 日，登陆后的第三天，师预备队、军预备队陆续上岸，很多坦克战车也加入了战斗，但美军的伤亡数字仍然在上升，究其原因，日军虽明知胜利已毫无希望，且后无援军，却仍然像老鼠一样钻在地下，并且死不投降。

上午，柴崎从指挥大碉堡里发出了最后一封电报："我们已把武器毁掉，从现在起，人人准备做最后战斗。大日本帝国万岁！"随后，海军陆战队的推土机便用沙子封锁了碉堡入口，碉堡上面的通风口被灌进汽油，美军用一颗手雷引燃，将柴崎和他的三百名士兵送入了地狱。

经过一天的苦战，美军终于占领了机场，日军残部被挤压到狭小区域，但是当黑暗来临，已失去统一指挥的日本兵竟然又挥舞着刺刀，发动了自杀式冲锋。

手持汤姆森冲锋枪的美军士兵。"二战"前，汤姆森大量装备了美国黑手党，混混们要是手上没把汤姆森，都不好意思出去跟人打招呼。"二战"开始后它才移用于军方，并成为"二战"中最著名的冲锋枪。

和日本人打仗，一切都是难以预料的，只要没有被完全制伏，他们就可能还要和你拼个鱼死网破。首先遭到冲击的是陆战六团一营，适用于近距离阻杀的汤姆森冲锋枪开始大展其技。

在瓜岛战役时，因为汤姆森冲锋枪的数量不够分配，且不适合丛林战使用，所以陆战队勉强采用了莱辛冲锋枪，无奈这种冲锋枪也不适应热带雨林气候，最后全被陆战队扔到河里面去了。到 1943 年年底，汤姆森冲锋枪产量大增，已成为主流的标准冲锋枪。汤姆森冲锋枪号称"堑壕扫帚"，在汤姆森冲锋枪的猛扫下，日军被打得如同阵地前的一堆堆烂泥。

陆战六团是军直属预备队，也是美军白天作战的主力，他们在烈日下已苦战一天，夜间又遭到这种折腾，许多人都感到受不了，甚至丧失了理智，而且黑暗中火力网再密也有疏忽。日军一批批上，死一批又上一批，终于有日本兵冲入了美军阵地。B连连长汤姆斯中尉的所在位置居然也跳入了一个，汤姆斯手枪里的子弹已经打空，情急之下，他举起手枪，打破日本兵的脑壳，才得以逃过一劫。

日军通过肉搏战，在A连和B连之间占领了一块小型的突出部。经过呼唤，支援舰群朝该位置猛烈轰击，从而结束了贝提奥岛的最后一幕激战。

死亡之岛

1943年11月23日拂晓，新增援的陆战六团三营在经过昨晚鏖战的战场时，发现战场上尸积如山，一营的战友们则个个不似人形，负伤的官兵都还没来得及后送。

三营继续向前推进，沿途只遇到零星无组织的抵抗，四个多小时后，他们到达了贝提奥岛的另一端。下午1点12分，陆战二师师长朱利安·史密斯宣布日军有组织的抵抗结束了，实际上，日军已被全歼。

贝提奥岛原有三千六百名日军及一千两百名朝鲜劳工，最后有一百多名朝鲜劳工被俘，但是只有一名日军军官和十九名士兵投降，其余的不是战死就是自杀了。前后登岛的美军达到一万八千三百人，共伤亡三千余人，战死或负伤后死亡的达到一千人。

战役刚刚结束，美国海军部长诺克斯就宣布，塔拉瓦之战使海军陆战队遭受了重大伤亡，这是陆战队成立一百六十八年以来所不多见的。

三天后，尼米兹决定亲赴贝提奥岛视察，以了解那里的情况。这时岛上的战场打扫工作还没结束，甚至还有渴疯了的日本兵从碎石中钻出来，疯狂地进行自杀性袭击，斯普鲁恩斯因此劝说尼米兹推迟前往。

尼米兹没有听从这一劝告，机场暂时不能降落大飞机，他就换乘海军陆战队的战斗机到了贝提奥岛。贝提奥岛已成为死亡之岛，掩埋队正在岛上加紧掩埋死尸，但尚有数以千计的尸体未及掩埋，到处恶臭熏天，令人作呕。当尼米兹走到滩头阵地时，他在被打坏的履带登陆车中间，看到了仍泡在水中的陆战队员的尸体。尼米兹深感震惊："这是我第一次闻到死亡的味道。"

在这场严峻考验中活下来的陆战队员，显然精神上都遭到了严重打击，他们面容憔悴，表情呆滞，很多年轻士兵看上去比他们的父辈还要苍老。在他们脸上，没有获胜应有的欣喜和笑容，只有逃脱死神追逐的那种庆幸。尼米兹动情地对士兵们说："亲爱的孩子们，我为你们骄傲，你们以自己的行动向世界宣告，美国人是不可战胜的！"

对尼米兹而言，夺取塔拉瓦、马金环礁等岛屿后，收复吉尔伯特群岛的任务已然完成，"复苏行动"可以成功收官了，但美军所付出的高昂代价还是给他的心理蒙上了一层阴影。视察结束时，尼米兹满腹心事地对斯普鲁恩斯说："战役造成如此巨大的损失，前线指挥官无法承担责任。我担心美国公民们不会谅解我们。"

塔拉瓦岛血战确实在美国舆论界掀起了轩然大波。阵亡人员家属甚至直接给尼米兹写信，表达自己的悲愤之情，一位失去儿子的母亲写道："你在塔拉瓦岛上杀死了我的儿子。"

得知尼米兹因此承受了巨大压力，罗斯福总统立即打电话给欧内斯特·金上将："告诉尼米兹放手作战，国内的事情由我去办。"

在罗斯福的干预下，一场风波渐趋平息，不过在军界内部，仍有人对此提出批评，这个人就是麦克阿瑟。

麦克阿瑟不依不饶，主要不是说他个人对尼米兹有多大意见，事实上，从一开始，他就坚决反对美军沿中太平洋路线前进，依据便是这一带岛屿防御坚实，夺取的代价太大——日本联合舰队为了攻占一个中途岛，偷鸡不着蚀把米，从此就走了下坡路，由此可知打中太平洋的岛屿有多倒霉。

当然，老麦也毫不避讳自己的另一层意思，那就是中太平洋打得热火朝天的同时，必然会使得他的西南战区得不到补给，从而延缓其"车轮战役"的行动速度。

自"硬币行动"成功后，麦克阿瑟一直在部署下一步行动，他要快，决不能慢，更不能被别人所拖累。尼米兹的"复苏行动"结束没多久，麦克阿瑟便制订了"灵巧作战计划"，麦氏战车又出发了。

这一次，麦克阿瑟的车轮将要碾向哪里，连日本人也能猜出：拉包尔所在的新不列颠岛。

如狼似虎

新不列颠岛上的日军多数集中在以拉包尔为中心的北部，不过在南部，他们也建立了一些次要据点，例如南岸的格洛斯特角。

格洛斯特角有一个日军机场，正对着西南盟军部队的侧翼，中间只隔一座海峡。只要日军占据格洛斯特角，盟军在新几内亚沿岸的行动就会受到限制，反过来，若是盟军能够予以控制，则不仅侧翼安全得到保障，还可以进而威胁新不列颠岛北端的拉包尔。

这么重要的一块战略要地，自然是攻所必取，能够猜到倒也不奇怪，更有意思的事还在于，麦克阿瑟会让哪支部队攻取，日本人竟然也猜了个八九不离十。

答案让日本军民很是不安，因为那支部队便是他们所认为的世界上最厉害的敌人、著名的"瓜岛屠夫"——陆战一师。

进入 1943 年 12 月中旬，东京广播电台开始大肆骂娘，骂的全是陆战一师："这些要砍头的要充军的货色，现已经撤出了墨尔本，就要开始向我们进攻了！"

为了掩饰这种恐惧情绪，播音员又色厉内荏地说道："我们军人对于这种愚笨的企图，早已有充分准备，一定会给他们一个迎头痛击，那里（指新不列颠岛）的丛林也一定会

瓜岛战役中，陆战一师的士兵正在把死亡的日本兵尸体从掩体中拖出来，动作之利索，尽显其"屠夫"本色。

让'瓜岛屠夫'的鲜血染成红色！"

这个时候，已经离开墨尔本的陆战一师正在做着另一番动员，指挥官大声说："杀死日本兵，我要你们杀死日本兵，我要你们记住你们是海军陆战队员。不要匆匆忙忙扣动扳机，但一旦开枪，就要让敌人血流成河！"

动员颇具陆战一师特色，指挥官的表情就像是跟日本人有几辈子仇一样——不光是公仇，更是私仇，而聆听这番动员的士兵中，就有在瓜岛战役中出生入死的莱基。

陆战一师在墨尔本，与陆战二师在新西兰的境遇一样，当地人把他们奉为拯救自己国家的英雄，那几个月的休整生活也成了莱基等人在海外最轻松最畅快的一段插曲。

脱离瓜岛战场时，陆战一师的官兵们几乎个个虚弱不堪，到了肉体和精神双重崩溃的边缘，现在他们又活蹦乱跳，重新恢复到了如狼似虎的状态。

陆战一师跟其他部队都不太一样，其训练方式在当时来看非常另类。通常部队出发之前，会派一个人前去侦察地形，这个人专挑不适宜居住的地方露营——不是渺无人烟的山区，就是长满茅草的野地。训练时，卡车把人拉过去，往露营地一扔便扬长而去。留给陆战队员的，只有冰凉的食物和弯刀，其他一切都要自理，莱基曾带着挖苦的口吻说："假如指挥官有本事影响雨神的话，那么他一定还会让雨神下雨。"

甚至有一次，连冰凉食物都没有，"雨神"又下了雨。莱基便用弯刀在草地上割出一个和床大小相仿的地面，再到灌木丛里砍下几根木棍支在"床"的四周，最后把雨衣绑在木棍上，这就是一个临时帐篷。

食物？有办法。莱基和同伴们摸黑来到公路边，爬上一辆空载卡车。卡车行驶一段后，跳下，等待满载食物的卡车，再上，等卡车到达露营地时，他们扔下两箱食物，便跟着跳下了车。

这种事情对陆战队员来说不是第一次，也绝不会是最后一次。瓜岛战役中后期，莱基等人就没少光顾过指挥所的食品仓库，无论那里的防护措施有多么严密。

上级和训练组织者当然心知肚明，但对此采取的态度全都是睁一只眼闭一只眼。偷与抢，本身就是陆战一师的训练内容之一，这个师深信，只有让士兵保持一定的卑微和邪恶，让他们如同饥饿的野狼一样去搜求食物，才能提高他们在野外的生存能力，也才能迫使他们更加坚决顽强地去战斗。

像莱基这样的"老兵油子"，平时调皮捣蛋已成家常便饭，连陆战队的指挥官都头疼，实在管不住，就将他们从这个连队调到那个连队，但谁都不能否认，到了真正的战场，莱基等人才更像"陆战一师的人"——很多人被踩了一脚，就会捂着胸口倒地，他们即便胸口中了一枪，至多也只会蹲下来系个鞋带。

陆战一师的老兵有一个判明"自己人"和"外人"的标准：那些一起流血牺牲，一起偷抢过东西，一起共过患难的是"自己人"，凡是没有这种经历的便都是"外人"。

当饥饿的野狼再次回归草原的时候，日本人不可能不感到害怕，他们知道那将会是一种怎样的场面。

老子天下第一

麦克阿瑟已将西南战区的所有美国陆军，包括艾克尔伯格的部队，统一整编为第六集团军，俗称"白杨树部队"，陆战一师也是"白杨树部队"的一员。

统领西南空军的肯尼是麦克阿瑟的左膀右臂，他当然希望陆军中也有这么一位，为此，他向马歇尔要来了克鲁格上将，并任命克鲁格为第六集团军司令。

克鲁格的军衔比艾克尔伯格高，资历也更深。在美国陆军中，克鲁格是一个很特殊也很罕见的人物，原因就在于他一天都没上过西点军校，并且还是德国移民，加入美国陆军时只是列兵。

没有名校学历，也没有显赫背景，从小兵做起，最终位列上将，靠的完全是一种美国式的自我奋斗和坚韧不拔。麦克阿瑟这样描述克鲁格指挥作战的特点："攻击时迅速准确，防御时坚韧果断，胜利时谦逊克制，我不知道他失败时会怎样，因为他不曾打过败仗！"

实际上，麦克阿瑟和这位常胜将军在战前就是老朋友、老同事，麦克阿瑟担任陆军参谋长时，克鲁格是作战计划主任，两人知根知底，算是老搭档了。

克鲁格未来澳洲之前，名气就已经很大，但在太平洋战场和两栖登陆作战方面

军官正在用地图给士兵做战术讲解。战前多用心，战时就可能少流血。

却还只能算是个新手，也因此陆战一师的一系列动作甚至都走在了他们上司的前头。

陆战一师是一个具有相当独立性，且认为老子天下第一的部队。一位刚从美国本土调往陆战一师的军官对此感触颇深，评价说："陆战一师认为他们就是整个的海军陆战队。"

早在知道可能被派往格洛斯特角时，陆战一师军情处就派出两栖侦察队，利用黑夜为掩护，三度潜入格洛斯特角进行侦察。侦察兵在丛林中有时活动一个晚上，有时一待就是十余天，他们不仅制作了有关日军防御工事及道路的测绘地图，还与当地倾向于美军的土人取得了联系。

这种侦察方式极其富有陆战一师的特色，都是在刀尖上行走。侦察队去的时候坐鱼雷快艇，回来的时候只能靠划橡皮筏上岸，有一次和一艘装备精良的日军驳船不期而遇，双方激烈交火，差点就回不来了。

根据军情处搜集的情报，新不列颠岛上的日军总数约有八万，其中至少有六千到八千人驻守格洛斯特角，指挥官是松田严。

相对于这六千到八千人，松田所要防守的区域实在太大，这迫使他必须采取一种高度流动性的防御体系。两栖侦察队发现，面对所有可能登陆的滩头，松田都设有防御工事。

防御工事是多了，但工事里面的日军很少能够做到足额配置。松田另外采取了一个办法，他把自己的指挥所兼补给基地设在离内陆不远的高地上，高地与各据点之间有小路相通，一旦有情况发生，他就可以派出机动预备队，对被威胁的据点实施紧急增援。

陆战一师所收集的情报为集团军的决策提供了依据。克鲁格决定发动一次佯攻性质的登陆，目的是将松田的机动预备队吸引到那个方向去。

1943 年 12 月 15 日上午，克鲁格从"白杨树部队"中抽出一个骑兵团（只是番号，已不再装备马匹），从新不列颠岛的南面海岸滩头登陆，并向当地的阿拉维机场进发。

但是松田并未上当，他一兵一卒未发，美军所占领的阿拉维机场也只是个微型军用机场，且早被盟军飞机炸成了一片废墟。要守这么一个破烂玩意儿，不仅成本高昂，而且毫无意义。骑兵团只好撤回海岸的滩头阵地，行动实际上是失败了。

对陆战一师登陆起到最大帮助作用的还是空军。依托于南太平洋的布干维尔等新航空基地，"仙人掌航空队"与肯尼的第五航空队携手出击，对新不列颠的日军机场进行轰炸，以便在登陆期间，日机不能攻击美军的登陆舰队及滩头阵地。

在登陆日期将近的时候，这种空中攻击的次数越来越频繁，达到空前比例。到了最后的准备阶段，除白天的轰炸外，每天至少有一架 B-24 整夜在日军主要机场的上空绕圈子，一边绕圈子一边扔炸弹，平均每隔六分钟扔一颗，炸得到炸不到人机都无所谓，只求弄坏你的神经，让你整天无法睡觉安眠就行。

12 月 24 日，陆战一师在海滩上度过了圣诞前夜，接着便登上运输舰，穿越海峡向新不列颠岛进发。

12 月 26 日拂晓，新不列颠海岸露出了它灰黑的轮廓，麦克阿瑟的"灵巧作战计划"也随之正式浮出水面。

为登陆编队护航的西南战区第七舰队开始进行火力支援。第七舰队近乎是太平洋美军舰队中最弱小的一支，其规模完全不能与中太平洋第五舰队相比，甚至也不及南太平洋第三舰队，但一个半小时的炮击仍称得上是气势夺人：炮火好像是从船边流出去的，而不是跳出去的，一大堆不安分的橘黄色火焰，接连不断地消逝于滚滚浓烟之中。

天亮之后，站在甲板上的陆战队员们终于看清楚了格洛斯特角的真面目。

目标高地

当天上午天气晴朗，在季风季节里，这样的好天气是很难碰上的。陆战一师得

陆战一师登上新不列颠岛的海滩。图上登岸士兵的动作，显示他们确实没有遇到什么大麻烦。

到了一个好运。在烟幕掩护下，登陆行动也进行得非常顺利，一拨又一拨人员纷纷登岸，连登陆艇的驾驶员都高兴地喊起来："没有抵抗的登陆！"

在南面海岸佯攻行动中，日军指挥官松田便显示出了自己的精明之处，他的不抵抗看上去更像有意而为。

格洛斯特角的所谓滩头，只是一个名义上的称呼，虽然也有沙滩，但没有任何宽度，多数地方一上岸就进入了茂密丛林。日军即便在滩头进行抵抗，也注定会不堪一击，所以松田索性往里收缩，以便通过其后大片的丛林和沼泽困住登陆部队。

得知美军登陆后，百武急忙从拉包尔派来截击机群，但它们在距离格洛斯特角还有七十五英里的地方，就被美军第五航空队的P-38型"闪电"机群给拦住了。"双胴恶魔"名不虚传，一个"恶魔方阵"摆开，便把蜂拥而来的日机打得七零八落。当天上午，至少有五十三架日机被击落，而美军只损失了四架P-38。

在此期间，陆战完全照计划进行。第一个登上滩头的是瓜岛血岭之役的主力——陆战七团，他们一口气冲进了"沼泽平原"。"沼泽平原"是地图上的用名，其实只有沼泽，没有平原，多数地方的沼泽都深及脖子的位置。陆战七团的官兵们必须庆幸格洛斯特角地方太大，日军兵力不敷部署，否则要在这里来一次强袭的话，可够大家受的。

冲过"沼泽平原"，有一座长满杂草、坡度很急的小丘陵，先前通过空中侦察，美军发现上面有许多日军工事，遂命名为"目标高地"。

战前第五航空队已对"目标高地"进行过猛烈轰击，丘陵的一边已被完全炸垮，从而人为地造成了山崩现象。日军在丘陵上待不住，只能放弃，但陆战队一登陆，松田马上意识到"目标高地"的重要性，因此又要重新予以占领。

陆战七团冲的速度太快了，快到派来的日军还未摸到丘陵的边，"目标高地"已在其掌握之中。

"目标高地"是预定的周界防线，陆战七团随即由攻势转为纯粹的守势，夺取机场的任务转由瓜岛地狱点之役的主力陆战一团完成。

陆战一团二营就是莱基所在的部队，但二营没有参加正面攻击，这个营执行另外的特别任务去了，剩下的一营、三营越过滩头防线，继续向西推进。

日军真正的抵抗就从这里发端，一个相当坚固的道路阻塞据点出现在眼前，并朝着陆战队猛射。陆战队猝不及防，仅仅两秒钟内，就战死了两名中尉。

伤亡的数字越来越高，而美军几乎完全没有回旋余地，由于丛林厚密，火焰喷射器也不好使。这时正好有一辆运送弹药的履带登陆车到达现场，登陆车便担当起战车的角色，一边用机关枪和迫击炮射击，一边朝日军工事冲撞过去。

丛林战有太多难以预料的复杂情况，登陆车没撞到日军工事，却夹在了两棵大树之间。藏在丛林中的日本兵趁势跳到车上，打死了车内的两名炮手，不过驾驶员得以幸存，并成功设法把车辆倒了出来。

登陆车的一名死者与驾驶员是孪生兄弟，一个寡妇的儿子。这个寡妇有三个儿子，大儿子已经殉国。陆战一师师长鲁普尔塔斯少将查明之后，马上下令将驾驶员送回美国，并声明无论战事将延续多久，都不得再征调其上战场。

鲁普尔塔斯颇有先见之明。麦克阿瑟在他的"灵巧作战计划"中，曾打算复制"硬币行动"，用伞兵降落的方式，夺取格洛斯特角机场，但鲁普尔塔斯认为麦克阿瑟低估了日军在丛林战中的防御力，因此越过克鲁格，直接要求对计划进行修改。

也多亏上司是麦克阿瑟，一个同样牛气哄哄，且鼓励部下比他更牛气的人，不然的话，鲁普尔塔斯极可能力谏不成反挨处分，毕竟在强调纪律的军队序列中，越级是件很忌讳的事。在登陆进行到倒计时的最后时刻，麦克阿瑟从谏如流，采纳了鲁普尔塔斯的建议，取消了伞兵降落。

陆战一团所碰到的障碍，证明日军在保障机场方面并非毫无准备，若是继续套用伞兵攻击模式，不仅难以成功，还可能蒙受较大损失。

寡妇树

登陆车倒出后，继续向前冲击，一辆用以铲平树木的开山车也赶来助阵，冲击过程中，登陆车撞毁至少三个日军工事，开山车撞毁了两个。

最早登岸的两辆坦克战车应召而来。到底是专门用于野战的铁家伙，战车一到，局势马上急转直下，日军据点被夷成了一片废墟。

下午过去一半的时候，大雨突然而至，这是陆战一师第一次遭遇到的季风雨。季风雨很特别，停留在海滩边的人可以看到像固体水塘一样的雨云，穿过海峡，迅速向丛林上空飞去，那麻利的动作，并不亚于美军的登陆。

在丛林里穿行的陆战队员首先听到的是大雨声——雨水打在厚密的植物上，啪啪作响，接着才会体验到雨打在身上的感觉。

当大雨袭来，谁都无处可逃。陆战一师出来打仗，不会叮叮当当地带一大堆家当，他们只会携带最轻便的装备，即便是师长鲁普尔塔斯，也没有带帐篷，能遮挡雨水的，只有身上穿的一件外套。于是仅仅几秒钟过后，所有人都变成了落汤鸡。

大雨还给陆战师带来了另外一个意外之祸。热带雨林里的很多树看似外表不

在丛林沼泽中穿行的陆战队士兵。沼泽看来够深，周围林子里要是再藏个日军狙击手什么的，他们性命堪忧。

错，其实内心早已被蛀空，陆战队员们称之为"寡妇树"，这些"寡妇树"在登陆前就受到了强烈的轰炸炮击，经过大雨这么一压，就相继支撑不住了。

倒下的"寡妇树"砸死砸伤了好些人，并从心理上使陆战队员产生了一种恐怖情绪，众人行进时不得不放慢脚步，一边观察着前方是否有日军据点或蹲在树丛里的狙击手，一边还要提防身边随时可能倒下来的树木。

不过总的来说，陆战师的进度没有受到太大影响。除了那个该死的道路阻塞据点外，他们沿途只遭到过零星的狙击。在

夜幕到来之前，第一梯队的所有部队，连同大多数战车和火炮，都已完全上岸。

在第一天里，开山机一直在丛林中铲除树木，以开辟丛林小道，但到1943年12月27日，也就是登陆的第二天，开山车停止了作业，原因是前面有了日本人所修筑的道路。

似乎是已经触及日本人敏感的神经。从当天下午起，松田指挥日军向陆战七团所驻守的周界防线发起了六次反击，其中四次都具备相当规模。

当日本兵出现在防线前约两百码的距离时，陆战队的机关枪和迫击炮响成一片，在他们后方不远的地方，美军炮兵排列作战，大炮口径从七五毫米到一〇五毫米的都有，炮弹呼啸着从陆战队员们的头顶穿过，仿佛是一列列高架电车在半空中飞奔。

除了日军的进攻，岛上还遭到了风暴的袭击。按照师部一位军官的描述，风速简直可以和台风相比拟，雷声比他所听到过的任何海军舰炮还要响，而闪电则在他们周围钻来蹿去。与风暴相呼应的是倾盆大雨，天好像都要垮下来了，相比之下，第一天的大雨只是小巫见大巫。

在闪电和风雨中，四周的大树接二连三地倒下，其中有的大树高达四十多米，陆战队员们偷眼看去，又有了像瓜岛那样置身活地狱的感觉。

日军反击没有一次能够取得成功，他们的战法与瓜岛相比，并无太大改进，仍然是集中全力向一个狭窄的正面猛攻，样子看似凶神恶煞，然而对于"瓜岛屠夫"而言，日军只是主动提供了一些"被屠"的机会而已——天亮之后，巡逻队在防线边界上找到了两百多具日军遗尸。

M4"谢尔曼"坦克。在太平洋战场上，日军基本上没有正面火力可与M4直接对抗，抵挡的办法只有两个，一是用隐蔽良好的反坦克炮进行近距离击杀，二是采取"肉弹"攻击方式，投掷可吸附于坦克上的反坦克雷（又称"面包地雷"或磁铁炸药）。为了防备日军的肉弹攻击，多数M4的车身上都会加装木板。

松田无法攻破美军的周界防线，便要竭力守住机场。为铲除沿路的阻塞工事，陆战一团投入了更多的坦克战车。美国不像苏德那样装备了重型坦克，其坦克的主力骨干是 M4 "谢尔曼" 中型坦克，"谢尔曼" 坦克被称为 "二战" 中性能最可靠的坦克，特点是不娇气，故障很少，只需最基本的维护就能满足野战需要，其出勤率连德国坦克都望尘莫及。把 "谢尔曼" 放在自然条件极端恶劣的热带雨林中，可以说再合适不过了。

"谢尔曼" 坦克的主要武器是一门七五毫米火炮，它一边横冲直撞，一边毫无顾忌地用火炮进行轰击。对野战坦克这种庞然大物，日本兵完全无计可施。日军虽然也有几门大炮，但并非反坦克炮，而且至少有一半都是落伍的老式火炮，其中一门毫无方向感地乱射了几炮，一看到 "谢尔曼" 接近，炮手们就慌慌张张地逃走了——敢正对着 "谢尔曼" 较劲的也有，不过 "谢尔曼" 只是蹭破了点皮，日军炮手的下场却是被三十三吨的坦克直接碾成了肉饼。

有了 "谢尔曼" 撑腰，其他非野战车辆的胆子也大起来。美国陆军有一种两栖卡车，俗名 "鸭子"，与履带登陆车不同的是，"鸭子" 有车轮而不用履带，在水里面则用螺旋桨推进；另外，其载运量比登陆车要大，且在岸上行驶的速度也较快，不会像登陆车那样损毁路面，因此越来越受到陆战队的欢迎。"鸭子" 本身不装有武器，但驾驶员有办法，他们在卡车上另外配装了火箭发射器，用火箭向日军的据点和工事施射。火箭发射时，会发出 "咝咝" 的叫声，这是陆战队员们从来没见到过的，全都好奇地在旁边围观。

没有哪一种作战方式比只需围观更惬意了，有一天下午的作战中，陆战一团甚至没有战死一个人。

1943 年 12 月 29 日，作为师预备队的陆战五团增援了上来，陆战师已接近格洛斯特角机场的边缘。也就在这天晚上，从一团二营方面传来消息，他们在黑暗中与日军发生了被称为 "棺材角" 的激战。

新年礼物

差不多在主力登陆的同时，一团二营从另外一个滩头上岸了，并在格洛斯特角机场的正南面建立了一个半月形防御阵地，其作用是双重的：阻击日军从南面增援机场，同时也防止机场守军向南面逃跑。

作为防御性的楔子，当其余部队进攻的时候，莱基和他的战友们只能孤零零地坐等，那是一个无线电波都到达不了的地方，登陆后的前五天，他们与主力失去了联系。

在这五天里，二营只做一件事，就是每天派人往纵深地带进行侦察，莱基对此有一个很有意思的比方：营队躺在丛林里，侦察兵则像动物的触角一样四处延伸。

有一天，二营巡逻队在北面丛林发现了一名侦察兵的尸体，这名侦察兵身上被刺了十几刀，显然被日军当成了练刺刀的工具。他的胳膊上有一个文身，画的是锚和地球，那是美国海军陆战队的标志，日本人残忍地割了下来，然后塞进了他的嘴里。

二营从营长到士兵全都愤怒到了极点。他们迅速向北面丛林出击，先是抓住了两名日军军官，就地枪决！接着又发现了一个小队的日本兵正躺在地上睡觉，就地歼灭！

有了血的教训之后，侦察巡逻活动变得更加谨慎。一般情况下，单个侦察兵都不能外出，取而代之的是巡逻队。巡逻队少则十人，多则五十人，处于队伍最前面的是尖兵，其他人在身后迤逦前行，并有意识地交错开，前后两人至少要相隔六米的距离。

行进过程中，每个队员都要眼观六路，耳听八方，随时防备任何意外情况的出现，以这样的速度，巡逻队来回移动一英里就需要一天的时间，要是途中有山坡的话还要更费点事。

莱基不仅参加了巡逻队，还在丛林遭遇战中显出了一个陆战老兵的威力：当与四个日本兵不期而遇时，他瞬间便端着冲锋枪扫射过去，把四个家伙全给干翻了。

参加"棺材角"之战的日军，是松田派到前线来增援的几支小部队的大杂烩，编制很混乱，连俘虏在战后都说不清楚人数一共有多少，指挥官是谁，只知道他们穿过丛林后，意外地发现了一团二营的半月形防御阵地。

日本人习惯一丝不苟地照计划行事，但是发现美军营地这件事，没有计划可遵循，于是这些缺乏想象力的"奇怪的小人"，就不约而同地从丛林里冲出来，向半月形防御工事的核心，也是地势最高的高地扑了过去。

"大杂烩"日军只有一百多人，美军却有一千两百人，而且都是身经百战、装备精良的陆战队老兵，又占据着制高点，还能让你占到分毫便宜？

莱基说，这帮家伙的脑子一定进水了。

一千两百个陆战队员并没有全部参加战斗，真正参加"棺材角"之战的只有不超过三十名陆战队员，因为日军就是冲着他们的阵地而去的。

凌晨2点，日军开始发起攻击。此时莱基正坐在营地指挥所的帐篷里，他手里握着一颗手雷，准备日本兵一旦闯进来，就用这颗手雷摧毁指挥所里的所有文件。

作为一名老兵，虽未直接参战，但莱基却能观察出战斗的动向：没有一发冲力已尽的子弹落在这边的斜坡上，因此可以知道陆战队在战斗中占着优势。

陆战队员用迫击炮和机关枪对付冲上来的日军。当晚一如既往地下着暴雨，但迫击炮弹的声音几乎掩盖住了暴风雨的怒号，而机枪的集中射击则令日军无任何可乘之机。

天亮后，一百多名日军，除一名军官和四名士兵被活捉外，其余大部分都被打死了，美军仅六人阵亡。

日本兵的尸体堆满山坡，打扫战场时，莱基又见到了瓜岛时期的那位"战利品狂人"：此君一手拿着老虎钳，一手拿着在墨尔本时预先购置的牙医专用手电筒，不停地在尸体间"寻宝"。

新不列颠岛丛林中的临时急救站

一位随军的澳大利亚人原先张口闭口，澳军如何如何神勇，对美军战斗力不以为然。观战之后，他用一种惊讶的表情问莱基："你们美国佬怎么会有昨天晚上那样的射击技术？到底在哪儿学的？"

莱基没有说话。他又感叹："你们这些海军陆战队员真能打仗，几乎和澳大利亚皇家部队一样能打。"

这已经是澳大利亚人能给出的最高赞许了。

1943 年 12 月 30 日拂晓，当莱基和队员们打扫战场的时候，陆战一团、五团正在飞速向机场推进，经过一系列战斗，到夜幕降临时，他们占领了格洛斯特角机场。

机场早就残破不堪，陆战队在那里所见到的，除了二十七架烂飞机，就是两条已被完全炸毁的跑道。紧随其后的陆军工兵立即展开修复。

陆战一师师长鲁普尔塔斯用无线电向他的顶头上司克鲁格报告："我们很高兴把这一座飞机场，送给你当作礼物，不过它却有一点儿不太合用。"

克鲁格将电报转发麦克阿瑟，擅长漂亮辞藻的老麦一转手，又将格洛斯特角机场变成了"献给美国人民的新年礼物"。

在新年到来之际，陆战一师用战死不到三百人的代价赢得了胜利，并再一次捍卫了"瓜岛屠夫"的声名。这是"二战"中海军陆战队所打的最后一次丛林战，史学家评价道："在陆战一师面前，没有不可克服的困难！"

第五章 / 找碗水就能吞下肚

早在瓜岛战役后，美军高层就开始研究夺取拉包尔的良策。拉包尔敌兵云集，后勤充裕，若要硬性夺取，不仅耗时费力，而且必然还要伤亡许多人。海军方面，欧内斯特·金建议孤立拉包尔，绕过它而不是占领它，这与陆军麦克阿瑟的"蛙跳战术"也正好契合，于是得到了参谋长联席会议的一致通过。

　　打完"车轮"战役，哈尔西的轰炸机攻击范围已扩展至包括新不列颠岛在内的全部俾斯麦群岛。1944年1月，南太平洋空军天天从布干维尔等新机场起飞，对拉包尔进行空袭，有时一天数次，一个月后，达到每周平均一千架次。很快，格洛斯特角机场的轰炸机跑道也得以修复，西南空军的空中攻袭次数和强度丝毫不显逊色。

　　拉包尔方面为此惶惶不可终日，草鹿任一一再要求古贺派海军航空队前去护卫。这时小泽的一航战已失去攻击力，被迫离开特鲁克泊地，古贺能调动的，只有在新加坡重新组成的二航战。

　　新的二航战成立不过一个月，菜鸟飞行员们才刚刚从启蒙进入正规训练，很难设想他们到了战场上会有多好的表现，可是话又说回来了，就算再给两到三个月的训练期，便能打得过美国人？

　　反正是烂柿子，什么时候扔出去都是扔。古贺答应草鹿把二航战的飞行队派往克鲁格，尽管大家都知道不济事，但是黄连树下弹琴，当它苦中作乐吧。

　　1月25日，城岛高次率领一百三十二架飞机到达拉包尔，草鹿寄希望于通过二航战的防卫，能改变昼夜无法安眠的不利状况，但美军注定不会给他以喘息之机，从另一个方向包抄过来的尼米兹又敲响了进攻的锣鼓。

狮子搏兔

　　1月中旬，第五舰队以马绍尔群岛为目标，发起"燧发枪行动"。

这时第五舰队的规模又有所扩大，行动之前，整个珍珠港里的舰船密密麻麻，使这座港口就像用钢铁砌成的一样，水兵们称之为"大蓝舰队"。当第五舰队离开港口后，珍珠港又突然变得一片空旷，仿佛一座城池消失了一样。

海面上航行的美军航母编队

如同执行"复苏行动"一样，第五舰队司令斯普鲁恩斯中将仍担任行动总指挥，但在战前的准备会上，他与尼米兹之间又有了不同意见。

鉴于"复苏行动"的教训，斯普鲁恩斯主张饭要一口口吃，分几步循序渐进地夺取几座环礁，尼米兹说一口口是对的，不过第一口嘴要张大些——绕过其他环礁，直扑夸贾林环礁。

夸贾林环礁位于马绍尔群岛的中心，乃日军司令部的所在地，美军攻占后，能得到两座机场和一个一流的锚地。这建议任谁听了都不免动心，可当尼米兹提出来后，总指挥斯普鲁恩斯、登陆编队指挥特纳、陆战指挥霍兰·史密斯，三巨头全都不约而同地表示强烈反对。

这三个人考虑的是现实困难。美军占领夸贾林环礁后，还得建立夸贾林与吉尔伯特、珍珠港之间的交通线，而被绕过的那两座环礁将会切断这一交通线，况且两座环礁上都有日军机场，可对夸贾林进行空袭轰炸。

进攻夸贾林，打好了自然是人间争霸，可万一打不过，你就别想人间蒸发，到时守又守不住，跑又跑不脱，岂不惨兮。

尼米兹一贯能够接受部下的建议，但这次他坚持己见。原因是他的决策不是一拍脑袋就得出的结论，其依据主要来自无线电情报分队破译的情报。情报显示，日军正在其他岛上加强工事，唯独忽略了位于马绍尔群岛中心的夸贾林环礁。

显然，日军的思维是常规思维，他们也认为美军会从外围逐个攻击。出其不意，攻其不备，乃兵家之要诀，尼米兹决不愿意放弃自己认为正确的主张。

最后一次，尼米兹一个个征求斯普鲁恩斯等人的意见："你们现在怎么考虑？"

得到的回答无一例外还是："打外围岛屿。"

短暂沉默后，尼米兹以不容置疑的口吻说："但是，诸位，我们的下一个目标还是夸贾林环礁！"

斯普鲁恩斯、霍兰·史密斯不吱声了，唯独特纳还在说这是个冒险和鲁莽的举动，尼米兹语气温和，但锋芒毕露："如果你们不想干，就换人。你们愿意干还是不愿意干？"

三个人面面相觑，原来所谓号召力都是空的，说得顺就是号召力，逆耳了还有杀招在这里等你呢。

见大头头亮出了尚方宝剑，几个人都屈服了，连特纳也皱起眉头说："我当然愿意干。"

1944年1月30日，第五舰队的南北两路部队分别驶抵夸贾林环礁。尼米兹显然做出了一个英明的决定，他直取夸贾林的做法，不仅使部下们感到震惊和意外，也大大出乎日军的预料——夸贾林已分兵出去，防守能力大大减弱。

减弱了，并不说明就好打，作为马绍尔群岛的中枢海岛，夸贾林毫无疑问是一个极其坚固的日军据点，若战法不当，"复苏行动"便是前车之鉴。

美国战史学家把"复苏行动"称为"一九四五年胜利的播种床"，也幸亏曾经付出血的代价，美军才有避免第二次掉坑的机会。他们总结出，"复苏行动"之所以损失巨大，并不仅仅是因为几乎同时进攻马金环礁和塔拉瓦环礁，分散了兵力，最主要还在于美军无论从理论还是实践上，都缺乏攻占珊瑚环礁的经验，导致了众多的指挥失误。

教训之一，在一座日军高度设防的珊瑚岛上，其工事的坚固程度，怎么评价都不为过，你投再多的炸弹和炮弹，也不一定能予以严重破坏，更不用说彻底摧毁了。这就告诉海军，支援火力只嫌不够，没有过多。

与"复苏行动"不同，"燧发枪行动"采取的是狮子搏兔的战术，支援火力集中之密，在太平洋战争中达到了空前的标准，甚至有人认为有点小题大做。

先是陆基飞机作连续不断的长途轰炸，接着第五十八特混舰队的快速航母群实施三天的密集轰炸，最后到登陆前，支援舰队又连续炮击两天。据统计，美军在马绍尔群岛投放的炸弹和炮弹数量，相当于进攻吉尔伯特群岛时的四倍。一位随军记者报道说，"整座岛好像被抛到了两万英尺高空又跌落下来"。

有了排场，还得搞清楚用场。参与炮击的舰炮全部使用大口径火炮和穿甲弹，炮击时至少可有效穿透日军防御工事的上部，每次轰炸或炮击，还要在硝烟消散后查明破坏程度，再根据实际效果，有针对性地重复进行精确轰炸和射击。

另外一个细节也颇能反映美国人的反省精神和意识。尼米兹在视察贝提奥岛后，

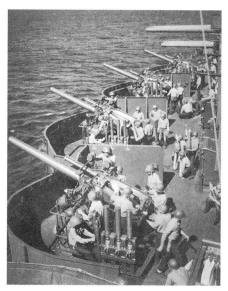

战列舰正在进行炮火支援

便专门在夏威夷的一座偏僻的岛屿上修建了试验场，把日军的碉堡和沙顶地堡都原样复制了过去。海军用舰炮对着复制品反复轰击，经过试验，发现摧毁日军海岛工事的最有效办法，不是近距离平射，而是远距离的排炮俯射，于是支援舰队便采取了这种炮击方式。

到美军正式登陆夸贾林环礁之前，海岛的地面上已没有任何完好的遗留物，守岛日军约有半数被击毙。

秘密武器

登陆部队上岸前，为压制岸上的守军而以火炮抵近射击，是登陆战中必不可少的，但是在贝提奥岛战斗中，首先上岸的是陆战队，炮兵后来才进入滩头阵地，且未能充分发挥效能。

事后总结，不是上岸早晚的问题，是当时上了也没什么用。原因是珊瑚岛的滩头一般都很狭窄，火炮铺摆不开。美军由此形成了一个新的战术观念，即凡登陆一座岛，必须先占领射程内的另外一座岛，让炮兵在岛上放列作战，这样就可以对主力攻击给予很大帮助。

夸贾林环礁有两大块主岛区域，北面的是罗伊—那慕尔岛，在其旁边正好有两座小岛，于是作为北面登陆部队的陆战四师率先抢占了这两座小岛，占领之后即作为炮兵阵地使用。

第二天，也就是 1944 年 2 月 1 日，陆战四师才对罗伊岛发起登陆攻击。

根据"复苏行动"的教训，履带登陆车在珊瑚岛作战中必不可少，是运送兵员通过礁盘的唯一有效工具，有了它，才不用顾虑潮汐的涨落，这次美军准备了足够数量的履带登陆车。

除此之外，陆战四师还专门配备了指挥登陆作战的指挥船，船上装有雷达桅杆，其任务是改善岸上和海上的通信联络。与此相应，岸上部队携带的无线电收发报机皆为最新研制产品，具有较好的防水性能。

尽管准备得如此充分周到，战场上临时冒出来的意外情况还是层出不穷。比如，指挥船曾发生通信故障，有些登陆车出发太早，到了中途燃料用尽走不动了，只好在波涛汹涌的大海里打滚。又如，陆战四师是一支刚成立不久的海军陆战队，毫无战斗经验可言，过去他们中仅有少数人看到过珊瑚岛，更不用说登上珊瑚岛作战了。

遇到这种与计划相悖的情况，日本人立刻就会像断了电一样，变得不知所措，除了一根筋地往前冲，再不作他想，美国人的反应却是赶紧随机应变，积极寻找新的补救办法和途径。

美军登陆罗伊岛的过程可以说是势如破竹。海岸上日军所构筑的一切工事，都早已被各种不同的火力所摧毁，陆战队员们上岸时基本未遇抵抗。

日本人完全没有料到美军会一下子插入马绍尔群岛的中心。防守夸贾林环礁岛的八千五百名守军中，大部分都是后方人员，只有两千两百人受过战斗训练，同时他们也缺乏反坦克设施和装置，遇到冲在前面的美军坦克战车毫无办法。

无奈之下，军官们只能用军刀叮叮当当地劈砍坦克炮塔，而士兵则握着手雷爬到坦克身上，欲与坦克同归于尽——当然这是不可能的，"谢尔曼"的坦克皮要是这么薄，就没法在外面混了。

白天不行，便搞夜袭，然而只要他们一走出隐蔽工事，就被击毙，几乎毫无例外。日军认为美国人一定研制出了什么秘密武器，能在黑暗中侦察出金属，于是军官便下令，要求士兵夜袭时必须脱掉钢盔，取下刺刀，看到美国佬就来个"群殴"。

可是不带金属的下场还是一样，仍然被击毙。其实所谓"秘密武器"，不过是既集中又准确的美军炮火而已。

当然跟日本人打仗很少有特别轻松的时候。既然不能走出工事，他们就干脆不出来了，日本兵自动分成百十个单人或战斗小组，守在工事里各自为战。他们习惯了听从长官的命令，也缺乏随机应变的能力和想象力，但他们知道执行一种最简单的战术，那就是站在原地打到死为止。

不怕对手强大，就怕对手无赖，就个体而言，日本兵不仅不愚笨，还很狡猾，有些人会躲在隐秘工事或壕沟里，任由美军先头部队从上面一跃而过，然后再从背后开枪，或者直接向后续美军开火，如果能因此多拼掉几个美国兵，他们就会以为赚了非常大的便宜。

对付这帮既不肯退又不肯降的家伙，只有一个办法——用炸药将他们炸成碎片！

陆战四师虽然是一支新建部队，但骨干力量皆为久经沙场的老兵，且全师经过比较正规化的训练，原来纵然没吃过猪肉，也看到过猪跑，因此很快就在战场上打出了感觉，其推进速度非常之快。

罗伊—那慕尔是一座双头岛，当天陆战四师便占领了罗伊岛，第二天，重点设防的那慕尔岛也被攻克。在整个太平洋战争中，罗伊—那慕尔之战是一次用时最短也最完全的登陆战。

在罗伊—那慕尔之战进行的同时，作为南面攻击部队的陆军第七步兵师，向夸贾林环礁的另一主岛——夸贾林岛发起了进攻，其登陆程序相仿，也是在进攻主岛之前，预先占领一些邻近小岛当作炮兵阵地。

登陆同样出乎意料的顺利，十二分钟内已有一千两百名官兵上岸，一位军官说："这简直像是一次

日军作为整体，在强大的对手面前往往会不知变通，但若是掰开来，又一个个俨然人精。

演习！"

步七师是阿留申战役的主力，在自然条件极为严酷的极地战场打过滚，早已百炼成钢，算是美国陆军中的特强部队了。极地作战与热带作战相比自然还有区别，所以战前他们又在夏威夷接受了热带作战训练。

步七师是老部队，陆战四师是新部队，单论块头，老部队绝对要大过新部队，但在实战中，步七师的效率却没有陆战四师的效率高。

海军陆战队采取的打法不拘一格，以老兵为骨干的陆战四师亦不例外。战场之上，遇到较为孤立的顽固据点或火力网，只要条件允许，他们就会进行勇猛穿插，或从敌军背后包抄射击，或把据点留给后续部队清剿。

陆军不同，虽然步七师已不是第一次在海岛上作战，水平也要远远高出"复苏行动"中的第二十七步兵师，然而他们身上仍保留着美国陆军的一些作战习惯，即进攻时遇到日军火力封锁，会马上停下来，等火炮把日军压下去后再继续前进。

此外，夸贾林岛的滩头阵地在结构上比较特殊，陆军步兵必须从狭长小岛的一端登陆，一直攻到另一端，这也在一定程度上延误了部队的推进。因此，步七师完全占领夸贾林岛的时间，比罗伊—那慕尔岛要多得多，直到1944年2月4日晚，他们才攻克了夸贾林岛上所剩的最后一处地段。

至2月7日，美军先后攻占了夸贾林环礁的大小三十余个岛屿，"燧发枪行动"取得了最后胜利。

"燧发枪行动"和"复苏行动"都是成功的战役，但美军的损失显然已不再令人担忧：陆战四师阵亡一百九十五人，歼灭日军三千四百七十二人，步七师阵亡一百七十七人，歼灭日军四千三百九十八人。

美军指挥官由此达成共识："燧发枪行动"可能是迄今为止打得最漂亮的一次两栖进攻战，应当成为未来进攻战的模式。

乌云压阵

美军中太平洋攻势发起之前，由裕仁天皇监督，日军大本营刚刚划定了"绝对国防圈"。可惜的是，"绝对国防圈"并不那么绝对，到"燧发枪行动"打响，由吉尔伯特群岛和马绍尔群岛所共同形成的"外防线"很快就被捅破，美军转眼之间便杀到了家门口。

美军轰炸机在攻击停靠在仰光港中的日军补给舰

随着形势吃紧，日本海陆两军在资源分配上的矛盾更趋尖锐，尤其对飞机的争夺几乎达到了白热化程度，海军认为陆军航空兵是自鸣得意，外强中干，在陆地上还有个航空兵的样子，到了海上不仅完全没有用武之地，还不肯和海军同心协力，是"畸形的空军"。东条英机被夹在中间，好不作难。

心只有一个，心事却有一千个。为了取悦于海军，以摆脱自己出身于陆军，便天生偏袒陆军的传言，东条答应海军要求，决定增加海军的飞机配给，但此举立即遭到军事顾问佐藤贤了的反对。

按照佐藤的说法，以前大本营一直依赖海军成事，希望他们能够在海上决战中战胜美国，可是眼见"绝对国防圈"的外围都被捅破了，海军也没能送个喜报过来，这种情况下，难道还要给他们增加飞机？

佐藤认为，美军已经打到了家门口，今后的战斗将主要发生在距离日本内陆不远的各小岛上，那里是"不沉的航空母舰"，是未来陆战的基地。因此，起主要作用的不会再是海军，而是陆军。

说到这里，大部分飞机要拨给谁，应该清楚了吧？

东条清楚了，他如同醍醐灌顶一样地猛醒过来，对佐藤说："看来你的想法是对的，我们必须依靠陆军。"

可是当佐藤前去通知海军，海军不干了。军令部总长永野修身咆哮道："海军决不接受修改后的决定。"

东条没办法，只好在皇宫里召开两军高层会议。永野摸准了东条等人的心理，不就是有了新的不要旧的，有了甜的不喝辣的嘛，以为我们海军没用场了，告诉你们，同美军的关键性战役还是要在海上打，到时还得海军演主角。

参谋总长杉山元已晋升为陆军元帅，他立即反唇相讥："如果把你要的飞机如数给你，让你打一场战役，能否改变战争形势？"

仍为大将的永野被这句话气到头发根根直竖："我当然不能做那样的保证——你能不能保证，如果把所有的飞机都给你，你就能改变战争形势？"

杉山一时语塞。赤身裸体的笑不了光膀子的，大家彼此彼此，于是对立双方都冷静下来。居中的佐藤提出一个折中的办法：集中生产战斗机，不生产轰炸机，多出来的战斗机由两军平分。

与海军原来的要求相比，只少一千架，永野这才勉强点头同意。

一场内部风暴算是过去了，但外部的风暴却有加剧的趋势，因为继捅破"绝对国防圈"后，尼米兹又盯上了马绍尔附近的特鲁克群岛。

特鲁克群岛战略地位相当重要，号称"太平洋的直布罗陀"。美军从中太平洋发动攻势，特鲁克群岛势所必攻，而其间的关键一步，就是摧毁特鲁克港。

特鲁克港实际是特鲁克岛中间的一座巨型咸水湖，乃舰船停泊的天然之地。自从联合舰队在中途岛战役中失利后，山本便将司令部迁移到了特鲁克港，经过苦心经营，这座港口成为日本海军的大本营、日军在南太平洋防线的心脏，其规模不亚于珍珠港，因而也被称为"日本的珍珠港"。

"燧发枪行动"期间，尼米兹专门派侦察机首次飞过特鲁克的上空进行侦察。侦察机带回来的情报，不仅显示出日军的布防形势，还发现特鲁克港停泊着日军的数百艘舰艇！

尼米兹大喜过望，传令美国海军的机动部队——第五十八特混舰队做好出击准备，但是没想到侦察机的出现，引起了古贺的警觉。

与日军侵占的其他群岛不同，马绍尔群岛已属于日本领土范围，但夸贾林环礁登陆战一结束，明眼人都能看出，日本即将丧失这座经营了二十五年的区域。马绍尔群岛与特鲁克是相互依存的关系，马绍尔不保，特鲁克也就瘫痪了，联合舰队如果继续停在特鲁克，只是授敌以饵。

发现美军侦察机这件事，加剧了古贺的危机感。他立即下令联合舰队主力全部撤离特鲁克港，他本人为了同大本营联系，则乘"武藏"号返回日本内地。

联合舰队前脚刚走，第五十八特混舰队后脚就到了。

1944 年 2 月 12 日，在米彻尔少将的指挥下，第五十八特混舰队悄悄驶向特鲁克。此次行动实行了严格的保密制度，除了米彻尔本人和少数几个舰队高层外，大部分人员直到即将抵达攻击目标时，才被告知任务内容。

古贺事先撤离联合舰队主力的举动，既聪明也不聪明。聪明是与危险拉开了距离，不聪明是这么一来，不仅让特鲁克完全失去了基地的功能，还弄得人心惶惶，留守的航空兵们全都无心恋战，纷纷告假外出，戒备上也变得十分松懈。

2 月 16 日，第五十八特混舰队从东北方向接近特鲁克，执行白昼巡逻任务的日机居然对此毫无察觉。

2 月 17 日，到了进攻发起的时间，九艘美军航母逆风行驶，它们的甲板上停满了即将出征的飞机。早晨 6 点 50 分，由一百五十架飞机组成的第一攻击波乌云压阵一般冲向特鲁克。

摇摇欲坠

历史出现了惊人的相似，当年联合舰队偷袭珍珠港时的情况，部分重现在"日本的珍珠港"——特鲁克港的守军个个迷迷糊糊，伸腰打盹，就好像是被孙悟空放了瞌睡虫。

直到雷达发现了进袭目标，特鲁克的日军广播电台才惊慌失措地发出战斗警报，"零"战飞行员们也匆忙起飞拦截。

空中激战，无论飞机的数量、性能还是飞行员素质，日军都远不如美军，尤其是特鲁克此前因不在第一线，留在港口的飞行员就更差劲，有些原先只会玩飞机模型的人居然也在里面鱼目混珠。几个回合的闪转腾挪之后，便先后有一百二十七架"零"战被"地狱猫"击落，停在地面的六十架日机无处可躲，也成了一堆堆冒着轻烟的空弹壳。

第五十八特混舰队的战斗力之强令日军目瞪口呆："敌机动部队的锐气实在是势不可当，叫人胆战心惊。"美军牢牢地掌握了制空权，甚至当一架美机坠落，六名飞行员落入咸水湖时，也被一架单引擎的水上飞机给救走了。

空战的同时，"无畏"式俯冲轰炸机、"复仇者"式鱼雷机从机群中分离出来，

对特鲁克岛的防御设施进行猛烈攻击。特鲁克岛的日军弹药库和油库被击中发生爆炸，岛上立刻燃起大火，地面一片狼藉。

下午3点多，美军舰载机的第二波攻击到来，这时能够起飞截击的日机只有可怜的几架，找碗水就能吞下肚，果然，一眨眼的工夫，

在特鲁克，一架日军俯冲轰炸机刚刚被击中，飞机引擎整流罩已经拉出了长长的烟雾。图中飞行员座舱后部的机枪手清晰可见，据目击者称，他当时做出的第一反应好像是跳伞，但之后不知道为什么又突然坐了回去，一直待在飞机里，直到飞机栽入水中爆炸。

它们便被消灭得无影无踪了。

没有了空中栅栏，只要在防空炮的射击范围以外，美机便可以在特鲁克的上空自由地投下炸弹，特鲁克被炸得体无完肤。

在珍珠港事件中，日机只攻击了珍珠港两次，斯普鲁恩斯和米彻尔可不愿意就这样善罢甘休，他们还要来第三次，就是今晚。

1944年2月17日，午夜时分，第三波攻击群。

在无任何护航机掩护的情况下，"复仇者"式鱼雷机群出现了。日军发现后，立即用防空炮火对空射击，但是炮手们不会想到，几乎所有防空炮弹都在美机上方爆炸了。

原因是鱼雷机将飞行高度降到了距离地面只有六十米！

夜间飞行，这是一个非常危险的高度，一着不慎，飞机就会撞上地面建筑而导致机毁人亡。美机敢于这么做，是他们首次在鱼雷机上安装了夜视雷达，既可避开建筑物，又能准确锁定攻击目标。

防空炮手白天看得到飞机，晚上视线受限，这使鱼雷机群取得了比白天更好的空袭效果。当日本人发现美机飞得如此之低，赶紧调整防空炮的射击角度时，鱼雷机群已经打靶归去。

日军在特鲁克损失惨重，前后总计被击毁飞机两百九十八架，人员伤亡一千七百人，堆积的燃料及其他许多军用物资遭到破坏。古贺虽然事先撤走了大部分军舰，但是仍有一些舰船留在特鲁克港，共有轻巡洋舰两艘、驱逐舰四艘、运输舰或商船二十六艘遭到摧毁，其中还包括一艘万吨油轮。

特鲁克化为一片废墟，已基本丧失了一个军事基地的存在价值。联合舰队的旗舰"武藏"号舰长佐藤木三朗说："特鲁克之损失惨重是帝国很难弥补的，作为军事要冲的特鲁克被敌军炸得几乎成为废墟，场面惨不忍睹，这不得不让人想起被帝国皇军摧残的珍珠港……"

尼米兹毫不掩饰自己的意图："我们就是要让那些日本人亲身感受到偷袭珍珠港的滋味！"

对日本人而言，"第二次珍珠港事件"并不仅仅是受打击这么简单。特鲁克作为"绝对国防圈"链条上的重要堡垒，它处境垂危，也意味着"绝对国防圈"已经摇摇欲坠。东京广播电台评论道："战局变得空前严重，敌人作战的速度表明，进攻的力量已经威胁到我们本土了。"

古贺过去把防御重点放在拉包尔，此时也不得不将二航战飞行队撤回特鲁克进行支援。2月20日，城岛率领残余的飞机飞离拉包尔，一个月前，二航战尚能凑足一百三十二架飞机，一个月后，仅剩四十六架，不到出动时的三分之一，其中还包括一些拉包尔原有的基地战斗机，显得十分凄怆可怜。

失去了二航战飞行队，拉包尔也立刻丧失了战略价值。自此以后，美军侦察机在拉包尔所发现的，除了地面的毁坏飞机外，就再也看不到一架完好的日军飞机了。

尼米兹虽然未能捕捉到联合舰队的主力，但特鲁克、拉包尔的先后瘫痪，也使得美军在中太平洋发动进攻时，再不用顾忌它们所构成的任何威胁。2月22日，美军占领了马绍尔群岛的全部岛屿。

鸟尽弓藏

美军在中太平洋的狂飙突进，令日军大本营大受震动，首相兼陆相东条史是被刺激得如同热锅上的蚂蚁一般。

说要扭转局势，确保"绝对国防圈"，奈何心里如火，事冷如冰，真是一气一个死啊。

先拿盆凉水浇下脑袋，清醒一下思路吧，清醒之后，东条忽然灵光一闪：老是屡战屡败，关键还是海陆军扯皮扯得太凶，光知道抢飞机抢配额了，别人都是愈挫愈勇，他们却是愈挫愈锉。

鞋子不舒服会流血，那就不如换掉它。是该下狠心的时候了，晚上东条打电话把杉山召到了自己的官邸。

一番简单的寒暄后，东条迅速切入正题："在目前这种严重局势下，我建议你辞掉总长职务，由我兼任陆相和参谋总长。"

杉山没想到深更半夜把他叫来是为了夺他的军权，顿时火冒三丈："什么，要我辞职，在这严重的关头？"

杉山自认为这么多年在东条身边鞍前马后，没有功劳还有苦劳：难道我流过的汗，都是当初脑子里进的水？看看我为你皱出的抬头纹，压弯的腰杆吧！

东条毫不顾惜杉山的"苦劳"，他只要看飞车，不要听废话。见东条如此无情，杉山只好竭力为自己寻找不能辞职的理由："这是违反我国长期以来的传统的，不应由一个人既作出政治决定又作出军事决定。"

情急之下，杉山还搬出了希特勒，他说德军之所以在斯大林格勒吃了败仗，就是希特勒集军政大权于一身的结果。

杉山元（中）

曾几何时，当德军声势雄壮，有着"鸦飞不过的田宅，贼扛不动的金银"的时候，东条恨不得所有日本人都称他为"东方希特勒"，可现在不一样了，德军日薄西山，把他跟希特勒比，简直是在骂人啊。

东条一点不客气地堵住了杉山的嘴："希特勒元首是兵卒出身，我是堂堂的帝国大将，对于军务和政务，我会给予同等注意，这点你不必担心。"

杉山嘴里依旧咕嘟着："说起来容易做起来难，你会给将来立下一个危险的先例。"

要当官的自己摘下官帽，真是比撸他的头还费劲，东条一手叉腰，恨不得把这个不识时务的老东西一口吞下肚去："在这样一场史无前例的大战中，必须采取一切措施，即使打破先例也在所不惜。"

感觉鸟尽弓藏的杉山终于脱口而出："如果你这样干，陆军内的秩序就无法维持！"

这话吓不倒东条，他不屑一顾："那不会。如果谁有反对意见，我就立即撤换他！"

杉山拒不辞职，但这已由不得他了，到了第二天，东条正式解除杉山参谋总长的职务，自己取而代之。

杉山不知是真傻还是装糊涂，他所谓"陆军内的秩序无法维持"，被证明连吓唬的功能都不具备。自古铁打的营盘流水的兵，走了穿红的又来挂绿的，只要不是山本五十六，缺了谁都行，更何况东条本身在陆军里也有根基，大鬼压小鬼，镇得住场。

东条把首相、内相、陆相、参谋总长四个职务集于一身，这是自参谋本部独立以来的第一次。与此同时，他还任命海相鸠田繁太郎大将接替永野。海军省和军令部同在一座大楼，但不在同一层楼上，因而鸠田每逢上下楼，就要把军令总长的绶带戴上又拿下，这成了海军内部的一个笑话。

鸠田是东条的亲信，被其他海军军官称为"给东条拎公事皮包的"，向来对东条唯命是从，服服帖帖。过去海陆军常常不听招呼，现在所有要害部门的决策，都是东条一个人说了算，一个人定夺，以致很多人直斥东条政府为"东条幕府"。

对此最高兴的，莫过于东条的顾问佐藤。

早在1943年的一次御前会议上，日军大本营把最后防线定在了马里亚纳群岛和加罗林群岛，当时佐藤就提议，半年以后，如果形势不利，就要主动放弃这一防线，退至菲律宾做最后决战。

佐藤认为，马里亚纳群岛和加罗林群岛只有七座机场，美军很容易在发动进攻之前就使这些机场失去作用，但在菲律宾，却有几百座岛屿可用作基地，因此应集中力量在菲律宾打最后一仗。

在美军空袭特鲁克后，形势真的不妙了，佐藤于是老调重弹，并在私下里拟订了一个菲律宾决战计划。不过由于断定杉山肯定不会同意，他之前连提都没敢跟参谋本部提一句。

现在好了，再不用顾忌什么杉山或其他陆军大佬了。佐藤兴奋地冲进东条的办公室，"首相阁下，你干得太好了！加强菲律宾防御的计划可以随时报告了！"

东条已经戴上了参谋总长的肩章，他冷冷地拒绝了佐藤"最后一仗"的建议和计划。看到东条的态度，佐藤吃惊地站在原地，一句话也说不出来了。

佐藤的脑子再灵光，毕竟只是个幕僚，有些东西远远没有东条想的那样深。他不知道，东条要是不兼参谋总长，或许还会对他的主张予以支持，直接掌握海陆军后，反而不能这么做了。

相比菲律宾，马里亚纳群岛和加罗林群岛离日本本土都更近，北马里亚纳群岛距离日本本土仅一千五百海里，倘若不战而退，东条在政治上就会成为众矢之的——其实已经是了，尽管同为轴心国，但日本不是德国、意大利，东条也不是希特勒、墨索里尼，他大权独揽的做法，遮得住人耳，遮得住人眼，可焉能遮住人心和人言？

独裁者并不是那么容易做的，东条蹲的是一个火山口，不仅很多人在背后唾骂，还有人设计暗杀呢。这种情况下，若是再匆忙部署收缩性撤退，即便在天皇面前也很难交代，更遑论其他。东条告诉佐藤："我要坚决保卫马里亚纳群岛和加罗林群岛！"

来得早不如来得巧

美军与马里亚纳群岛之间还隔着特鲁克及其群岛，但除空袭之外，尼米兹再未染指特鲁克。

"蛙跳战术"由麦克阿瑟首倡，其时已在美国军界取得一致共识，美军首取夸贾林，继而全取马绍尔群岛，便是这一战术的成功运用。受此启发，尼米兹决定采取另一场大胆行动：绕过特鲁克，在太平洋上跳跃一千海里，向北马里亚纳群岛的关岛、塞班岛和提尼安岛进军。

与以前攻占的岛屿不同，这些岛屿均处于日本"绝对国防圈"的内核部位，即所谓"中防线"，美军一旦予以占领，不仅将切断日本和南方占领地之间的主要交通线，还可作为远程轰炸机和潜艇进攻日本本土的跳板。此外，在靠近日本这样近的地区作战，几乎可以肯定会迫使联合舰队出战并予以消灭。

相对于尼米兹的千里大跃进，麦克阿瑟却提出了另外一条进军路线。

陆战一师登陆格洛斯特角，使美军有了直接威胁拉包尔的条件，不过按照参谋长联席会议的意见，对拉包尔将围而不攻。于是麦克阿瑟便设计了新几内亚—棉兰老岛路线，这条路线将经新几内亚迂回进攻菲律宾。

你有你的计划和想法，这是无可厚非的，麦克阿瑟的问题是，在他自己动手做奶酪的时候，还老惦记着别人的一份。尼米兹进攻马绍尔群岛之前，麦克阿瑟立即要求参谋长联席会议指示尼米兹，取消以中太平洋为主轴的进攻，把第五舰队调来支援他的作战行动。

老麦那跤扈的劲头，隔着一座太平洋都能感知到，可参谋长联席会议里全是超级大佬，又怎么能轻易买他的账，麦克阿瑟的要求立即毫不客气地遭到了拒绝。

有道是，太高人愈妒，过洁世同嫌。麦克阿瑟从不认为是自己的要求离谱，原因还是在别人身上。得不到"长老会"的认同，他就索性"蛙跳"过去，直接给战时陆军部长斯蒂文森写了一封信，并希望斯蒂文森将信转交罗斯福总统。在信中，他提出："把中线指挥权让给我！"

毫不意外地，发出去的信又是石沉大海。尽管在麦克阿瑟看来，陆军部长是"自己人"，可这位"自己人"显然也被部下的狂妄给吓倒了。

就在麦克阿瑟一如既往，在他的住所里大骂"海军阴谋小集团"的时候，一件让他意想不到的事情发生了。

尼米兹在珍珠港邀请太平洋战场上的高级将领开会讨论战略。这次会议是在贝提奥岛作战中美军损失巨大的背景下召开的，麦克阿瑟自然不会放过这种挤对人的好机会，于是派参谋长萨特兰、西南战区空军

麦克阿瑟

司令肯尼、海军司令金凯德等人为代表出席了会议。就在这次会议上，萨特兰轻而易举地把贝提奥岛与"千里大跃进"联系了起来。

"千里大跃进"的几个目标，也就是关岛、塞班岛和提尼安岛，哪一个都比吉尔伯特群岛和马绍尔群岛的岛屿要大，距日本内地又近，日军陆基航空兵可以提供支援，反之，任何一架盟军的陆基飞机都飞不到那儿。

问题来了：贝提奥岛仅两英里长，地势平坦，占领这座岛都死了上千人，关岛有二十五英里长，且多山，那得花多大代价啊？

萨特兰把话题挑出来后，麦克阿瑟的其他部下也都纷纷加入进来。肯尼认为"千里大跃进"不过是"故作惊人之谈"，金凯德则说："任何关于要把马里亚纳群岛作为基地的主张，都使我扫兴。"

汹汹众口之下，本来心理压力就已经很大的尼米兹吃不住劲了。他接受与会将领们的建议，同意以新几内亚—棉兰老岛为轴心，进行单路作战。为此，他还派人带上这次会议记录的副本前往华盛顿，以便利用自己的影响力来说服参谋长联席会议。

尼米兹这么做，符合他一贯谦虚谨慎的性格，但这种性格与麦克阿瑟半点不沾边。当从代表口中得知会议结果，麦克阿瑟的第一反应是大为惊喜，另一个想法是把尼米兹手中的奶酪全部夺过来，连颗芝麻都不剩：尼米兹的B-29飞机，全部调来西南战区；第五舰队，全部给哈尔西，那是"我的人"。

说好限量版，一下子变成了绝版，连萨特兰都觉得有些不敢苟同："阁下，这样做是否太过分了？"

麦克阿瑟才不管这个，他不以为意地挥动着自己的大烟斗："你尽管代我去华盛顿汇报好了，我不懂什么过分不过分，只知道要争回美国的荣誉。"

得意的事要与人分享，麦克阿瑟找来了哈尔西，大吹特吹："我要告诉你一些你可能还不知道的事情，他们将调给我一支完全由我指挥的大舰队。我还要告诉你，英国也要调一支舰队给我。我希望海军的作战由一个美国人来指挥，无论由谁来指挥，他的职位都得比英国人高，至少也得同级。"

说到这里，麦克阿瑟笑眯眯地看着他的哥儿们："哈尔西，你来干怎么样？如果你跟我干，我将使你成为一个连纳尔逊做梦都没有想过的大人物。"

纳尔逊何许人也？号称英国有史以来最伟大的海军指挥官。成为新时代的纳尔逊，或者像老麦说的那样，超过纳尔逊，哈尔西当然愿意，但他身为海军将领，并没有听到过上面有如此大的动作——官帽再好，那也不是大风一吹就能刮来的。

另外，哈尔西虽与麦克阿瑟十分投缘，和尼米兹的关系却也不差，他可不会做出为了上位，就把昔日的老朋友挤到一边的事情。

当着麦克阿瑟的面，哈尔西不置可否，回去后就用电报向尼米兹做了汇报。尼米兹闻言非常生气，知道麦克阿瑟狂，没想到这么狂，把第五舰队全部拉过去？真是癞蛤蟆打哈欠，好大的口气！

这时尼米兹的处境已发生改变。攻占马绍尔群岛的成功，使原先由于重大伤亡而产生的犹疑烟消云散，现在他确信，第五舰队不仅可以占领马里亚纳群岛，还能支援麦克阿瑟。

很自然地，尼米兹开始后悔支持以新几内亚—棉兰老岛为主轴的进攻路线了，正好这时，他接到了上司欧内斯特·金上将的信。

欧内斯特·金看过尼米兹派人送去的会议记录副本，十分不悦，不就是贝提奥岛吃了点亏吗，至于退让成这样？他在信中训斥道："对你们的意见感到又惊讶又愤慨。你们提出的这个办法（麦克阿瑟的单一轴心方案）是荒谬的，另外也不符合参谋长联席会议的决议。"

来得早不如来得巧，欧内斯特·金的信完全符合尼米兹的心意，于是他马上复信，表示愿意回到原来的战略路线上来。

这次轮到麦克阿瑟勃然大怒了，不仅是期望落空，还因为尼米兹的"出尔反尔"。

不满血复活，就是吐血而亡，麦克阿瑟气

美军随军牧师正在为阵亡者举行祈祷仪式

冲冲地给陆军参谋长马歇尔写信，要求来华盛顿一趟，他要当面向陆军部长斯蒂文森和罗斯福总统陈述意见。

能亲自来华盛顿陈述意见，自然是好的，高层也想借此机会弥合麦克阿瑟和尼米兹之间的分歧，以确定最佳战略决策。可是当参谋长联席会议要求麦克阿瑟前去与会时，他又突然摆起了架子，借故缺席，只派参谋长萨特兰为代表前去。

老麦总以为自己比大多数人聪明，可有时候，他自己其实就是那"大多数"。你想，"长老会"的人，是能随便轻慢的吗？因为缺席未到，不仅联席会议的高官们深感失望和不满，也使得麦克阿瑟失去了一次为自己的进军路线辩驳和争取的机会。

尼米兹没有麦克阿瑟那么高的资历，也不像麦克阿瑟那样目空一切，领导一叫，他就去了。在华盛顿期间，尼米兹向联席会议提交了多个内容广泛的备忘录，竭力为"千里大跃进"争取支持。

1944年3月11日，参谋长联席会议确定了最终的战略方案，吸纳了"千里大跃进"，同时也保留新几内亚—棉兰老岛路线。从表面上看，这是一个带有折中性质的方案，即两条路线并行，但实际上更偏向于尼米兹的战略构想。

这一局，尼米兹赢了，令他感到惊讶的是，当他返回珍珠港的太平洋舰队总部时，在桌上看到了一份麦克阿瑟发来的电报。

兵不厌诈

麦克阿瑟基本上是这样一个人，性格乖张，喜怒无常，有时智力可能下降到白痴水平，但一俟头脑冷静，又会具备一般人所不具备的超常智慧和敏锐。

参谋长联席会议的最终方案一定，麦克阿瑟热乎乎的脑袋便化为了一杯冰水："长老会"背地里做好人，把我盖缸底下去了。

现在第五舰队是碰都别想碰了，甚至要得到它的支援，还得看尼米兹的脸色，而从今后实情来看，让第五舰队施以援手又是必需的——没有一支强大的海军配合作战，麦克阿瑟的部队根本无法渡过横跨于新几内亚与菲律宾之间的海峡。

世间看冷暖，人面逐高低，处境尴尬之时，麦克阿瑟显露出久历政坛的另一套功底，他通过电文向尼米兹发出邀请，请尼米兹前去布里斯班做客。

在太平洋舰队，除了哈尔西与麦克阿瑟一拍即合之外，几乎所有海军军官都不喜欢麦克阿瑟，其中也包括尼米兹，但尼米兹却在自己的书桌上摆放了一张麦克阿瑟的照片。朋友感到费解，尼米兹解释说，他这样做只是提醒自己待人处事时不要狂呼怒吼。

在公开场合，尼米兹从不说麦克阿瑟一句坏话，也严禁部属非难麦克阿瑟及其战略，如果不是麦克阿瑟做得太过分，尼米兹绝不会主动发起任何形式的反击。

自古怒拳不打笑脸，看到麦克阿瑟已经放低了姿态，尼米兹便也抛下旧怨，坦然接受了对方的邀请。任何时候，他都保持着这种清醒和理智的头脑，他知道，尽管自己与麦克阿瑟在性格和作风上天差地别，但打败日本的共同目标是一致的，合作是一个大方向。

1944 年 3 月 25 日，尼米兹乘坐水上飞机滑行至布里斯班的码头，麦克阿瑟及其幕僚亲自等候迎接，如此高的接待规格，在一贯为人倨傲的麦克阿瑟身上极少出现，也多少让尼米兹感到有些惊讶。

自太平洋战争开始以来，这是战区两位最高司令官的第一次接触。通过这次皆大欢喜的双雄会，麦克阿瑟如愿以偿地拿到了糖果——尼米兹承诺，在麦克阿瑟即将发动的下一步作战行动中，第五十八特混舰队将给予积极支援。

激情燃烧的老麦一回到他在新几内亚的前方指挥部，便向部下们宣布，他也要进行长距离跳跃：尼米兹不是要跳一千海里吗，我少一点，向西跃进四百海里，活捉日军四万人！

海上不同于陆地，跃进得靠舰船，麦克阿瑟的陆空军皆由第一流战将掌控，唯独海军一直是短板和软肋。原西南战区海军司令卡彭德上将绰号"船上的木匠"，人如其名，是一个平庸无能，大事管不好，但对一些芝麻绿豆小事却情有独钟的海军指挥官。

尽管形势发展如此迅速，胆小的卡彭德仍不敢把第七舰队派往新几内亚东岸沿海，以至于那里的两栖攻击战迟迟得不到充分支援。麦克阿瑟自然对此非常不满，到 1943 年 10 月，他终于找到机会将这位不称职者炒了鱿鱼。

这时海军部正处于人才济济的时候，很多名将急于建功，却无所事事，比如留

金凯德

在北太平洋的金凯德。北太平洋上无仗可打，中太平洋又插不进去，于是便被派到了西南太平洋。

西南战区终于迎来了一位理想的海军将领，金凯德的到来，令麦克阿瑟十分高兴，整个第七舰队也随之振奋起来，船员们说："今天是第七舰队快乐的日子！一种清新的、和颜悦色的温厚态度，出现在全体人员当中。"

1944年4月18日，麦克阿瑟乘坐"巴丹"号专机，从莫港飞抵芬什港，随后他登上金凯德的旗舰"纳什维尔"号巡洋舰，同已聚集在海面的西南战区第七舰队一齐向西行驶。

金凯德指挥下的第七舰队，已从一支兵力不多的小舰队扩编为实力雄厚的大舰队，一次性可派出一百一十三艘舰船用于作战。另外，尼米兹还践诺临时拨来八艘小型航母助阵，用以提供近距离空中支援。

麦克阿瑟放眼望去，只见海面上的美舰密密麻麻，有如无数枝丫向远处的天际延伸着，此情此景，令初次与海上编队一起行动的老麦激动不已。

麦克阿瑟的"跃进四百海里"，是要沿新几内亚东海岸西进，绕过日军第十八军在韦瓦克的防御据点，在新几内亚北岸登陆后，直接攻占日军在新几内亚中部的重要战略要塞——查雅普拉（当时名叫荷兰地亚）。

自古兵不厌诈，不打韦瓦克，但要让日军相信你的进攻目标就是韦瓦克。麦克阿瑟用尽了各种欺骗手段，包括泄露假的进攻计划、向韦瓦克空投假降落伞，以及通过潜艇把橡皮舟遗弃在海滩上，等等。

骗完了还得检验。"卡斯特"密码破译队所截获的电报，说明欺骗活动进行得很成功：战前韦瓦克方面显得十分紧张，相反，查雅普拉方面却十分平静。

两栖作战，不管是海上运输还是登陆，都怕遭到敌机攻击。查雅普拉建有数个日军机场，驻有相当数量的日机，麦克阿瑟不能不有所忌惮，他把扫除障碍的活交给了肯尼。

肯尼永远不会让信赖他的上司失望。这位天才的空军指挥官与麦克阿瑟一样擅长虚虚实实的战法，他希望日军能够在大白天把飞机一架挨着一架地摆在机场上给他炸。

怎么样才能做到这一点呢？除了把虚假的轰炸压力放在韦瓦克，就是要让对方相信，他没有白天轰炸查雅普拉的能力。

从航程上看，P-38"闪电"式战斗机完全可以飞到查雅普拉，为轰炸行动护航，但肯尼禁止 P-38 飞到很远的地方，只派轰炸机到查雅普拉附近胡乱扔一阵炸弹。

查雅普拉的日军指挥官一看，P-38 飞不到查雅普拉，美军轰炸机只能晚上来捣捣乱，自然而然就放松了警惕。

发现日机如其所愿地大白天停在了机场，肯尼在三天内，每天出动由三百一十一架飞机组成的强大机群对查雅普拉机场发动了攻击。这一攻击规模，已接近于当初山本的"伊号作战"，共有三百到四百架日机被摧毁在地面，查雅普拉的日本空军力量遭到了毁灭性打击。

在第七舰队从芬什港前往查雅普拉的几天行程中，日军都没有发现这支庞大的舰队，尼米兹派来直接支援的八艘小型航母在登陆行动中也基本未动，原因都是部署在新几内亚海岸的日机除少数几架外，已被肯尼全部消灭。

小孩子放鞭炮

1944 年 4 月 22 日，第七舰队到达查雅普拉海面。日军司令部的参谋人员发现美国人连同他们的战舰和运输船已经开进港湾，无不大惊失色。

在舰炮的支援下，一队队登陆艇冲破晨雾冲向海滩。这是当时西南太平洋上规模最大的一次登陆战，参战兵力多达八万四千人，仅突击部队就有五万两千人。

突袭非常成功，查雅普拉集结着一万五千名日军，但其中百分之九十都是后方勤务部队。军舰上怒吼的大炮把他们打得鸡飞狗跳，在象征性地打了几枪后，日军便纷纷向大山或丛林逃去。美军第一梯队未遇大的抵抗，即安全登上了海滩。当他们来到日军阵地前时，日军炉灶上的铁锅里还煮着来不及吃的大米粥，武器和各式各样的用品丢得满地都是。

第一梯队冲上滩头四小时后，麦克阿瑟在克鲁格、艾克尔伯格以及一大堆记者的前呼后拥之下，乘登陆艇上岸进行巡视。

尽管天气闷热得透不过气来，但在长达两小时的巡视过程中，时年已经六十四岁的麦克阿瑟仍然步履矫健，而且令人惊异的是，他竟然连一点汗都不出。

重回旗舰之后，麦克阿瑟破例为爱将们庆功。克鲁格、艾克尔伯格等人被带到一个设有巨大冰柜的餐饮室，然后每人拿到了一份巧克力冰激凌。

在赤道吃冰激凌是一种难得的享受，艾克尔伯格三下五除二就咽完了自己的一份。见此情景，麦克阿瑟笑嘻嘻地走到他的身边，把自己还未动过的那一份也递到了他的手中。

麦克阿瑟和部下们有充分的理由高兴，此次有如郊游一般的作战行动称得上是"蛙跳战术"的极好典范。

艾克尔伯格以前曾到过查雅普拉，当时这里只有几个土人居住的村子和大片原始森林，如今已是一座拥有十四万人的城市。美军战斗部队没费多大气力就完全肃清了当地的残余日军，紧随其后的工程兵立即对机场等设施进行抢修。不久以后，肯尼的第五航空队便能在重修过的机场设施上起降了，这使得"蛙跳战术"中"夺取更多的机场，方便空军部队的前进"环节得到最大限度的完美呈现。

麦克阿瑟即将返回布里斯班。临行之前，他告诉自己的部将，他将再向西跃进一百零八海里，在日军还未站住脚时，就一举攻取下一个目标——韦克德岛。

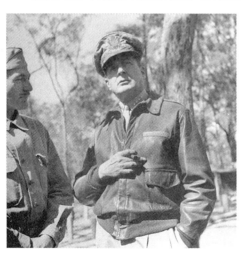

麦克阿瑟在战场上的棋往往下得太快，以至于部下们有时候都很难跟上。

艾克尔伯格听到后感到很是吃惊，并提出了反对意见，认为"蛙跳"的速度过快：韦瓦克虽被绕过，但那里仍驻扎着十八军的残余部队，其有生力量尚有两万人左右。这些日军很有可能会从陆路来进攻查雅普拉，换句话说，现在自己的阵脚都还不稳，先攻"未站住脚"的敌人是否合适？

麦克阿瑟做出这一决策，并不是出

于冲动或鲁莽。除了极其敏锐的战场嗅觉外，"卡斯特"密码破译队提供的准确情报，使他对敌军兵力及其动向几乎是了如指掌。美国陆军情报局的一份秘密报告揭晓了麦克阿瑟用兵如神的窍门之一："从来没有哪一位指挥官，能像盟军西南太平洋司令部那样，在指挥作战时对敌情如此了解。"

"卡斯特"送来情报，告知韦克德岛防守薄弱，麦克阿瑟岂能错过如此好的战机？1944年5月17日，他组织"旋风部队"，在韦克德岛登陆。

"旋风部队"刚登陆时曾受到激烈抵抗，但一旦上岸，就有如摧枯拉朽，在两天多一点的时间里，岛上八百余名日军被全歼，美军只损失了四十人。

韦克德之后，美军即将"跳"向距此约一百五十六海里的比亚克岛。"卡斯特"估计日军守岛部队约四千人，其中一半是作战部队，密电破译人员曾截获日军命令，要求增强比亚克岛的防御兵力，但增强到什么程度，却没有任何线索。

了如指掌与用兵如神，都在这里碰到了障碍，因为你不知道守敌的确切情况，打得好，可以像查雅普拉那样"郊游"，若是不顺利，也可能会遭遇到布纳战役那样的血战和恶战。

进攻，进攻，再进攻，是麦克阿瑟的作战信条：小孩子放鞭炮，想做还怕，那是不行的，即便情况暂时不明，该出手时还得出手。

麦克阿瑟将"白杨树部队"的主力第四十一师用于比亚克岛的旋风登陆，第四十一师拥有一万两千名精兵，不管日军如何增援，仅数量对比上就应该绰绰有余了。

5月27日，由富勒少将指挥的第四十一师冲上了比亚克岛的滩头。

登陆战前，韦克德的机场跑道被加长，专供重型轰炸机使用，肯尼派飞机从韦克德机场起飞，进行近距离空中支援。第七舰队也从海上对比亚克岛实施猛烈攻击，这使得第四十一师上岸时基本没遇到多大抵抗，还颇有点郊游的味道。

第四十一师的官兵情绪普遍不错，他们认为岛上日军一定已经"顶门上丧了三魂，脚底下荡了七魄"，魂飞魄散了，剩下来的事情不过是控制机场而已。

前两次登陆战的过于顺利，让大家精神上都显得有些麻痹。士兵们既未携带大炮，也没向前派出搜索部队，就兴冲冲地向最近的机场跑去。

转眼之间，"郊游"变成了"梦游"，不是好梦，是噩梦。

更危险的境地

麦克阿瑟和"卡斯特"的破译人员都不会想到，为阻止美军在太平洋上的迅猛推进，日军已经制订了"阿号作战"计划，要在海上与美军进行舰队决战。

联合舰队的航母兵力不足，"阿号作战"计划要求使用陆基航空兵来进行弥补，比亚克岛位于其设定的决战海域，岛上又拥有三座机场，因此就变得特别重要。几个星期以来，日军一直在向比亚克岛输送包括海军陆战队在内的援兵，这使第四十一师登陆时，岛上日军数量已增加到一万一千四百人，接近"卡斯特"预估的三倍，且其中有三分之一以上是训练有素的精锐部队。

比亚克岛上密布为丛林所覆盖的蜂窝状多层洞穴，日军以洞穴为掩护，先有意识地将美军放上岸，然后再发起突然攻击。第四十一师不幸地遭遇了又一个布纳战役，部队士气低落，富勒不断向克鲁格请求增加援兵。

尽管已经证明岛上的日军几乎与登陆美军一样多，且海岸地形险恶，易守难攻，但麦克阿瑟却拒绝派兵增援，他只是一边向外发布"肃清残敌"的消息，一边怒气冲冲地责问克鲁格："比亚克的进展不令人满意！"

发起比亚克岛登陆战的那一周，正好盟军在诺曼底成功登陆，麦克阿瑟认为若是派出援兵，就会让外界知道，别人庆功的同时，他在进攻上却遇到了困难，这是一件十分丢脸的事。

麦克阿瑟的虚荣心和好面子，把第四十一师推向了更危险的境地。

得知美军登陆比亚克岛，联合舰队几乎将部署于中太平洋地区的航空兵抽调一空，加上从日本内陆、马里亚纳群岛和加罗林群岛等地抽调的航空兵，全部用于对比亚克岛、韦克德岛进行轰炸。

比亚克海域的第七舰队通过对空炮火，积极拦击相继赶来增援的日军飞机，使得日机没能在比亚克岛上空或周围造成严重威胁。创伤最大的是韦克德岛，机场上停放的六十架飞机被全部击伤或摧毁，另外还有一座弹药库被炸弹击中，弹药库的爆炸是如此剧烈，以至于人们还误以为韦克德岛发生了地震。

韦克德机场遭袭，意味着比亚克岛的防空力量被严重削弱，已经苦不堪言的第四十一师可能进一步失去空中保障。

万幸的是，抽调而来的日军航空兵在北方中纬度地区待惯了，不能适应南方气候与环境，很多人因患疟疾或丛林热病而躺倒，第一周后就无力驾驶飞机了。进入6月，更是发生大面积传染，这下连没生病的也难以行动了。

以空袭作为序幕，联合舰队发起了代号为"浑"的海上增援行动，其方法与瓜岛战役时的"东京快车"颇为相似，也是分批逐次增兵，不过它们却被第七舰队的潜艇部队给发现了。

潜艇是第七舰队的主打产品之一。麦克阿瑟早在菲律宾时，便拥有当时美国最大的潜艇部队。来到澳大利亚后，他将残余的潜艇部队一分为二，一支是远程潜艇舰队，负责切断日军东南亚的原料通道；另一支是近海防御舰队，主要在所罗门群岛一带活动。

基于日本先发动了珍珠港事件，美国海军部打破常规，下令对日本实施无限制潜艇战，也就是可以对日本的商船和运输船进行攻击，但在过去很长一段时间里，潜艇部队的成效都极其有限。原因一方面是潜艇既老又少，鱼雷则因技术缺陷发挥不了威力；另一方面很多艇长就像原舰队司令卡彭德那样胆小怕事，他们总是缩在家里，不敢主动出战。

"车轮"战役结束后不久，海军部给西南战区增拨了十艘经过改进的潜艇，使第七舰队的潜艇总数增加到三十艘，与此同时，鱼雷的技术缺陷也终于得到了解决。

随之而来的还有人事上的调整，如同让卡彭德下课一样，那些好是一餐，不好也是一餐的潜艇艇长大多遭到撤换，他们的岗位被一批年轻有为且富于作战经验的青年军官所取代。

美国海军潜艇"鲱鱼"号。潜艇平时装深沉会装得很辛苦，但若运用得当，其战绩绝不会比水面军舰逊色。

潜艇部队的战绩从此大为改观，仅在1943年下半年，第七舰队潜艇部队就在东南亚一带击沉日舰七十二艘，其中大部分是重要的运油船。

日军潜艇一度也风光过，曾击沉美军大型航母，然而从瓜岛战役中后期起，便只有充当"海上的士"的命了，反倒是美军潜艇后来居上，扮演起越来越重要的战略角色。

执行"浑"行动的日军增援部队分三批出海，但是每一批都没能逃过第七舰队潜艇部队的监视。

天罗地网

"浑－一"包括一艘老式战列舰、四艘巡洋舰和八艘驱逐舰。这些舰船在棉兰老岛装上两千五百名日军，随后向比亚克岛驶来。四艘美军潜艇紧紧跟随并沿途实施了袭击。

"浑－一"的运气还不错，未在袭击中受到多大损失，但潜艇关于日舰位置的报告，却为麦克阿瑟和金凯德提供了情报。金凯德火速将第七舰队的所有水面战舰，一共四艘巡洋舰、十艘驱逐舰派去进行截击。

在海战即将爆发之前，联合舰队司令部突然收到无线电侦察报告，说一支强大的美军舰队正沿新几内亚西北岸行动，看样子，第五十八特混舰队已经杀过来了。

联合舰队要等的就是第五十八特混舰队，司令部当即决定停止"浑号作战"，并撤回"浑－一"，同时准备发起"阿号作战"。

事后判明，第五十八特混舰队的出现情况纯系误报，联合舰队又再次发出"浑号作战"的命令。按照这一命令派出的"浑－二"规模较小，只有六艘驱逐舰拖带的驳船，而且相关密电已被"卡斯特"破译。肯尼接到情报后，启用陆基飞机对驱逐舰进行攻击。在航程足够的情况下，陆基飞机有着与航母一样的威慑力，驱逐舰见势不妙，砍断与驳船相系的拖绳后便匆匆逃遁，但在飞机与潜艇的追击下，仍有两艘驱逐舰被击沉。

两次要夺回比亚克岛，不仅连岛的一根毛都没碰到，还被人家弄得快丢了魂，联合舰队意识到美军对比亚克岛同样是志在必取。现在的形势也愈加明朗，无论美军还是日军，只要以比亚克岛为基地，其轰炸机群就能大大加强己方海军在预定决战海域的突击力量。

显而易见，不让比亚克岛落入美军之手，对"阿号作战"来说至关重要。联合舰队于是组织了规模最大的"浑－三"增援行动，参与护航的是一支战斗力很强，且作战意图十分坚决的舰队，其中包括"大和"号和"武藏"号两艘超级战列舰、五艘巡洋舰、七艘驱逐舰。它们奉命不惜一切代价打开前往比亚克岛的通道，在让日军地面增援部队登陆的同时，对岛上的美军进行轰击。

与这支日军护航舰队相比，第七舰队的分量就太轻了，如果他们按计划到达比亚克岛，可以想见，金凯德的水面战舰、美军在比亚克附近的两栖部队和支援舰船，都会轻而易举地遭到歼灭。

千钧一发之际，好运又一次站到了麦克阿瑟一边。当"浑－三"舰队向比亚克岛进发时，太平洋战局突然发生变化。

联合舰队一厢情愿地要在新几内亚附近海域与美军进行舰队决战，尼米兹却不买账，单挑可以，但地点我挑：第五舰队到达千余海里以外的马里亚纳群岛一带，开始为进攻塞班岛作预先火力准备。

决战海域换成了马里亚纳群岛附近的菲律宾海，比亚克岛因此黯然失色，联合舰队急忙暂停比亚克岛作战计划，让"浑－三"舰队丢下运输船，前往菲律宾海面参战。

倒霉的日本守军就此被完全抛弃了。尼米兹发起进攻的消息，解除了麦克阿瑟的忧虑，他曾担心自己碰到了又一个瓜岛，在久战不决的情况下，他也终于下决心向岛上派去了援兵。

富勒被认为指挥不力，在麦克阿瑟措辞严厉的督责下，克鲁格解除富勒的职务，换上了艾克尔伯格。富勒是艾克尔伯格在西点军校的同班同学和好朋友，对执行这一命令，艾克尔伯格自然不会感到好受，但更使他心情沉重的，还是此番的入场情境居然与布纳战役时如

艾克尔伯格

出一辙，无论是临危受命的方式，还是战斗的残酷程度——美军士兵必须用火焰喷射器和炸药将日军赶出洞穴，然后才能予以消灭。

当布纳战役进行到最艰苦阶段时，决定胜负的已不是战术，而是意志。艾克尔伯格像当初一样，亲自赶到第一线，以鼓起官兵们继续战斗的勇气。

对失去支援的守敌而言，山穷水尽是必然的，在美军的猛攻下，岛上的日军指挥官被迫在一个岩洞里用战刀剖腹自尽。又过了几个星期，洞穴里的日军才被完全肃清，除二百二十人被生擒外，余者多被打死或自杀。美军在比亚克岛之战中阵亡四百人，伤两千三百人，七千人因患疾病而躺倒，是"白杨树部队"成立以来伤亡最大的一次。

尽管因情报失误而造成了意外损失，但麦克阿瑟并没有因此放慢步伐，反而以更加惊人的速度进行"蛙跳"，很快，比亚克岛就变成了美军在西南太平洋战场的后方。

1944 年 7 月 30 日，西南战区部队已进至新几内亚岛西部的桑萨波角，完成了新几内亚—棉兰老岛路线中的新几内亚部分，也标志着新几内亚战役完全结束。在三个多月的时间里，美军前进近一千海里，途中占领五个日军据点，突破了"跃进四百海里"的最初目标，达到实际上的"千里大跃进"。

在快速跃进的背后，是被麦克阿瑟绕过或者说甩下的许多日军据点和岛屿，其中拥有重兵的为韦瓦克，日本第十八军的剩余兵力大部分集中在那里。早在占领查雅普拉时，艾克尔伯格等人就担心"蛙跳"速度过快，第十八军会不会趁机从背后扑过来。麦克阿瑟丝毫不以为意，在向新闻界发表战地公报时，他说："这次行动已对分布在新几内亚的日本第十八军，布下了天罗地网。"

第十八军司令官安达二十三一直在等待时机和增援，以便集中力量突破"天罗地网"，但是两个月过去，网不但没松，还更紧了——麦克阿瑟的大进军，使得他们再无可能退守新几内亚岛西部。

援兵、给养，也一个都没等到，第十八军眼睁睁地变成了没娘要的孩子。安达十分抓狂，他向自己的部下发布动员令："我再也找不到什么战略战术来摆脱目前的困境，因此，我打算以我们日本人的武士道精神来战胜它。"

在安达的指挥下，第十八军向相距一百英里的艾塔佩发起进攻，企图夺取艾塔佩后再攻占查雅普拉。不料克鲁格早已派兵增援艾塔佩，并构筑出了牢固的防御阵地，机枪手把机枪一架，冲上去的日本兵全都成了送上门的菜。首次进攻艾塔佩，日军竟然被打死了一万多人，而美军防线未见有任何松动。

至 8 月 10 日，第十八军被包抄反攻的美军切为三段，所有试图冲出包围圈的努力也都停止了。安达黯然承认："这支部队（指第十八军）的历史是个悲剧。"

任何被绕过的据点和岛屿，只要上面还有日本兵，多多少少对后方总是一个威胁，当华盛顿方面询问该如何对付这些日本孤军时，麦克阿瑟回答说，这些日军残部已无力组织进攻力量，对目前与将来的作战计划也不存在什么威胁，现在大可不必予以理睬。

麦克阿瑟算计得非常精明，在新几内亚战役中，对今后打仗有用的基地，比如查雅普拉、韦克德、比亚克，他都是势所必取，哪怕是啃硬骨头，但如果要将韦瓦克等"剩下的渣滓"也都一一予以占领，美军将耗费难以估量的生命、物资乃至时间，而且实际上一点利益也没有。

不予理睬，不是说不用盯死，否则一不小心，泥鳅也可能翻出大浪，麦克阿瑟真正用以对付日军的，是留在后方的陆战队航空大队和潜艇部队。

陆战队航空大队负责进行例行轰炸和监视，潜艇部队负责封锁海上交通线，以"狼群战术"对日军前来增援的舰船进行跟踪和袭击，后者完全堵住了被围日军的求援之路。1944 年的头四个月，有一百二十五艘日军舰船被击沉，其中多数是向太平洋各岛屿运送增援部队和物资的运输船。

海上战争，谁对海上交通线都有依赖，美方也不例外，但与美军潜艇从战争开始时，就有意识地对对方商船、运输船发起攻击不同，日军潜艇主要以美军军舰为目标，等到发现战略方向不对时，已经晚了。东条也看到了这一点，深以为

从美军潜艇潜望镜拍摄到的画面。图中的日军驱逐舰已被鱼雷击中，五分钟后该舰沉没。

恨的同时却又无可奈何，后来他把美军发动的潜艇攻略战，与"蛙跳战术"、快速航母放到一起，列为美国军事上战胜日本的三大关键因素。

在那些被严密封锁的据点和岛屿上，日军残部只能用各种办法苟延残喘，比如第十八军就确立起持久战体制，用农场开荒等方式来不让士兵们饿死。

当太平洋战争快要结束时，美军驱逐舰在海上拦住了一艘日军医船。这艘医船声明是前往被围岛屿撤运伤兵，同时按照《日内瓦公约》，它请求美军不要予以攻击。

日本没有签订过《日内瓦公约》，自己也不遵守，但美军基于人道主义立场，仍准许其通过，只是要求回程时必须接受检查。医船照办了，后来美军军医上船检查，发现船上载运的两百多名伤兵均已奄奄一息，据这位军医判断，即便途中拥有最好的护理，他们当中有一半人恐怕也难回东京了。

不管岛上的故事有多悲惨，麦克阿瑟都不屑一顾，世上没有不须偿还的债，现在到日本人为此还债的时候了。

桑萨波与菲律宾仅一水相隔，如何更快地重返菲律宾，实现自己的夙愿，这才是老麦所真正关心的。他将继续发起排山倒海般的反攻怒潮，并亲眼看着血红色的落日加速西沉。

第六章

鲸鱼肚子里生出了许多小鱼

奥宫正武有一次遇到一位同事，后者在"大和"上任联合舰队航空参谋，曾跟随山本指挥过瓜岛战役。他对奥宫说："我们在瓜岛争夺战中打了败仗，最主要的原因是打不掉B-17。"

号称"飞行堡垒"的B-17防弹能力很强，就算瓜岛时期能在空战中做到逮谁灭谁的"零"式也很难将其击落——敢情日本人一直不知道自己的密电码是个大漏勺，就认为是B-17侦察到了自己的全部作战情况，所以美军才能取胜。

继瓜岛时期的B-17之后，能令日本海军为之股颤的，是第五十八特混舰队。

当日军的机动部队早已名存实亡，美军的机动部队开始独领风骚，在第五十八特混舰队出现在吉尔伯特、马绍尔群岛海域时，古贺指挥下的联合舰队只能做缩头乌龟，自始至终都不敢上前应战。

第五十八特混舰队的攻击力远远超过了当初南云的机动部队，一旦出动，就一定要打到底，从吉尔伯特、马绍尔到特鲁克，都是这样，其所到之处，犹如刮了一场台风，用奥宫的话来说"我们经过千辛万苦积攒起来的家底，叫它一下子破坏得一干二净，其状目不忍睹"。

眼看着快逼到马里亚纳了，美军占领马里亚纳，可以以此为基地，将B-29派往包括东京在内的日本内陆上空。奥宫参与审讯过一名被俘的美军飞行员，该飞行员正好是B-29的试飞员，因此奥宫对这种轰炸机的性能也有了一定程度的了解。

B-29是一种最新式的四引擎重型轰炸机，它在载弹量、航程等方面，都大大超过了B-17，当时被称为"超级空中堡垒""史上最强的轰炸机"。可想而知，B-29到时所扮演的角色绝不会只是空中情报员，它将成为刺入日本喉咙的一把钢刀。

不想挨B-29的炸，就不能失掉马里亚纳，而要想不失掉马里亚纳，就必须歼灭美军机动部队。

可是怎么歼灭呢？

决死线

航母也有薄弱环节。理论上讲，只要善于奇袭，即便一架飞机也有压制住航母的可能，但理论不等于实战，在实战中，无论日机怎样发起偷袭，也无法给美军航母造成哪怕是轻微的损伤，反倒是出击的日机竞相折戟。

就在古贺一筹莫展的时候，军令部主动送来了一份作战计划，它的主笔是曾任南云首席幕僚、现任军令部海军参谋的源田实。

源田参与过偷袭珍珠港计划的制定，他认为第五十八特混舰队出动之后，以联合舰队今不如昔的作战实力，是很难从正面进行迎击和堵截的，但正面打不了，可以试试背后。

源田设想，当返回马绍尔泊地停泊时，便对美军核心的航母编队进行袭击。根据偷袭珍珠港的经验，这个时候，美军舰载战斗机几乎完全不会出动，附近又没有大型陆上基地，日机轰炸和进行鱼雷攻击的命中率都比较高，退一步说，就算偷袭不着，也不会受到太大损害，转头逃跑还来得及。

虽然是鬼鬼祟祟的打法，却被源田起了个自以为雄浑的名字："雄作战"。计划出笼后，源田一行专程乘机去联合舰队司令部，向古贺进行推销。

可惜的是"雄作战"计划并没能得到古贺的明确赞同。并不是源田的方案不高明，也不是古贺对此完全没想法，事实上，自东乡平八郎在对马海战中取得所谓史诗般的胜利后，"毕其功于一役"的思维便在联合舰队中根深蒂固，即便与山本相比性格较为冷静保守的古贺也不例外，他对一战定乾坤同样情有独钟。

可是决战需要资本。山本能偷袭珍珠港成功，缘于拥有当时实力很强的南云机动部队，古贺接掌联合舰队后，连屡次补充的一航战、二航战两支飞行队都被打残了，要凑出航空

正在飞越拉包尔的九九舰爆

兵执行任务都勉为其难。这就像下棋，你就算能想出绝妙的步数，奈何棋盘上没有可走的棋子，或者有棋子，但全是小卒，不能尽情任性地给你移动，这棋还是走不下去。

显然，对任何一任联合舰队执掌者来说，步数精妙不精妙尚在其次，重要的是要有能用以作战的棋子。日本海军不是今天才意识到这个问题，早在 1943 年 7 月，便组建了新编第一航空战队。

新一航战由角田觉治任司令官，因此又称角田部队。角田的作战参谋是中途岛战后伤愈归队的渊田美津雄，麾下的十个航空队，从司令到飞行队长，也无不是航空兵出身的飞行专家，或精选出来的王牌飞行员，例如"舰爆之神"江草隆繁就担任了俯冲轰炸与鱼雷攻击队的队长。这些人像渊田一样，大多从偷袭珍珠港开始就在机动部队服役，其战功之多，让一些无法入选的旁观者充满羡慕与嫉妒——就差没有恨了，他们将这支航空部队称为"渊田家族"。

角田部队被视同未来决战兵力的希望，为了训练中途不被调入战场，组建之初就被作为大本营直属部队保存起来。哈尔西收复中所罗门群岛，尼米兹在吉尔伯特、马绍尔群岛发动攻势，前线再急如星火，得不到大本营的许可，也没人能够调用角田部队，它始终在日本内陆加紧训练。

尽管得到了非同寻常的特殊照顾，角田、渊田等人也都是工作狂，但角田部队从组建到训练仍不如意：资金拮据，以及原料匮乏，使新一航战不能及时得到性能良好的飞机；除"渊田家族"外的其余飞行员全都是毕业不久的新手，刚刚学完各式各样的教练机，要从头学实战机，又是从生产线上下来的新机型，确实难度很大。

角田部队 7 月组建，8 月勉强完成训练，本应再有半年时间的提高期，可是第五十八特混舰队的出现以及要守住马里亚纳的需要，让大本营再也无法将其藏在深闺，终于，角田部队也被编入联合舰队，并向马里亚纳和加罗林一带的机场展开。

虽然角田部队已到达前线，但古贺认为其训练程度不够，而且其隶属的十个航空队中还有一些后来编入的航空队，这些航空队战斗力不强，还达不到出动作战的水平。有人又提出，既然如此，不如缩小"雄作战"的规模，只对停泊中的美军大型航母进行攻击，那样仅需两到三个精干的飞行队就能搞定。

缩小后的条件，古贺可能是具备的，问题是，用于偷袭的飞行队是否能够如愿到达马绍尔泊地。要知道，今时不同往日，太平洋上尽是些被美军围困的孤立岛屿，说不定飞行队还没到马绍尔，就在中途消耗殆尽了。

古贺是个很谨慎的指挥官，他热衷决战，但却不像山本那样具有豪赌一把的勇气和决心，"雄作战"计划最后只能不了了之。

除了这份没有采纳的作战计划，古贺自己也准备了一个决战预案，即"Z行动"。具体来说，就是以马里亚纳为中心，将由此联结而成的南北岛线作为决战线，古贺郑重其事地以自己的姓氏命名为"古贺死守决死线"。

这条"决死线"不仅包括北方的马里亚纳群岛和加罗林群岛，还有南方的韦克德、比亚克等诸岛。按照"Z行动"，日军将在岛屿上集中陆基航空兵，以弥补其航母兵力的不足。

据说古贺已经预计到自己将在"决死线"上找到最后归宿，并且认为山本"死得正是时候"，值得"羡慕"。后来的事实证明，古贺确实"得偿所愿"，不过以什么样的方式"得偿所愿"，却是古贺本人打破脑袋都想不到的。

擦肩而过

最初，日军大本营得到错误情报，说美军有大批运输船正从南向北移动。古贺根据这一情报，判断美军很可能要集中在新几内亚西北端登陆，而当时又未在马里亚纳方面发现其他异常，于是他便认定新几内亚海岸将是决战海域。

古贺下决心前往南方进行指挥，出发前，他对自己的参谋长福留繁说："咱们一起出击，一起捐躯吧！"

1944年3月31日，古贺及福留繁等幕僚人员分乘两架水上飞机，飞往棉兰老岛的达沃。行至半途，突遭暴风雨，古贺所乘飞机神秘失

古贺峰一

踪，附近驻防的日机和舰艇虽全力搜索，但是最后连块飞机碎片也没有找到，据此判定机上人员已全部死亡，古贺真的"捐躯"了。

当古贺遭遇灭顶之灾时，福留繁却大难不死，就好像山本身亡时，宇垣得以幸免一样，而在不到一年的时间里，前后两任联合舰队司令长官居然都殒命于出行途中。种种不祥征兆，令一向深信自己得到天神福佑的日本海军内部一片愁云惨雾，一些海军军官私下里认为，从这一刻起，战争之神已彻底抛弃了日本。

家无主，屋倒竖，在一时无法确证古贺死讯的情况下，根据指挥接替条令，联合舰队第二指挥官兼西南舰队司令长官高须司四郎临时接过了指挥权。

古贺那位置并不是一天就可以练成的，高须原先的指挥区域主要集中在印度尼西亚和马来亚，过去的作战活动也仅限于印度洋，这导致他对印度洋较为熟悉，对太平洋战场却了解不多，而作为最高指挥官，起码对所处战场要有一定的感性认识。这一从天而降的差使，等于是在高须面前挖了座陷石坑让他跳，把他愁得坐立不安。

古贺在的时候，便知道美军在太平洋上有两条战线，一是沿新几内亚北岸的麦克阿瑟战线，一是指向中太平洋的尼米兹战线。美国人不会自己宣布哪一条为主，但从美军日益显示出的强大兵力来看，两条战线中的任何一条都可能成为主战线。

古贺南飞，便是将麦克阿瑟战线作为了主战线。高须的司令部在印度尼西亚的泗水，与新几内亚近在咫尺，又正赶上麦克阿瑟的部队在查雅普拉登陆，于是萧规曹随，也将新几内亚海域作为了重点。

在高须战战兢兢地顶了一段时间班后，大本营终于确信古贺成了鬼，再也找不回来了，丰田副武被正式任命为联合舰队司令官。

丰田原任横须贺海军基地司令，此人能力很强，但说话尖酸刻薄——是那种能深深地刻到你心上的刻薄，为此承受不住的部下不止一两个，另外，自太平洋战争开始以来，丰田一直在陆上，未参加过海上作战，没有什么海战经验。

据说山本生前就提到过，最好不要让丰田担任联合舰队司令长官，然而日本海军如今已经将星凋零，起用丰田也是不得已的办法。为了弥补丰田的缺陷，大本营便又给丰田配了一位搭档：南云的前任参谋长草鹿龙之介。草鹿不仅善于和人打交道，而且参加了从珍珠港到所罗门的一系列海战。

自从南云降职之后，草鹿树倒猢狲散，到拉包尔他堂弟的手下找了份差事，其境遇与机动部队时的风光已不可同日而语。此番被遴选，可谓否极泰来，皆大欢喜，今村还专门为他举行了告别宴会。

拉包尔实际已被围困，物资很是匮乏，但拉包尔方面仍竭尽所能，把什么鲤鱼罐头、豆酱烧茄子、海带汤，总之能搜罗到的好吃的都统统搬上了桌，连今村自己也拿出了六瓶米酒。只是吃饱喝足之后，草鹿还面临着一个相当大的难题，那就是如何才能离开拉包尔。

海上被封锁了，要离开拉包尔，除非乘飞机。因为山本、古贺之死，联合舰队的高级军官都特别害怕乘机外出，尤其拉包尔一带，美军战斗机几乎一刻不停在空中进行巡逻，随时可以把遇到的日机给打下来。

不过话又说回来，自中途岛和瓜岛战役结束后，日本人所面临的境遇从来就未曾真正好过，老是坏，也就无所谓更坏了，而且眼下的情形，你害怕得走，不害怕也得走，白天不能走，那就晚上走。

天亮后，草鹿一行遇到了一队美军战斗机，并且是擦肩而过，相隔之近，美军飞行员都可以看得一清二楚。草鹿的心顿时提到了嗓子眼，万幸的是，不知什么缘故，美机并没有朝他们开火，而是选择了继续往前飞。

到达东京郊外的联合舰队陆上司令部后，草鹿便开始着手替丰田起草作战计划，即下一场仗该在什么地方打，什么时候打。

油断大敌

古贺的"Z行动"得到了草鹿的认同。处于"古贺死守决死线"上的各个岛屿不像吉尔伯特、马绍尔那样平坦，它们都位于火山系中，大部分海岸耸立于海面之上，适于对登陆部队进行防御，其中，关岛、塞班岛、提尼安岛等彼此相连的岛屿还可建设机场，必要时，将成为发挥海陆空综合战力的最佳场所。

在从拉包尔前往东京的途中，草鹿曾在塞班、硫黄岛中转，他也发现了这些被作为"决死线"岛屿的问题所在，那就是几乎没有可以称之为防备的防御装备。以草鹿所见，塞班防御极其薄弱，硫黄的工事构筑还好，却又缺乏机枪和火炮。

无独有偶，当角田奉命在马里亚纳和加罗林群岛布防时，他看到当地的机场大部分尚未建成，即使是可以使用的机场，设施也很简陋，根本不能用来进行长期的基地航空战。比如提尼安岛，虽有机场和机库，但没有滑行跑道，也没有正规掩体，难以分散和隐蔽飞机。

角田破口大骂："瞧，这个鬼航空基地部队，明知所罗门的战斗教训，可一年来都干了些啥？"草鹿则坚持要把造成防御疏忽的陆军军官找出来，并予以处分，东条对此感到很恼火，他写信给草鹿说："我个人敢用'大印'保证塞班的防御！"

给东条送信的人是个陆军大佐，他拍着胸脯向草鹿保证，陆军希望美军在塞班登陆，这样就可以予以消灭了。

平心而论，草鹿、角田还真怪不得陆军，不是陆军对防御不重视，关键在于太平洋战争爆发以来，日军的战线铺得太广太快，马里亚纳群岛很快就成了后方第三线，别说无暇顾及，就连岛上已经安装好的高射炮也拆下来运到拉包尔去了。

战略价值再高的岛屿，若缺乏防御设施也无法使用，但你不用，美军会用。一想到B-29的威胁，草鹿甚至宁愿这些岛屿沉入大海消失。

岛屿当然不会自动消失，那么唯一的办法就是赶紧补救。草鹿很清楚，美军要继续进攻，其直接目标不管是马里亚纳还是新几内亚，总之都绕不开这条"决死线"。

与在"决死线"上加强防御相比，"油"更令草鹿头疼。

说起来，缺油一直是日本的老大难。在一定程度上，日本将矛头南指，并不惜发动太平洋战争，就是为了"油"。尔后，山本急于速战速决，也与"油"有关联。乃至联合舰队的战列舰很少出战，以及航空和水面舰艇部队舍近求远，不去最适于训练和维修的日本内陆，而是跑到新加坡进行训练，究其原因，还是为了一个"油"——由于美军潜艇的袭击，大部分的燃油都

日军所占据的塞班岛。士兵都去养牛了，难怪塞班岛会成为各路喷壶的靶子。

不能运到日本内陆。

日本有一个成语，叫作"油断大敌"，它的本意是千万不可疏忽，但日本海军的大敌之一，确实就是石油断绝。

如今草鹿制订作战计划，仍然抛不开油的因素。补给参谋给草鹿列了一堆详细数字，让草鹿明白，第一决战海域最好能选在"决死线"的南方，否则因油船不足，联合舰队将无法全力作战。

草鹿由此制订了"阿号"作战计划，随后由专人送呈给仍在横须贺的丰田。1944 年 5 月 3 日，日军大本营批准并向联合舰队下达了这一计划。

"阿号"计划基本上没有脱离古贺的决战预案，关于决战地点的考虑，也与古贺、高须相仿，即以南方的帕劳群岛近海为第一决战海域，以北方的马里亚纳西部海面为第二决战海域。它的精髓之处，应该说更多的是集中在细节上，连一旦失掉战机将如何应对都事先做了筹划，其周密细致的程度，被认为远远超出了中途岛战役。

按照"阿号"计划，日本海军的所有兵力全部派往第一线，以期在"最后的一战"中达到必胜的目的。在参战兵力中，最重要的力量有两支，皆为古贺在世时所建，一为依托岛屿进行陆基航空作战的角田部队，现编为第一航空舰队，二为第一机动部队。

此时世界海军的体制已经发生了根本性变革，战列舰的地位完全被航母所取代，也就是说，海上决战的主要兵力是航母和舰载机，而不再是战列舰和巨炮，后者退居到了从属地位，成了护卫航母的警戒力量。

第一机动部队就是古贺仿效美军第五十八特混舰队组建的航母部队，其特点是以航母为绝对核心，以舰载机为主要的攻击武器。这是早为美国人所运用纯熟的海战方式，但日本人却是在付出海量的人力物力代价后才不得不予以接受的。

第一机动部队的编组，也几乎全部拷贝自美军第五十八特混舰队，共分为三支航母部队，每支部队各有三艘航母。九艘航母中，包括了号称日本有史以来最大最强的重型航母"大凤"号，以及由水上飞机母舰改装的轻型航母"千代田""千岁"。

在日军将领中，小泽治三郎一向以智勇著称，他被任命为第一机动部队的指挥官，这支舰队也因此被称为小泽部队。

三级跳

除潜水艇外，日本海军一切可以作战的水面舰船全部归入了小泽部队。当小泽部队停靠在泊地时，海湾里挤满了大小船只，其阵容之盛令旁观者瞠目结舌。

在此之前，还从来没有哪一位日军将领指挥过如此规模的航母部队，光飞行队的配备就十分棘手。比如城岛高次指挥的二航战，所属的三艘航母虽都健在，飞机却一架无存，飞行员仅为所需数量的三分之一。身为航空参谋的奥宫正武等人只能拉壮丁似的东奔西走，求南告北，在把拉包尔航空战中残余的飞行员集中起来后，才勉强凑齐飞行队的架子。

此外就是"油断大敌"。大舰队即便不出动，单是停泊于港口就需要大量燃油，没有燃油，舰内灯不亮，从无线电通信到大炮、鱼雷的训练都无法进行。小泽部队自组建起一直驻于新加坡以南的林加群岛，就是因为这里靠近苏门答腊的石油产区巨港，只需一艘一千五百吨的油船往返于两地之间，整个舰队就能充分进行包括夜战在内的训练。

林加的训练条件当然很好，但是距离"阿号"计划设定的决战海域太远了，草鹿为此引用了一句中国的古语"强弩之末，势不能穿鲁缟"——再强的弓射出的箭，到最后可能连穿破一张纸的力道也没有。

草鹿为小泽设计了一个"三级跳"模式，从菲律宾群岛最南端的塔威塔威岛开始跳起，一直跳到"决战地点"帕劳群岛。

不直接到帕劳群岛，而非要这么跳来跳去，说穿了，还是为了"油"。

塔威塔威岛是一座非常小的岛，此前不仅一般日本国民，就连普通的日本海军官兵都不知道它在哪里，但这座小岛离婆罗洲的石油产区塔拉坎不过一百七十海里，比林加和巨港之间还要近。草鹿、小泽设想将塔威塔威岛作为前进基地，一边继续训练，一边待机决战。

1944 年 5 月 10 日，草鹿下达"三级跳"指令，小泽部队从林加群岛起锚，开往塔威塔威岛。

到了塔威塔威岛才知道，训练的初衷根本不可能实现。美军很快就侦察到了小泽部队所处方位，大量潜艇进入塔威塔威岛周围。

日本海军一直有一个信条，认为驱逐舰是潜艇的大敌，如果把潜艇比作蛙，驱逐舰就是蛇，有驱逐舰就可以对潜艇进行扫荡。为此，来往于塔威塔威岛和塔拉坎之间的油船，以及在湾外进行训练的舰船，都配备有驱逐舰进行护航或警戒，这叫反潜护卫。

可是性能改进后的美军潜艇着实了得，它拥有两大法宝，一为鱼雷射击自动计算机，一为雷达快速获取情报系统，之后有如神助，日军油船连同驱逐舰，经常一艘接一艘地被击沉，三天之内，美军潜艇"鲻鱼"号在塔威塔威岛附近海面击沉了三艘驱逐舰，并至少重创两艘。反过来，驱逐舰却几乎未对美军潜艇造成任何伤害，也就是说，不是蛇吞蛙，而是蛙吃蛇。

决战未开，小泽部队已损失了七艘驱逐舰，小泽为之紧张万分，在对部下讲话时两只手都在颤抖，样子看起来真叫可怜。

出港操练的次数大为减少，塔威塔威岛上又没有机场，那些连基本训练都没过关的舰载机飞行员也就此失去了提高水平的可能。有一次出海训练，二航战居然有三架舰载机在着舰时被撞坏了。

飞行军官们言语尖刻地对奥宫说："飞行参谋，这该叫飞机自消自灭战吧？"

奥宫只有报以苦笑。对这些菜鸟飞行员，他已不抱任何幻想，使他更为焦虑的是另外一件事。

日本海军的飞机机型长期以来都脱不开"老三件"：战斗机是"零"式，俯冲轰炸机是九九舰爆，鱼雷攻击机是九七舰攻或"一"式。相比之下，美军却不断对机型进行更新换代，以奥宫的切身体验，九九舰爆根本无法接近"地狱猫"，那还怎么攻击对方航母呢？

日本已经推出了一批新机型，其中诸如

"彗星"式轰炸机。"彗星"的发动机系购买德国专利，另外它还是第一种采用内置炸弹舱设计的日本海军舰载机，因此要比外挂炸弹的九九舰爆飞得更快。只可惜生不逢时，碰上了硬件不软，软件不硬的倒霉年代。

"彗星"式轰炸机、"天山"式鱼雷攻击机，据说性能已超过美国，但问题是有机无人驾驶，或者说没有时间去练驾驶。这次二航战再建飞行队，奥宫便特地向军令部要来了九架，期望能以它们替换下旧式的九九舰爆。

"隼鹰""飞鹰"的航速都很低，要成为"彗星"的起飞舰，非得经过一定时间的磨合，两次出海训练，"彗星"一架也没有起落成功。

奥宫调来驾驶"彗星"的都是训练有素的飞行员，他相信，只要增加训练次数，"彗星"还是飞得起来的，然而可惜，在美军潜艇的威慑下，这种训练的机会越来越少，到最后基本上就不出港了，奥宫苦心组织的"彗星队"像是被扭断了翅膀的鸟，只能整天关在航母上虚度时光。

小泽部队只完成了"三级跳"中的第一跳，下面怎么跳，得看帕劳群岛的动静。

化危机为战机

在"决死线"的众多岛屿中，帕劳群岛位居南方，这当然也是出于"油"的考虑，同时小泽部队在决战时，还可以得到角田部队强有力的陆基支援。

可要是尼米兹死活不来帕劳群岛，直接走直线前往北方的马里亚纳群岛呢？毕竟负责发牌的是美国人，真正的时间和地点还得由他们来定。

丰田的策略是，以不变应万变，美军要去北面，就想办法把他们"诱"到南面来，然后"在有利时机倾全力打一场决战"。

小泽部队在塔威塔威岛待了近一个月，第五十八特混舰队都没有现身——既没来帕劳群岛，也没去马里亚纳群岛，倒是新几内亚北岸警报声大作，美军在比亚克岛登陆了。

吸取前任们接连殒命的教训，在发布"阿号作战"命令后，丰田并没有随大部队出征，而是率领幕僚们继续坐镇广岛湾的驻岛泊地。当美军登陆的消息传到他的新旗舰"大淀"号巡洋舰上时，众人全都大吃一惊。

麦克阿瑟的"蛙跳"算是跳到了日军的七寸之上。比亚克好比扇轴，美军如果在这里建立航空基地，便将菲律宾、新加坡、婆罗洲、帕劳控于其扇面的覆盖之下，不仅 B-29，就连 B-24 也可以飞过来进行空袭。那样的话，日军的南方动脉将被完全切断。

一南一北，都怕 B-29 的威胁。如果说日本失去马里亚纳，是喉咙上被刺入了一把钢刀，那么没了比亚克，就等于肚子上刺了一把利刃，不是致命部位，但血可能流得更多更快。

一舱室的人差不多都在发愁，独有草鹿喜形于色，他认为完全可以化危机为战机。

草鹿的推理是这样的：在美军潜艇的不断袭击下，小泽部队困守塔威塔威岛已非长久之计，除了尽快进行决战，别无其他出路，而增援比亚克，一方面是夺回这座战略要地的需要，另一方面也可以借此诱出第五十八特混舰队，从而在帕劳群岛海面与其进行决战。

到底是高手，吃的盐都比别人吃的饭多，丰田及其他幕僚听得呆住了，全都心服口服。

不知有意还是无意，美军登陆比亚克这一天，是 5 月 27 日，正好是对马海战三十九周年。觑物思人，见鞍思马，日本人对这一天十分敏感：没准三十九年后，神在海上刮起慈悲之风，让我们又能在海上打一场可载入史册的漂亮仗呢？

舱内的气氛从最初惊恐不安、不知所措的"负能量"，迅速上升到"正能量"，大家甚至都要庆幸美军终于向他们的比亚克动手了。当然任何时候都少不了那不知趣、不上路的，情报参谋中岛亲孝提出异议，他认为，美军两路并进，比亚克岛进攻战只是麦克阿瑟战线的矛头所向，尼米兹战线的目标仍然是马里亚纳群岛，换句话说，不管美军在比亚克岛打得怎样，成功与否，对马里亚纳群岛的进攻都会按既定计划进行。

这些话如同丢进池塘的小石子，根本没有引起重视。对于第五十八特混舰队的主攻海域，丰田、草鹿及其他幕僚们得出结论，帕劳群岛有百分之五十的可能，新几内亚北岸有百分之四十的可能，马里亚纳群岛的可能性最小，只有百分之十。

按照草鹿的意见，联合舰队司令部几乎一夜之间就仓促制订了增援比亚克岛的行动计划。源田曾有一个被扔到废纸篓的"雄号作战"，内容虽然已弃之不用，但名字不坏，本着雄浑之意，草鹿便将增援计划取名为"浑号作战"。

大人物不一定有大智慧，小人物也不一定就没有大眼光。丰田、草鹿自以为得计，对中岛的建议嗤之以鼻，实际上却是把自己的眼镜框当成了天际线，把自己溜达过的路线当成了赤道——仅仅十几天后，中岛的预言便成为现实。

渐入佳境

在古贺的那趟"死亡之旅"中，他的参谋长福留繁随身携带了一箱绝密文件。之后，箱子被菲律宾抗日游击队所缴获，翻检文件时，发现里面赫然就有"Z行动"的提纲。

这份非常重要的文件最终被送往太平洋舰队总部，日文专家们连夜将文件翻译出来。尼米兹不仅从头到尾看过，还下令将文件下发给即将参加马里亚纳群岛作战的舰长们。

尽管草鹿将"阿号作战"计划视为得意之作，但在大的框架上，它只不过是"Z行动"的具体翻版，也就是说太平洋舰队在未启动之前，就基本看透了"阿号作战"的五脏六腑。

中岛说得一点没错，不管麦克阿瑟在比亚克岛的进展怎样，都一点不耽搁尼米兹对马里亚纳的进军，何况他还预先知道了联合舰队的意图。

事实上，尼米兹急于交战的心情，比丰田还来得迫切。之前他就怕联合舰队分成小块，藏东躲西，解决起来得费老劲，现在古贺、丰田东施效颦，也学着第五十八特混舰队组织起航母部队，那就要毫不客气地拎着大锤上了。

这就叫作"皇帝失了势也得挨饿"。联合舰队追赶潮流是好事，可惜晚了一步，当饿着肚子打架的时候，怎么比画都欠着那么一点意思。

从"阿号作战"的日军航母名单中，

"翔鹤"号在南太平洋海战中曾被打得千疮百孔。所悬气球是为了标示炸弹命中位置，A、B、C、D即为炸弹破坏点，可以看到当时飞行甲板已经被掀开了。

尼米兹看到了"翔鹤""瑞鹤"的名字，这两艘航母不仅参加过偷袭珍珠港的行动，还是美军的老对手，在珊瑚海海战、所罗门群岛海战等大型海战中，都曾是美军的大敌。

尼米兹为马里亚纳群岛战役取名"奇袭行动"，目的是要攻克塞班岛、提尼安岛和关岛。他对负责指挥两栖登陆的霍兰·史密斯说："有朝一日，当我在办公桌上看到电报，说已将这两艘日军航母击沉时，那就是我一生中最高兴的一天。"

1944 年 6 月 6 日，欧亚两大战场的军事行动几乎同时达到沸点。在欧洲战场上，美军与其他盟军一起横渡英吉利海峡，在法国诺曼底登陆，一举刺穿德军的内防线。与此同时，在太平洋战场，由斯普鲁恩斯率领的第五舰队、第五十八特混舰队及两栖登陆部队也正浩浩荡荡地向塞班开去，这支编队包括五百三十五艘舰船和十二万七千名官兵，这使"奇袭行动"成为太平洋战争开始以来投入兵力最多的一次海战。

诺曼底登陆光制订计划就耗时两年多，相比之下，"奇袭行动"的复杂性毫不逊色，但斯普鲁恩斯等人只用三个月时间，就完成了全部的计划制订和准备，充分显示出这个班子渐入佳境的指挥策划能力。

6 月 7 日，正在海上航行的美军官兵们通过广播喇叭，听到了诺曼底成功登陆的消息，有人轻轻说了一句："谢谢上帝！"

太平洋舰队登陆塞班，与两年前联合舰队进攻中途岛颇为相似，都是远渡重洋，深入对方腹地，但二者之间又有着明显区别，中途岛时日军是摸着石头过河，对美军作战舰队的具体位置毫不知情，结果稀里糊涂遭到了美军的反击。这次不同，美军对日军舰队的所在位置了如指掌，清楚地知道小泽部队就在塔威塔威岛。

美军潜艇部队进行了重新部署。在塔威塔威海域活动的潜艇群一边伺机袭击，一边进行监视，其余潜艇则在马里亚纳群岛附近的菲律宾海巡逻，这使小泽部队的任何一点风吹草动，都无法躲过斯普鲁恩斯的耳目。

联合舰队正专心致志于增援比亚克岛的"浑号作战"，完全不知道美军舰队已杀往塞班。尽管两次"浑号作战"都泡了汤，小泽仍不甘心，他向联合舰队司令部发去电报，一边声称比亚克岛上的机场极其重要，无论如何不能丢失，一边提醒丰田、草鹿，要是再试一试，不仅可以把比亚克夺回来，还有可能把美军舰队引入决战的预定海域。

小泽的提醒其实并无必要，"浑号作战"就是草鹿的主意，他自然会竭力撺掇丰田继续下去，于是便有了"浑-三"。

6月10日，"浑-三"离开塔威塔威向南驶去。同一时间，第五十八特混舰队则继续朝塞班岛逼近，他们现在不用再顾虑千里之外的日军舰载机，只需一心对付岛上的角田部队。

11日中午，当舰队驶抵关岛以东两百海里的海域时，为预防角田部队进行袭击，舰队司令官米彻尔先发制人，派出由两百零八架战斗机、八架轰炸机组成的舰载机群，对仅一水相隔的塞班岛和提尼安岛发起空袭。

乐极生悲

角田的根据地就设于提尼安岛。此前，尼米兹一直没有中断过对这一带进行空袭，但以往美机的空袭时间一般都在早上，见当天早上未有动静，各基地的日军航空兵都想借机休息，因此未做提前防范。等到侦察机发现附近海面上的第五十八特混舰队，最佳反击时机已经错过。

一架TBF"复仇者"正从航母上起飞。TBF不但可以作为鱼雷机反舰作战，还能像水平轰炸机一样实施对地攻击，它的这一特点有些类似于日本海军的九七舰攻，但性能上又甩了九七式一条街。

在联合舰队发起的"浑号作战"中，角田部队有一大批飞机被抽调到南方增援比亚克岛，剩下来的飞机数少得可怜。这些不多的飞机还得分配于十二个基地，不像航母舰载机那样，一个命令就能立刻集中起来进行反击。

美军舰载机群如入无人之境，唯一对它们造成阻碍的只是岛上的高射炮，而且命中率还很低，所谓拦击也不过起个象征性作用而已。两岛未及升空的航空部队遂遭到毁灭性打击，仅在塞班岛，便有一百多架日机中弹起火，火焰顺着山坡上的野草丛到处燃烧。

当天下午，联合舰队也收到了第五十八特混舰队空袭马里亚纳的报告，但他们一时难以判断，这究竟是尼米兹进攻马里亚纳的前奏，还是像以前一样单纯的空袭。

从这一天起，军令部和联合舰队司令部之间的直通电话就没断过，双方在通报战局的同时，也交换着各自的意见。

军令部判断只是单纯的空袭，但联合舰队情报参谋中岛根据各种迹象，认定第五十八特混舰队后面还有登陆部队，因此绝非单纯空袭。

中岛的支持者是刚从小泽部队调来，任联合舰队航空参谋的渊田。渊田指出，如不尽快发动决战并向马里亚纳投入小泽部队，则角田部队和小泽部队将被美军切成两段后予以各个击破。

渊田一直有一个战术理念，即到防守马里亚纳群岛阶段，航空兵战斗力的中心已从航母航空兵力转移到基地航空兵力，也就是角田部队比小泽部队更重要。尽管角田部队的水平并不高，但渊田却期望甚殷，他主张小泽部队出战，目的不过是以小泽部队为诱饵，吸引并拖住第五十八特混舰队，从而为角田部队创造最好的作战条件。

与渊田意见相左的，是联合舰队作战参谋长井大佐。长井是由小泽部队调上来的，自然是把小泽部队看成了擎天一柱。受到油的限制，这根"柱子"一经出动就无法回旋，在未完全弄清美军的真实意图之前，长井反对轻举妄动。

最终，丰田、草鹿采纳了长井的意见，决定静待战局变化，马里亚纳方面的作战先委托"勇敢善战"的角田部队进行。

1944年6月12日，美军继续向塞班岛和提尼安岛发起猛烈空袭，除空袭外，由威利斯·李中将指挥的七艘战列舰对两岛进行舰炮射击。根据以往美军实施两栖登陆战的经验。大空袭之后的舰炮射击就是即将登陆的信号。

美军的作战意图至此逐步明朗，军令部和联合舰队都不约而同地得出了美军可能要登陆塞班岛的结论，但丰田除了加强侦察外，并没有采取进一步行动。

13日，对塞班岛的空袭和炮击继续，美军登陆塞班岛的意图已经确凿无疑，"浑号作战"的目的也就此被予以全部否定。丰田中止了该计划的实施，转而准备"阿号作战"，"浑－三"舰队奉命前往塞班岛西部海面，与小泽部队会师，原来从角田部队抽调的航空部队也向塞班岛和提尼安岛回归。

命令传达给小泽时，他正在做"三级跳"中的第二跳——跳到菲律宾群岛中部的吉马拉斯。

这是小泽与幕僚们反复研究的结果。小泽部队在塔威塔威岛待了近一个月，飞机停在航母上就没怎么动过，飞行队的水平因此急剧下降。航母部队不同于一般的舰船部队，飞行队的战斗力高低，直接决定着整支航母部队今后战斗的成功与否。

为了这件事，小泽被联合舰队司令部给狠狠骂了一通，他将舰队移到吉马拉斯，就是想使用附近的航空基地，重新恢复飞行训练。

小泽部队已经很久没有进行正常训练了。一到海上，在反潜警戒飞机的护卫下，九艘航母就迫不及待地摆开阵势，谁知乐极生悲，训练不足的问题竟然再次发酵：一架飞机着舰失败，轰地撞上了"大凤"甲板上已经降落的飞机，航母瞬间着火，大火眼看着直冲向天空。

"大凤"是小泽的旗舰，已是日军航母中的带头大哥，一场意外事故把官兵们弄得沮丧不已。就在这种忙乱喧嚣中，小泽收到了丰田关于准备启动"阿号作战"的命令。

到吉马拉斯训练改成了加油后北上塞班。婆罗洲油田出产的原油质纯，急需燃料时，不经加工即可使用，在缺乏适于远程作战使用燃油的情况下，小泽用两艘油船装载婆罗洲原油，随同舰队一起出航。

在此期间，小泽收到了塞班岛指挥官发来的战况消息，知道美军对塞班岛的轮番炮击仍在进行，当地战局很是"艰苦"。

烂摊子

给小泽发消息的不是别人，正是久违的南云忠一。

所谓落地的凤凰不如鸡，曾经红得发紫的南云自被山本免职后，就被发配到塞班，负责指挥一支区域性小舰队，成天过着清汤寡水、没人搭理的日子。当然在马里亚纳群岛，塞班岛的生活条件算是好的。这是一座日本人花了点心思，着意开发的岛屿，到珍珠港事件发生时，塞班岛俨然已成为"小东京"，岛上有三分之二的人口都是日本移民。

太平洋战争初期，塞班岛不过是个物资补给和中继基地，即便在美军占领塔拉瓦和夸贾林后，这里的驻军仍不过是象征性部队，除了零星构筑一些碉堡外，几乎没有采取什么措施来加强防御。草鹿升调联合舰队司令部前，曾路过塞班岛，除了与老上司寒暄外，他对岛上的薄弱防御也感到不安，并建议南云加强防务。

在马里亚纳群岛逐渐成为一线区域后，南云被任命为新组建的中太平洋舰队司令长官。理论上，整个中太平洋地区，包括马里亚纳群岛在内，全部的海陆军力量都归南云指挥，但实际上他只是个挂名人物，能够直接管辖的仍然只有一个塞班岛。

要加强塞班岛防务，还得靠外部增援，然而这条增援之路并不顺畅，尼米兹早就派出了"狼群"潜艇大队对菲律宾海进行定期巡逻，该潜艇大队的指挥官是布莱尔上校，因此又被称为"布莱尔爆破队"。

自5月下旬以来，第四十三师团分两批前往塞班岛增援，第一批侥幸无恙，第二批在"布莱尔爆破队"的袭击下损失惨重，一共七艘运输舰被击沉了五艘，其余两艘的甲板上挤满了幸存者。

第二批日军出发时共有七千人，实际抵达塞班岛的只有五千五百人。许多人被严重烧伤或负伤，装备和武器则大多沉入了海底，即便是还能打仗的士兵，也只能定量分发弹药。他们给塞班岛守军带来的不是安全感，反而是一种深深的恐惧，第四十三师团的一名参谋报告说，该师团要过六个月才能完全恢复战斗力。

要塞工程也迟迟没有完成。驻塞班岛的日本陆军第三十一军军长小畑英良负责督修要塞，他向南云叫苦，说必须给他足够的钢筋、水泥、带刺铁丝、木材等物资，否则不管有多少军队，也无法构筑起防御工事。

小畑纯属睁着眼睛说瞎话，人运不过来，物资

塞班岛上略显简陋的运输方式，从中能够看出岛上日军在机动和工程能力方面都很薄弱。

岂能幸免？南云不是没要过，大本营也不是没送过，奈何成千上万吨的建筑材料都在运输途中随舰船葬身海底，再也没有了。

南云真是倒霉透顶。不需要他的时候无人问津，需要的时候给的又是如此一副烂摊子，关键还在于，前来攻击"烂摊子"的对手太强悍了。在 6 月 13 日发给小泽的战况消息中，南云描述了美军进攻塞班岛的阵容："战列舰九艘、大型巡洋舰五艘、驱逐舰三十艘，分成四组进行炮击，五艘驱逐舰在塞班岛水道上扫雷，时刻有十架舰载战斗机在高空实施直接护卫……"

炮击塞班岛的美军战列舰没有九艘，但七艘也很厉害了，一天之内，以这七艘新战列舰为主力的支援舰群，共向塞班岛发射了一万五千发炮弹。

塞班岛是火山岛，岛上多丘陵，与贝提奥岛那样的平坦珊瑚岛完全不同，对美军来说意味着新的考验和挑战。霍兰·史密斯在战前的准备会上说出了自己的顾虑："我们现在已经解决了攻克平坦的环礁岛的问题，我们学会了把环礁岛碾成粉末，但是我们现在面临着攻克岩洞和山头的问题，日本佬会固守那些地方。从现在起一个星期内，海军陆战队会死很多人。"

为了争取让陆战队少死一些人，斯普鲁恩斯、特纳、霍兰·史密斯在制订"奇袭行动"计划时可谓绞尽脑汁，他们特别考虑要在登陆前用极强火力来轰击塞班岛。

一万五千发炮弹，完全配得上"极强"二字，但随后的战果检验却表明，许多防御工事仍然完好无损，炮击没能对岛上造成什么有重要军事意义的损失。

炮击效果不理想，不是炮弹数不够，是新战列舰上的炮手在射击岸上目标方面经验不足，不知道在射击时要耐心地调整，所以始终瞄不准具体目标。

1944 年 6 月 14 日拂晓，包括八艘旧式战列舰、六艘重巡洋舰和五艘轻巡洋舰组成的支援舰群到达塞班岛，替下了李的新战列舰群。八艘旧式战列舰中，有好几艘还是南云偷袭珍珠港后宣布"击沉"的战列舰，炮手们久经沙场、经验丰富，他们瞄准慎重，命中率高，岛上工事开始系统地遭到摧毁。

炮弹落点逐渐从海岸转向该岛的最大市镇加拉班。加拉班一片火海，空气热得人喘不过气来，街道上到处都是尸体和瓦砾，连急救站都被炸成了平地。

在炮击的同时，米彻尔派出了第五十八特混舰队的四个大队，其中两个大队北上袭击硫黄岛和父岛机场，以切断马里亚纳群岛与日本本土的空中联系，使其完全陷入孤立，另外两个大队则迂回至塞班岛西侧，直接掩护塞班岛登陆战。

这一天，美国海军水下爆破队还对接近登陆场的附近水域进行了侦察。贝提奥岛之战在让美国海军付出巨大损失的同时，也促使他们在战术和技术上进行了一系列变革，而技术上的变革之一就是水底爆破。

参加爆破队的成员被称作"蛙人"，他们都是经过特殊训练且极具勇气胆略的战士。在炮火掩护下，蛙人们乘着橡皮艇偷偷地前进，到达海岸边后钻入水下，用炸药包将障碍物和水雷全部予以炸毁。

以为登陆场会有千难万险，但蛙人们并没有发现多少令他们特别头疼的障碍物，这说明，岛上的防御体系并不如想象中那么严密。

事实正是如此，当美军发起进攻时，塞班岛无论暗礁还是滩头，都没有布雷，要塞工程只完成了计划中的一半，重型的海岸防御炮则被放在外面，还未架设起来。也就是说，塞班岛不像贝提奥岛那样拥有一个有组织的纵深防御体系。

东京玫瑰

美军水下爆破队的出现，令塞班岛上的日军军官们大为惊恐，他们知道美军可能很快就要展开登陆了。

南云是塞班岛名义上的最高指挥官，但他一直指挥海战，对陆战两眼一抹黑，因此常常只能听小畑的，小畑怎么说，他就怎么做。正好小畑又出去视察了，剩下的第三十一军参谋长井桁敬治级别太低，这样岛上的战术指挥权便落到了第四十三师团长斋藤义次身上。

斋藤是个大腹便便、面无血色的胖子，骑兵出身，以前是采购军马的，无论性格还是经验，都不适宜于领兵作战。日军大本营下令要他御敌于海滩而不是纵深，他也就照本宣科，一丝不差地照做了。

东京方面不仅向塞班岛发来命令，还通过"东京玫瑰"对美军发起了心理宣传战。所谓的"东京玫瑰"，是具有日本血统的美国姑娘。太平洋战争爆发时，她刚从加州大学洛杉矶分校毕业，正在日本探望她生病的叔母。之后她便在东京广播电台充当了对美宣传的播音员，自称"孤儿安妮，你们喜爱的敌人"，美国人则给她起了个外号叫"东京玫瑰"。

1944年6月14日晚，"东京玫瑰"在广播中说："我给你们（指美军）准备了一些好唱片，是刚从美国来的。你们最好趁能欣赏的时候尽情欣赏，因为明天早晨六点你们就要去打塞班。我们已经准备好了，就等着你们来进攻，所以，当你们还活在人世的时候，来听听……"

"东京玫瑰"只是危言恫吓，并不知道美军登陆的准确时间，但按照"奇袭行动"的计划，恰好是次晨登陆，加上军医又警告说，美军在塞班岛遇到的敌人将不止一种，除了顽固的日本兵外，登岸时水中有鲨鱼、梭子鱼、海蛇、珊瑚、毒鱼和大蚌，上岸后还有麻风病、斑疹伤寒、丝虫病、肠伤寒、痢疾、蛇和大蜥蜴……

一名美军士兵听完后，冒冒失失地问军医："军医阁下，那我们干吗不让日本人继续占住这个岛呢？"

玩笑归玩笑，登陆部队可不弱，作为主力的陆战二师和陆战四师，一个经历过瓜岛和吉尔伯特群岛战役，一个受到过马绍尔群岛战役的考验，都是充斥老兵的强力部队。

当东京进行舌头上的战争之时，载运这两支部队的运输舰缓缓接近塞班岛。黑夜中，可以看到岛上的建筑物、野草和森林还在燃烧，大火映红了天际。

美军登陆塞班岛时的情景。近处的军舰是斯普鲁恩斯的旗舰"印第安纳波利斯"号重巡洋舰，远处是正在实施火力支援的"伯明翰"号巡洋舰，"伯明翰"前已经遍布踏浪而上的履带登陆车。

天亮后，塞班岛像个冒出海面的大怪物一样完全显露出来，甚至它北面的加拉班也渐渐进入了陆战队员们的视野。

6月15日，凌晨5点30分，美军支援舰群开始最后两个小时的炮击。炮击过程中，日军蜷缩在海滩及山坡掩体内，他们手拿着燃烧瓶和手雷，准备命令一下，随时冲上去与美军拼命。一名士兵用凄凄哀哀的笔调在日记中写道："我所挂心的是，我们死后，不知日本将怎么样了。"

十二分钟后，特纳发布命令："登陆部队上岸。"随军牧师对士兵们做起了祈祷和祝福，一位牧师说："你们中大部分人都能回来，但有些人却要去见造物主上帝。"

上午7点，炮击结束，三十四艘船坞登陆船开到了海岸出发线上。船坞登陆船采用浮动船坞的原理制成，其前部有一个宽广的大门，可以容许履带登陆车直接开入腹部，一旦大门关好，船坞中的水又可以被完全排干。

一到达出发线，船坞登陆船即打开大门，放出履带登陆车，有人形象地比喻成是从一只鲸鱼肚子里生出了许多小鱼。

"开始啦！"一个日军士兵惊慌地喊道。

事实上，实质性的登陆行动还没有开始，从护航航母上起飞的一百五十五架舰载机尚需做最后一轮轰炸，与此同时，履带登陆车摆开方阵，像大甲虫一样在海面上打转。

太平洋战争把美国最优秀的头脑，以及世界上最强大的工业力量都动员了起来，不仅新武器、新工具层出不穷，就连旧武器上都嫁接了新技术。比如这批舰载机上便装有飞机火箭，可有效摧毁日军工事，压制海滩上的守军。

轰炸情景甚为壮观，火箭呼啸着飞入日军防御阵地。半小时后，当飞机返航时，整个海岸线仍弥漫于烟雾之中。

爱国纵队

在越来越讲究的两栖登陆战中，普通的步兵登陆艇早已落伍于实战需要，也不再担负运送步兵上岸的任务。善于机变的美国军工专家在甲板上加装了火箭发射管、三七毫米口径火炮以及重机枪，把它们改造成为登陆炮艇。

改装后的登陆炮艇吃水较浅，能在近岸海面活动，当陆战队登岸时，可在整个射程内，提供极大密度的直接火力支援。

上午8点，正是在这种登陆炮艇以及水陆两用坦克的先导下，七百一十九辆履带登陆车载运着八个营的陆战队员，拨开巨浪，在宽达四海里的海面上正面朝海岸冲去。

美军登陆程序经过精心设计：炮艇不上岸，只提供火力支援；坦克上岸，先爬上海滩，掩护后边的履带车，再由履带车将部队运上高地。

尽管做了如此多的铺垫，但多次两栖登陆战的实践都表明，接下来随时会有意外情况发生。在航母舰载机做最后一轮轰炸时，就有人嘀咕："这种烟雾和爆炸声恐怕并不意味着日本人已被炸死。"在履带车内，军官给士兵们分发了用以稳定情绪的口香糖，并且告诉士兵，万一需要游泳上岸，必须把沉重的子弹带扔掉，这也是吸取了以往因负载过重，容易导致溺水的教训。

果然，当登陆团队距离海岸仅仅只有七百多米时，日军炮弹开始如雨袭来，意外真的发生了——在美军海上和空中的高强度打击下，海岸的日军阵地确实蒙受了极大损失，但随后斋藤就将炮兵阵地移到了邻近地区的山脊后面，连舰载机也难以发现并予以摧毁。等到美军接近海岸时，这些炮兵阵地便从反斜面位置又冒了出来。

登陆团队不得不在炮火中间穿行，处于队伍前列的十八辆水陆两用坦克冒着弹雨，率先螃蟹一样爬上了海滩，身后的履带车群有几辆被击沉，但大多数都紧跟了上来，在不到二十分钟的时间里，已有八千名陆战队员登陆并占领了大部分海滩。

登陆之后，美军才发现，在登陆海滩背面和两翼，日军还有许多未受到打击的机枪和迫击炮火力点。在这些火力点后面，则有配置于丘陵地带的火炮可给予支援。

由于遭到火力拦阻，履带车到了海滩便无法继续前进，部队下车作战，但随即又被陷在沙子或弹坑里，难以行动。

发现这一情况，几十架美机立刻进行"补课"，对日军阵地实施低空扫射，海面上的战列舰、巡洋舰和驱逐舰也展开支援轰击。日军火力点的火力越来越弱，不过直到这些火力点被打到粉碎，才最终停止射击。

南云在加拉班的一座瞭望台上观看到了整个登陆场景。最能触动他的仍是海军，当看到

乘着履带车登陆海滩的陆战队，他们暂时停止了前进，以解决所遇到的麻烦。

海岸附近黑压压如铁山一般的舰群时，他呆若木鸡。

　　愣怔良久，南云把脸转向身边的文书，让对方记下：在珍珠港被击沉的美军战列舰中，起码有四艘已修复投入战斗。

　　这四艘曾负伤的老战列舰如今就在炮击塞班的行列中，美国海军恢复战斗的能力是如此之强，令南云既钦佩又惊恐。

　　南云只会一个劲地发感慨，斋藤却还要为他早已不感兴趣的指挥作战而奔忙。"东京玫瑰"宣称知道美军当天早上要登陆，不过是为了给对方编个"料事如神"的童话，斋藤其实对此并无多少心理准备，这次登陆行动打了他一个措手不及。早上没能阻止美军上岸，到了下午，他便在加拉班把所有不在一线的部队都召集起来，发表"爱国演说"，举行誓师典礼。如此招摇一番后，集中起来的两千多人便排成纵队，沿着海岸公路朝滩头开来。

　　斋藤以为他的"爱国腔"一开口，便能吓死一群美国兵，可这猪一样愚蠢的思维其实害苦了部下——且不说在这紧要关头，还要发表"慷慨激昂"的演说，有多么浪费时间和莫名其妙，就是行进中那叮叮当当的声音，也足以引起美军的警觉。结果，这帮人还没等到达一线，就在美舰炮火的猛烈轰击下一溃千里。

　　炮弹不仅击溃了"爱国纵队"，其中的一颗还落进了斋藤设于岩洞中的临时指挥部内。当炮弹的烟雾消散，斋藤仍拄着指挥刀，直挺挺地端坐着，而他身边已躺了不少死尸，约有一半幕僚人员被炸死了。

　　与此同时，美军向塞班纵深推进的过程并不顺利。因为得知岛上日军的防御体系并不如想象中那样强大，有些人便猜测说日军工事是用竹子和纸做的，一打即下，一攻就破，但事实是塞班的日军工事皆为一层或两层楼的钢筋水泥结构，外面还用正在盛开

收容和接运伤兵。美军非常善于检讨和弥补细节，其相对完善的后勤系统，是日军难以企及的。

的紫茉莉作为掩护，每一座工事都相当于一座小型堡垒。

一线的战况很是惨烈，到天黑前，海军陆战队在岛上的推进距离尚未达到任务线的一半，而在陆续登岸的两万名陆战队员中，伤亡人数却已超过了总数的十分之一，也就是死伤了两千人以上。

有过刻骨铭心的贝提奥岛之战后，美国海军对伤亡代价早有准备。海岸边除指挥船外，还配备具有特殊设计的武装医护船，用以收容从战场上撤回的伤兵。在激烈的战斗中，甚至有一艘医护船也中弹起火了。

斋藤又来了精神，他给东京发去一封电报，声称："天黑后，我师团将发起大规模夜袭，可望一举歼灭敌军。"

大败亏输

要夜袭，得有去夜袭的人。"爱国纵队"被打到了零碎，第三十四师团有些经验的战斗兵又这里一簇，那里一簇，大多躲在更分散的工事里，要重新拼凑起一支机动兵力着实不易。

然而斋藤的指示不能不照办，正所谓上司一句话，下面忙开花，一通忙乱之后，下面总算集结起了一千名步兵和三十六辆坦克，可以出发去夜袭了。

斋藤对形式主义似乎有着一种本能的癖好，他把夜袭部队集中到山上，还说要亲自为夜袭部队送行。这么多人和坦克闹哄哄地跑到山上，岂能不引起美军的注意？美军舰炮立刻对山上展开轰击。

晚上的炮击虽然不像白天威力那么大，但还是引起了混乱，在混乱和黑暗中，斋藤和他的幕僚失散了，不知所踪。

有什么样的师傅带出什么样的徒弟，一群军官的脑子并不比他们的长官更灵活，他们选择了坐等斋藤重新出现。时间就这么一个小时一个小时地空耗了过去，午夜过后，终于传来消息，说是不用再等，有人看到斋藤已经被烧死在一块甘蔗地里。

师团长非同普通一兵，就是烧成焦炭也得把他找回来啊，军官们于是重新分工，夜袭总指挥平栉系由新闻发布官调任步兵指挥官，现在他回到老位置上去，负责找回斋藤的尸体，其指挥职权移交给另一名军官。

向前线进发，坦克自恃跑得快，不等步兵，就隆隆地开下山。山下有一大片沼泽地，大部分坦克都陷了进去，这才给步兵追赶上来创造了机会。

步兵追得气喘吁吁，从泥潭中挣扎出来的坦克也是狼狈不堪，但到了前线又都像打了鸡血一样亢奋。军官们更是连战场情况都不进行侦察，就高举着军刀，率领坦克和步兵发起了冲锋。

日军主战坦克为"八九式"系列，从级别上属于与美国"谢尔曼"坦克一样的中战车，但日本的中战车和美国的中战车却不是一个概念，如果用美军坦克的技术标准衡量，"八九式"系列都只是轻战车，在粗重的"谢尔曼"面前，它根本还是小孩子。

美军已用战车登陆船将"谢尔曼"坦克、半履带车和大炮送上了岸，不过他们其实用不着"谢尔曼"出马，许多步兵武器也能拿来击毁日军坦克，比如火箭炮、枪榴弹、三七毫米战防炮，甚至在特定角度下，轻重机枪和普通步兵也能穿透日军坦克那薄弱的装甲。

日军冲锋时以坦克为攻击矛头，但使用方法在美军看来十分脑残——明明有三十多辆，可是每次都只出动三到四辆，也不跟步兵配合，似乎是专门提供给美军各个击破的。冲着冲着，有一辆坦克还在黑暗中迷失了道路，最后车里坐着的一名日军情报军官连同坦克被美军瓮中捉鳖。

坦克有气无力，步兵纵使大吼大叫，也不过是虚张声势，其实美军真正用来阻击日军夜袭的，仅仅是一个连，但以这一个连的力量，已足以单独击退日军的一次次冲锋。

在这次夜袭战中，美军阵地完整无损，日军则有

八九式坦克。日军所有坦克里面火力最强、装甲最厚的一种型号，但技术缺陷较多，早在"二战"前的日苏之战中，它就一而再再而三地干了许多砸自个儿招牌的事，因此后来已逐渐被九七式坦克所替代。

七百多人被击毙。到拂晓时，"谢尔曼"坦克、半履带车开上前线，以扫荡日军残部，这时美军坦克兵们发现，已经有三十一辆被击毁的日军坦克散布于战场之上。

令人大惑不解的是，战场上却看不到什么日本兵的遗尸。后来才知道，日军把尸体运往了战线后方，那里早已尸积如山。日本人想用类似的"疑兵之计"来恐吓对手，敢情他们的智商全用在这方面了。

夜袭大败亏输，晚上前去寻找斋藤尸体的平枬也差点送命。他乘一辆坦克下山，走了没多远，一颗炮弹飞来，坦克抛了锚，平枬只好下车步行。接着经过甘蔗地时，正巧美军燃烧弹打过来，甘蔗地被烧成一片火海，情急之下，平枬把手中的指挥刀当镰刀使，拼命砍出一条路，才得以逃生。

天亮前一小时，精疲力竭的平枬到达了师团临时指挥所，他简直不相信自己的眼睛，就在那座岩洞前，正孤零零地坐着一个人，此人不是别人，正是传言中已化为焦炭的斋藤。

平枬又惊又喜，急忙上前问道："师团长阁下，您怎么样了？"

听到部下的问候，一直垂头不语的斋藤终于抬起头来，然而仍旧一言不发。看来他已经知道夜袭惨败的消息了。

平枬找到斋藤的时候是1944年6月16日早晨，就在那个时候，斯普鲁恩斯收到潜艇发来的报告：日军舰队来袭。

部署在塔威塔威锚地附近和菲律宾海域的美军潜艇部队，始终严密地监视着小泽部队的行动。早在6月13日，"小银鱼"号潜艇便发现小泽部队离开塔威塔威岛北上，接下来几天，"飞鱼"号和"海马"号潜艇也先后在菲律宾海捕捉到了两支日军编队出没的踪迹。

斯普鲁恩斯立即在他的旗舰"印第安纳波利斯"号重巡洋舰上举行了紧急会议，他判断，两支日军编队中，有一支应该是小泽部队，并且随后一定会驶向马里亚纳群岛。

从表面上看，斯普鲁恩斯的处境有些类似于两年前山本在中途岛的境遇：塞班岛登陆战尚处于胶着状态，胜负难料，同样是作为机动部队的第五十八特混舰队分隔于不同海域，其中的一半在北面的硫黄岛和父岛一带，另外一半在塞班岛以西的掩护海域。

　　如果小泽可以赶在第五舰队的其他兵力增援之前，先行对塞班岛以西的两个航母大队进行攻击，则斯普鲁恩斯、米彻尔很可能重蹈当年山本、南云的覆辙。

　　时隔两年后，因为美军高效的情报工作，以及潜艇发挥的巨大作用，斯普鲁恩斯有能力改变自己的命运。在计算小泽部队的前进速度后，他决定推迟原计划中对关岛的登陆，并速从特纳的登陆编队中抽调八艘巡洋舰、二十一艘驱逐舰，用以加强第五十八特混舰队的力量，同时命令北上的两个航母大队南下，与另外两个大队会合。

　　日本东京广播电台曾经反复宣传说："一场大海战即将开始。"美国新闻记者就此采访尼米兹，并询问他有何看法，尼米兹回答："我希望他们（指日方）讲的是真话，不过我真不知道怎样才能把他们引出来打一场大仗。"

　　现在终于引出来了。

第七章 / 地狱之门的向导

为了对日军舰队进行监视，美军在菲律宾海选取了一个假想的六十平方海里水域，在这一水域内，有四艘潜艇以"正方形"的四个角为中心分别进行独立活动，中间其他潜艇会进行替换，总之做到巡逻活动从不间断，他们把这叫作"看不见的陷阱"。

"飞鱼""海马"号潜艇正是利用"看不见的陷阱"，发现日军舰队闯入了菲律宾海。1944 年 6 月 17 日，正在巡逻的"棘鳍"号潜艇又与一支日军的油轮护航队相遇，它马上紧随其后，希望能够按图索骥，顺着油轮找日军舰队的大部队。

跟着跟着，"棘鳍"跟丢了目标，油轮不知到哪里去了，然而无心插柳柳成荫，到傍晚时候，"棘鳍"却意外地发现了正继续向马里亚纳群岛前进的小泽部队。不过当时海面的能见度很低，"棘鳍"无法确定它看到的是否是整个小泽部队。

综合潜艇的多次来电，可以知道日军有两支编队，斯普鲁恩斯现在难以确定的是，这两支编队是已经合并起来，还是要采取两路合击的战术。他担心登陆塞班岛的海军陆战队遭到侧背夹击，因此要求米彻尔在未接到命令前不要轻动。

事实是，日军编队已经合并，这两支编队，一支是从塔威塔威岛出发的小泽部队，另外一支就是"浑－三"。

随着距离塞班岛越来越近，战场的气氛也越来越浓。小泽派出侦察的飞机已发现了美军舰载机，小泽据此判断第二天很可能就会与美军舰队直接遭遇，油轮补给一结束，他便下达了作战命令，并对全体舰队官兵作出训示："余坚信天将助我，全体将士努力奋战。"

与此同时，丰田也向小泽部队发来电令："进攻马里亚纳群岛地域之敌，歼灭敌舰队。"五分钟后，他又发出一封电报，上面重复了东乡在对马海战中的名言："皇国兴废，在此一举，全体官兵，奋力努力。"

自有算计

1944 年 6 月 18 日，凌晨 5 点，小泽部队采取蛇形运动方式，向塞班岛西面七百海里处急速前行。

在小泽部队出行的最初几天，一直下雨，导致能见度很低，不仅不能进行飞机搜索，在舰队附近实施反潜警戒的飞机也无法起飞。从 17 日起，天气逐渐好转，当天早上更是彻底放晴，海上风平浪静，连一丝浪花也看不到。

如此绝好的天气，正是发起决战的良机，小泽一面命令所属的三支航空战队排出战斗队形，一面派飞机对周围海面进行搜索。

中途岛战役时，南云的闭目塞听令日军机动部队大吃苦头。以后日军在海战中都高度重视对敌侦察，这次小泽连续派出了三批共四十二架巡逻机，至下午 3 点前后，巡逻机终于发现了美军"数量不明的航空母舰"。

此时距离美军航母最近的是三航战，司令官为大林末雄。在圣克鲁斯海战中，大林任"瑞凤"号航母的舰长，那次海战，美国海军应该说是吃了一次败仗，但大林却脸上无光，原因是他的"瑞凤"遭到美机袭击，在海战尚未进入关键阶段时，就受伤被迫离开了战场。

大林对此记忆犹新，通知小泽后，他便下令立即出击，以便遵循先发制人这一空战最基本的原则，在对方还没站稳马步之前，就率先击上一拳。

小泽的复电，却是要求当天攻击暂停，准备次日上午再战。收到电报时，三航战的部分舰载机已飞上天空，大林只好一边命令它们返航，一边安慰身边的幕僚："让咱们明天好好干吧。"

私下里，大林很担心错失这一来之不易的战机，而作为他的上司，小泽自有算计。

虽然发现了美军航母，但双方距离依然很远，如果当天就发起攻击，攻击结束后，舰载机返航的时间恰好是夜晚，将难以安全返回航母，只能被迫在关岛机场着陆。这样一来，势必给第二天的战斗造成很大影响。

米彻尔。一个轻声细语和沉默寡言的人，却是当时世界上最出色的航母舰队指挥官之一。除了具有哈尔西式的勇猛和斯普鲁恩斯式的慧眼外，米彻尔还十分体恤部属，这让他在战斗中得到了官兵们最大的回报和忠诚。

既然战场主动权已经操于己手，为什么不索性在第二天全力以赴地向锁定目标出击呢？

小泽锁定的目标正是第五十八特混舰队。按照斯普鲁恩斯的指示，第五十八特混舰队目前的主要任务仍是掩护塞班岛登陆，所以舰队司令官米彻尔没有主动出发去寻找小泽部队，而是派七艘快速战列舰在敌军可能的来路上组成防空火力网，舰队主体则在塞班岛附近巡逻。

黄昏时分，珍珠港的无线电测向仪探测到了小泽部队的位置——就在第五十八特混舰队西南三百五十五海里处！

米彻尔曾任"大黄蜂"号的舰长。"大黄蜂"在圣克鲁斯海战中永沉海底的经历，使米彻尔在心灵受创的同时，也一样增强了抢抓战机的本能和高度敏感。收到珍珠港发来的报告，他马上通过高频报话机向斯普鲁恩斯建议，连夜西开，向小泽部队发起攻击。

米彻尔要攻，斯普鲁恩斯考虑的却是守。率第五舰队出师，斯普鲁恩斯从尼米兹那里领受到的使命是"夺取、占领并守住塞班岛、提尼安岛和关岛"，由此出发，必须首先保护美军在塞班岛的滩头阵地和两栖舰船，如果允许米彻尔脱离这一职责，那会是极大的"冒险"。

除此之外，斯普鲁恩斯仍不能确定日军舰队是否会采取两路夹击或翼侧突击战术，在以往的海战中，这可是日本人采取的老招数。在与幕僚们进行了一个小时的紧张讨论后，他否决了米彻尔的建议，转而命令第五十八特混舰队东移，以防止日军迂回到舰队背后去袭击登陆编队。

斯普鲁恩斯的决定，让米彻尔大为惆怅，他抱怨道："敌人跑了，它曾一度处于我的攻击范围内。"

外围歼击

在原先北上的两个航母大队回归后，第五十八特混舰队已拥有完整阵容，这么好的条件，还只能眼睁睁地看着战机从网兜里溜走，确实让第五十八特混舰队的将士有些想不通。米彻尔限于身份，不能把心里话全都倒出来，航母飞行员们脱口而出："这是非飞行员指挥飞行员带来的结果。"

然而米彻尔等人并不知道小泽部队的编队方式。在这一编队中，全部重型航母位于大部队后面，突前的是由三艘轻型航母和全部重型舰船组成的先头部队，前后相隔一百海里。美机要攻击日军航母，就必须穿过外围密集的高射炮火，这样还只能先接触到轻型航母，再飞一百海里，才能碰到重型航母。

另外，小泽部队的主要航母上此时也配备了雷达，如果来者是航空大部队，雷达大致在五十海里以外就能捕捉到目标；如果来的飞机较少，在二十五海里外也能被发现。

若米彻尔真要贸然发起攻击，遭到的损失将令美军后悔莫及。当然，斯普鲁恩斯其实了解到的也没有这么深，他所做出的判断只是出于另外的理由以及对危险的直觉，说白了，就是运气。

处于战争的舞台之上，很多时候个人的力量都显得那么渺小和无足轻重，人们只能在无法设想，但仿佛早已预先设计好的命运轨道上被拖着转来转去。就好像这个天气，到了晚上，便又下起了小雨，完全不受任何人支配。

在阴郁深沉的雨夜中，小泽部队、第五十八特混舰队按照各自的航向和航速前行，双方都在一种紧张不安的气氛中煎熬着度过每一分每一秒。

与中途岛战役时相比，美日此次所能投入的兵力数量正好换了个个儿：大小航母，小泽部队是九艘，第五十八特混舰队是十五艘，加上其他护航航母，整个第五舰队的航母多达二十九艘；舰载机，小泽部队号称四百三十架，实际只有三百八十架，而第五十八特混舰队拥有一千四百九十六架。另外，在海员和飞行员的素质方面，美军也占有明显优势。

有钱男子汉，无钱汉子难，从这个数据对比上实在看不出小泽有多少取胜的可能性，然而他的胃口却不小，他计划在第二天的海战中，将美军重型航母吃掉一半，而且前提还是日军航母不损分毫。

穷人的家底，财主的心，凭什么？

不能不承认，小泽是一个既谨慎又具有非常胆识的海军战将，某些性格与他的对手斯普鲁恩斯颇为类似，即进退行止都能盘算得清清楚楚，严丝合缝。从决定次日进攻起，一个完整的作战方案已逐渐在小泽的头脑中成形，这就是"外围歼击"战术。

小泽部队新装备的舰载机，从"零"式五二型战斗机，到"彗星""天山"，都没有采用自封油箱和保护飞行员的装甲，这使其作战半径扩大到了四百海里，美军舰载机只有两百海里，续航力要比日机小两百海里。这就是说，只要隔开两百海里，日机对美机便能做到"我打得着你，你够不着我"。

由于第五十八特混舰队处于日军岸基飞机的作战半径内，小泽希望角田部队能够首先从关岛机场出发，在海战开始之前对第五十八特混舰队展开轰炸。这样至少可以先把第五十八特混舰队的舰载机歼灭三分之一，然后他的舰载机再发起"外围歼击"，并利用关岛机场进行"穿梭"轰炸，也就是在关岛机场加油和补给弹药后，反复对美军航母实施袭击，如此，完全有望将第五十八特混舰队一举摧毁。

当晚，小泽联系了角田，角田从提尼安岛基地回电说，关岛守备严密，飞机供给也不成问题，总之，明天就瞧好吧。

夜终于过去。1944 年 6 月 19 日，日出前一个小时，小泽派出四十三架侦察机，对海面进行相互交错的扇面搜索。这一期间，他同时期待着关岛机场的陆基飞机能给他送来好消息。

可是在关键时刻，关岛基地却变成了哑巴，小泽部队与其失去了任何联系。

小泽并不知道，角田给他撒了个弥天大谎。

米彻尔、大林、角田都曾亲历圣克鲁斯海战，以当时的表现而论，角田最为耀眼，他也在这次海战中一举成名，被公认为一员难得的海战猛将。可是让这员猛将指挥基地航空战，却实在是用错了地方，基地航空战非一朝一夕可完成，它的指挥者要具有比海战更多的韧性和冷静，而这正是角田头脑中所缺乏的。

角田新官上任后，不顾渊田尽量保存实力的劝阻，对前来空袭的美机一律实行"见敌必战"。美军航空队何等犀利，这样鲁莽的"见敌必战"相当于飞蛾扑火，不仅难以取得战果，还过早地消耗了角田部队的兵力，致使大阵仗还没见个影子，一千六百四十四架飞机中就只有五分之一能够起飞参战了。

到美军真正兵临马里亚纳，角田部队的残余人马又被狠狠地扫荡了一番，实际上角田手中可配合海军作战的空中力量已屈指可数。

昨天喝酒太努力，今天想喝都找不到酒了，但角田是个极好面子的主，哪里肯承认自己成了实质上的光杆司令。小泽那边一联系，他便满口应承，拍胸脯说大话，好像他的部队还能在海战中顶上半边天似的。

按照计划安排，天刚亮，角田就计划从关岛派机对第五十八特混舰队实施主动攻击。美军瞭望哨远远看到，关岛一侧的天际出现了一缕热带暴风雨前的云霓，仔细辨认，才发现那是几架飞来的日机。

"地狱猫"战斗机立刻冲上前去，把这几架先行起飞的日机紧紧咬住。不久，米彻尔收到飞行员来报："咬住两架'彗星'，击落一架。"

得知还有更多的日机正准备从关岛机场起飞，米彻尔命令三十架"地狱猫"前去拦截。在对关岛机场的空袭中，三十架日军战斗机和五架轰炸机被当场击落或击毁。

完成这一任务后，"地狱猫"们转向南飞，又袭击了角田从特鲁克派来增援的十九架日机。经过一场小规模空战，角田部队再也无力介入马里亚纳海战（或称菲律宾海海战）了。

这时"地狱猫"收到了美军航母发来的返航信号："嘿，乡巴佬！"

"乡巴佬"是一种古代马戏团里的用语，被第五十八特混舰队用作了求助呼叫。飞行员们一听就知道，航母舰队遇到了麻烦，要他们尽快赶回去支援。

火鸡大捕杀

与关岛的联系断绝，让小泽的心里有了不祥预感，但他已经骑虎难下，更何况他的"外围歼击"战术也并不仅仅依靠一个不靠谱的角田部队。

那天早晨天空多云，狂风大作，为侦察机搜索海面增加了困难，直到日出以后，小泽才终于收到报告：发现第五十八特混舰队。

被发现的第五十八特混舰队与大林三航战的距离为三百海里，距离小泽亲率的一航战、城岛二航战的距离均为三百八十海里，这一距离符合"外围歼击"的要求，属于极其理想的攻击距离。更令小泽感到满意的是，是他首先发现了米彻尔及其舰队，而对方似乎还没有发现他的部队。

从上午7点30分起，小泽陆续派出二百四十六架舰载机出击。出击之前，各攻击队队长特意跑到小泽面前，信心百倍地向他保证："这次一定要报中途岛之仇！"

原先还怕新型飞机在起降时出问题，幸运的是，早上刮起了强劲的东南风，风速达到十米以上，全部飞机都成功地得以起飞，就连奥宫最为担心的"彗星"式轰炸机这次也很争气，没有重演塔威塔威训练时那尴尬的一幕。

二百四十六架舰载机，大大超过了偷袭珍珠港时第一波攻击机的数量。如此大的兵力，在日本航母战史中可谓空前绝后。看着密密麻麻的飞机远去，旗舰"大凤"号航母上的小泽及其幕僚个个面带喜色。

与珍珠港事件一样，这也是一场以日本命运相赌的舰队决战，小泽等人确信"外围歼击"一定能够成功，好久没有进行的"举杯祝贺"迎来了机会。

收到小泽的电报后，联合舰队司令部内也同样是一片喜气洋洋。参谋人员们都认为小泽有八到九成把握取胜，受到周围气氛感染，草鹿让侍从兵拿出酒杯，准备等首批飞机对美军航母展开攻击后，即进行庆祝。

不过在内心里，草鹿却并不像小泽那么信心十足。

至少三百海里的进攻距离未免过长，就算舰载机飞行员平均每小时飞一百五十海里，也得两小时才能飞至目标地点，其进攻势头会不会因而减弱？这就像是拳击运动员手伸得过长，反而缺乏力度一样。

"隼鹰"航母上的奥宫也对攻击距离过长疑虑重重。他了解手下飞行员们的训练实情和水平，即如"彗星"的驾驶员，停泊于塔威塔威期间，基本板上钉钉地没离开过航母，飞行训练的时间极少。

飞机和飞行员必须般配，要是在南太平洋的所罗门海战之前，让飞行员飞个三百海里或许不在话下，现在可就难说了，攻击有没有力还在其次，他们最后能否太平无事地飞到目标地点先得打上个问号。

奥宫的担心很快就得到了应验。一航战机群的指挥官垂井明是个青年军官，原本就缺乏指挥大编队的经验，自驾飞机上的导航和通信又让他忙得不可开交，结果忙中出错，居然在小泽外围部队的上空整理编队队形。

这是个非常危险的位置。外围部队全部采取蛇形运动，航向一直在发生变化，舰上官兵很难分清战机飞来的方向，上空猛不防地出现一支大机群，众人都被吓个够呛。

一部分舰船的高射炮本能地开始进行齐射，另外一部分已考虑到可能是己方飞机，但被这么一诱导，便也跟着射击，想制止都制止不了。

空中一片混乱，飞行员们做着瑜伽、翻着跟头，不是要与美军空战，而只是为了躲避地面的自家炮火。垂井见势不好，急忙发出敌我识别信号，然而为时已晚，除两架飞机被击落外，还有很多飞机被击伤，不得不暂时返回航母。

小泽被这股不靠谱的气息给弄得灰心丧气。不过直到此时，他仍以为对手只是供他打击的死靶，耽误的工夫尚有办法找补回来。

事实上，米彻尔警醒得很，并且早就知道了小泽部队的存在和企图。1944年6月19日，上午10点，美军雷达发现了从西面飞来，距离一百五十海里的第一批日机。第五十八特混舰队随即向日舰方向连续航进二十分钟，在迎风航行的过程中，航母上的全部战斗机、俯冲轰炸机和鱼雷机一架不留地飞上天空。

飞出七十海里，看到了日机。天空浓云密布，对美机起到了很好的掩护作用，美机装有雷达，不靠肉眼，也能对日机进行准确定位，而未装雷达的日机却不知道对方已近在咫尺。

"你看不到我，我看得到你"，美军机群立即从高处发起突袭，打了日机编队一个措手不及，空中肉搏战开始了。

到太平洋战争后期，日军航母的舰载机飞行员大多缺乏飞行和作战经验，只会从航母上起飞，却不知如何在航母上降落的人比比皆是。相反，在高水平教官和系统的训练授课程序下，美国海军所拥有的第一流飞行员则层出不穷、源源不断。

美军飞机训练场上数量庞大的教练机。同日本和欧洲国家不同，美国在整个"二战"中都没有发生飞行员严重不足的情况，即使后来极大扩充航空兵力，也没有出现任何状况。

美国不仅飞行员多，还十分重视保护飞行员的生命安全。潜艇、水上飞机和水面舰艇经常冒着极大的风险，为飞行队担负"警戒哨"任务，从进攻吉尔伯特群岛开始，美军更组建了"救生团"，专门用潜艇来搭救跳伞逃生的飞行员。到太平洋战争结束前，"救生团"已营救了五百零四名美军飞行员。

与此同时，日本指挥官急功近利，挑到篮里便是菜，就像角田一样，只知把手中仅有的一点力量用光为止。不仅老飞行员，就是刚操作熟练一些的新飞行员，也往往会被他们投入一些意义不大的战斗任务中去，一位日军飞行教官说："海军迫切需要飞行员，那些在战前甚至连做梦也没想过能接近战斗机的人，现在都被派去打仗了。"浪掷的结果，便是高手越来越少，整体水平也越来越孬。

这种两极分化的情况在马里亚纳海战中达到了高峰，一方根本不是另一方的对手。率领首批战斗机出击的布鲁尔少校一马当先，在血都没掉一滴的情况下，便先将一架日军轰炸机打到爆炸开花，接着他又打断了另一架日机的机翼。

"零"式曾经那么猖狂，如今在"地狱猫"面前也变得服服帖帖。布鲁尔只需轻轻一甩，就将一架"零"式甩在身后，而在甩的过程中，这架"零"式被同时射中起火。片刻之后，第二架"零"式被击落……

"地狱猫"战斗机有六门十二点七毫米机枪，飞行员们用瞄准镜对准敌机，紧紧扣住射击把手，不停地朝着下方稀稀落落的日机进行俯冲扫射。在机关炮的猛击下，日机像树叶一样往下掉，顷刻之间，便有二十五架日机翻滚落海。

能闯过美机截击线的日机只是极少数，它们在第五十八特混舰队的上空，又遭遇到了高射炮的阻击。美军高射炮弹装有新式变距感应引信，这种引信又叫近爆引信，可以使炮弹在距目标二十多米时自动爆炸。日机往往连美舰的边还没沾到，就被当空炸爆。

实在要说有什么收获，就是有一架轰炸机扔下的一颗炸弹，击中了"南达科他"号战列舰。不过除了一些舰员被炸死外，军舰本身并没受到多大损伤，战斗力也没有降低。

在小泽发动的第一轮攻击中，仅有二十七架飞机得以返回航母，而美军除一架飞机外，其余全部安全返

这是马里亚纳海战中最为著名的一张照片，一架试图攻击"基特昆湾"号航母的日机被击中坠落，空中弥漫着硝烟和高炮炮弹爆炸所形成的烟团。

回。在美军飞行员的无线电系统中，响彻着一片乱哄哄的叫喊、咒骂以及为队友加油的声音，一位飞行员欣喜若狂地喊道："嘿，这真像古代捕杀火鸡啊！"从此，这次空战便以"马里亚纳火鸡大捕杀"著称。

第一轮攻击遭到惨败后，小泽又从其主力中抽出一百二十八架飞机，发起第二轮攻击，但这只是一个将"马里亚纳火鸡"数目继续往死里堆零的努力：一群日机围一架美机，一人一把花剑，扎半天出不了几滴血，美机一发怒，这些日机纷纷滚鞍落马。

在美机的犀利反击下，有的日机开始像受惊的野牛一样散开，然而还没等它们冲出队列，"地狱猫"便又像牧童一样将其重新赶回队列，这使得日机连分散或逃跑的机会都没有。

几分钟之内，"地狱猫"竟然打下了将近七十架飞机，最终捡了小命得以生还的日机不过区区十一架。美军飞行大队长麦坎普贝尔中校一人就击落四架"彗星"，直到把弹药打光为止。那天傍晚，他还击落了另外三架飞机，到太平洋战争结束时，麦坎普贝尔总共击落三十四架日机，以海军超级王牌飞行员的身份被授予荣誉勋章。

打仗拼的是真功夫，你再能吹，吹得出前景，吹不出成绩。从第三轮攻击

美国海军在"二战"中的头号王牌麦坎普贝尔。机身上所涂的膏药旗代表所击落的日机,拍摄这张照片时已经有三十个小旗,离大满贯还差四个。

开始,小泽已经明显在死扛了,第三轮日机群弄错了坐标,四十七架飞机只有十二架赶到战斗空域,其中七架被战列舰揍了下去。

第四轮日机群同样昏了头搞不清方向,主力在寻找美军航母无果后,丢掉炸弹飞往关岛,当它们快接近关岛机场时,早已潜伏于高空的二十七架"地狱猫"猛扑过来,秋风扫落叶般地打落了三十架日机,剩下好不容易着陆的日机也都负了重伤,且无法再进行修复。

完全一边倒的"火鸡猎杀战"令美军飞行员们爽到不行,但作为总指挥的斯普鲁恩斯还没有感受到这种兴奋。他在旗舰"印第安纳波利斯"号上来回踱着步,眉头皱成一团。

斯普鲁恩斯发愁的是,小泽部队的舰船仍然在美军飞机的作战半径之外,美机再怎么在空战中得势,也没法向其舰船投下一颗炸弹或发射一条鱼雷。

后来他才知道,有人已经悄悄地接过了猎枪。

"美得令人无法相信的"画面

就在"大凤"施放第二批出击舰载机的时候,"隼鹰"上的奥宫突然看到一股巨大的黑烟腾空而起。他感到莫名其妙:要说是飞机掉了下来吧,即便燃烧也不会冒这么大的烟呀?

随着距离缩小,目标轮廓也越来越清晰,看样子很像一艘军舰,而且是航空母舰。不过这就更让奥宫费解了,因为到那时候为止,小泽部队还没有见到任何一架美军战机。

只有一种可能,军舰是受到了潜艇的攻击。会是哪一艘倒霉的军舰呢?二航战司令官城岛高次眼睛要比奥宫尖，他忧心忡忡地小声对奥宫说："好像是'大凤'号。"

奥宫心里一惊，他生怕其他船员知道后会动摇军心，因此只是默默地向城岛点了下头，以示回答。

果然是潜艇发动的攻击，中招的也正是小泽的旗舰"大凤"号航母。

现在的太平洋海面之下，全是美军潜艇的世界，曾经也拥有击沉对方航母纪录的日军潜艇部队早已销声匿迹。到1944年年中，大西洋战场上的盟军取得了对德国反潜战的完全胜利，所有反潜武器以及反潜战的经验也随之传到太平洋战区。日军在马里亚纳一带原本部署了大约二十五艘潜艇，其中十七艘都被美军驱逐舰、反潜护卫舰和飞机击沉。仅在1944年5月的最后两周内，美国反潜护卫舰"英格兰"号就创造出了单舰击毁六艘日军潜艇的优异战绩。

发现小泽部队向马里亚纳群岛逼近后，美军潜艇部队司令洛克伍德少将即把"正方形"向西南方向移动二百五十海里，同时他允许各潜艇先行向日舰攻击，攻击完了再向他报告。"大凤"就这样一头撞进了这个看不见的陷阱，它刚好出现在"大青花鱼"号攻击潜望镜的十字标线上。

"大青花鱼"一连发射了两条鱼雷，接着便潜入深水，以防遭到深水炸弹的袭击。水听器随后侦测到了两声沉闷的爆炸声，潜艇上的人员便知道两条鱼雷都先后爆炸了。

"大凤"号航空母舰。美日航母都使用无装甲设计，当面对俯冲轰炸机攻击时，仅需一颗炸弹就可以导致整艘航舰瘫痪，中途岛海战时的"赤城""加贺"和"苍龙"都因为这个原因在几分钟之内就报销了。作为"二战"期间日本海军建造的最后一艘正规大型航母，"大凤"避免了这一缺陷，在建造时它就把船舰的防护性摆在首位，搭载舰载机数反而被放到了其次。

当"大青花鱼"射出鱼雷时，鱼雷航迹被一名正飞离航母的"彗星"式轰炸机飞行员发现，飞行员当即转弯，以弧形向其中的一条鱼雷作自杀性俯冲。在距离"大凤"约一百码处，飞机头朝下钻入水中，正好截住鱼雷，只听一声雷鸣般的爆炸，二者同归于尽。

这便是第一声爆炸的由来，紧接着，第二条"鱼"也箭一般地朝"大凤"冲来。

再没有帮自己挡子弹的炮灰了，小泽及其幕僚在舰桥上瞧得真切，赶紧让航母拐弯，但是已经来不及了，"咚"的一声闷响，鱼雷钻入右舷舰身并发生爆炸。

"大凤"起初并没有起火，从当时情况来看，航行也不成问题，只是鱼雷炸坏了前部升降机，舰载机不能起飞了。小泽于是下令"大凤"上的舰载机向"瑞鹤"转移，第一轮回归飞机也改在"瑞鹤"着陆，同时向联合舰队司令部发报："'大凤'略受损伤。"

自从得知小泽部队的第一轮突击飞机全部成功起飞后，丰田、草鹿等人就在等着举杯庆祝，但是两个小时过去了，什么消息也没有，"大淀"上的气氛终于从喜庆转向不安，又从不安变成怀疑——怀疑小泽那里是不是出了状况。

小泽的电报证实，确实出了状况。读完电报，丰田一言不发，幕僚们面面相觑，眼光忧虑，草鹿则有了一种预感：坏消息后头可能还有更坏的消息。

如果说的是"大凤"，损失似乎已经止步于此。作为太平洋战争爆发以来，日本海军所拥有的最强大航母，"大凤"外表威武雄壮，给人一种很可靠的感觉，与它比起来，周围其他航母犹如一个个小火柴盒，显得十分孱弱。在内部结构上，"大凤"也堪称坚固，庞大的飞行甲板上铺有很厚的装甲，据说可以经受得住二百五十公斤的重磅炸弹打击。

对于这样一艘巨无霸式的"不沉军舰"，一条鱼雷能起多大作用呢？

然而致命的不是鱼雷，而是船上的婆罗洲原油。鱼雷在炸坏升降机的同时，也炸破了汽油油箱，油箱中没有经过精炼的原油具有极强的挥发性，气体马上蹿入了机库。

为排除机库里的挥发性气体，舰长命令打开所有的舱口盖和水密门，但此举不仅没能把气体排掉，反而让气体进一步扩散，舰内到处充满着易燃气体的刺鼻气味，"大凤"不由自主地已成为一颗漂浮的炸弹。

处于惊恐中的航母不止"大凤"一艘。当天下午，美军潜艇"棘鳍"号艇长从潜望镜中观察到了一艘航母，不过他看不清航母上挂的是哪一国国旗。再次观察，一面很大的太阳旗映入眼帘。

那是一幅"美得令人无法相信的"画面，眼前的航母正是尼米兹念念不忘的"翔鹤"，它在回收飞机呢。

美军潜艇

送过来的不仅是菜，还是主食，"棘鳍"毫不客气地迎上去，到距离"翔鹤"只有一千码距离时，它一口气发射了六条鱼雷，其中的三条命中"翔鹤"，产生了如同大爆竹一样的连续爆炸。"翔鹤"被炸得面目全非，在海水从升降口涌入机库后，这艘老资格的航母终于翻身入海。

在"翔鹤"沉没后半小时，婆罗洲原油的挥发性气体已令"大凤"烈火熊熊，日本人曾经引以为傲的加厚版飞行甲板"像富士山那样鲜花盛开"，中央鼓起老高，舱体的四面八方也都腾起赤色火龙，而消防管道里连一滴水都没有。

不一会儿，火焰包围了舰桥，人们只好戴上防毒面具。眼见在"大凤"上已无法实施指挥，小泽的参谋长建议改变旗舰，他让人放下小艇，然后对小泽说："请按我说的做吧。"

没有击沉一艘美军航母，自己的两艘航母倒都沉了，其中还包括所乘旗舰，小泽当然难以接受这一事实，他连掐死自己的心都有了，哪里肯就此离开。

"大凤"还在如同爆竹一样继续爆炸，许多人被炸死炸伤，飞行甲板附近躺满死伤人员，连下脚的地方都没有。幕僚们急忙进一步劝说小泽："仗还在打，你还要继续指挥到取得最后胜利。"言下之意，不能一死了之，身上还负有责任呢。

这种解劝最有效，也顾及了对方的面子。小泽这才一言不发地下了小艇，转移至一艘巡洋舰。

下午4点28分，"大凤"沉没。挥发油气燃成的大火异常凶猛，以致周围的驱逐舰都无法靠近进行救援，全舰两千一百五十名官兵中仅有五百人得以逃生。

美军"碉堡山"号航空母舰差一点被一颗日军炸弹炸中，但投弹日机并非来自角田部队。

日落后，各航战飞行队报来残余飞机的数目，小泽得知自己部队的舰载机已由四百三十架减少到了一百架。加上两艘航母的损失，下场已经跟中途岛战役时差不多了，到底该怎么办呢？

怎么办？凉拌！

小泽这里是暂时落败了，但别处未必。小泽就当天的战况与角田进行了联系，角田大言不惭地说，他已击沉几艘美军航母，并有相当数量的日军舰载机在关岛机场降落，目前可由他进行掌握。

原来美军也遭受了严重损失，原来角田部队还保存着实力，小泽冷却的胸腔一下子又沸腾开来，他决定放下"主角"的架子，协同角田发起反击，争取把丢掉的损失和面子再捞回来。

如果小泽愿意擦亮他的钛合金大眼，他或许就会发现，角田又撒了谎。事实上，角田从未对第五十八特混舰队实施过大规模袭击，击沉美军航母云云不过是子虚乌有，只是角田一贯给人以"耿直不屈"的形象，所以当他很没有节操地再次扯淡时，才没有引起小泽的任何怀疑。

借助昏暝夜色的掩护，小泽下令部队后撤，他决定补充燃料，调整状态后隔一天，也就是6月21日再战。

可是已经大获全胜的斯普鲁恩斯、米彻尔不会给他这个机会了。

菜板上的肉

回收飞机完毕，经斯普鲁恩斯同意，米彻尔留下一个航母大队继续封锁塞班岛和关岛，他则亲自率领其他三个航母大队连夜追敌。由于弄错了方向，尽管美军的航速要比日军快五节，但双方的距离并没有缩小多少。

1944 年 6 月 20 日，米彻尔派出侦察机进行搜索，仍是一无所获，直到下午 3 点 40 分，一架侦察机才发现了小泽部队。

飞机在飞行甲板上的起降时间，以及往返飞行时间，乃是航母作战的关键。小泽部队尚在二百二十海里以外，按照美舰的航行速度，虽可勉强接近美军舰载机的最大战斗半径，但几个小时后天就要黑了，如果命令舰载机对小泽部队进行攻击，飞行员们将只能在黑暗中返航，而他们还没有进行过此类高难度的夜战科目训练。

米彻尔像其他美军航母指挥官一样，平时都非常注意保护飞行员，然而此时此刻，除了实施攻击，别无选择。

下午 4 点 30 分，第五十八特混舰队改成逆风航行，停在飞行甲板上的第一波突击机群升空起飞。接着舰队恢复接敌航向，并加速前进，以便缩小返航飞机的飞行距离。

就在这时，米彻尔突然意识到，侦察机飞行员报错了小泽部队的所处位置，从更正后的数据来看，小泽部队实际所在位置应在三百海里以外，这意味着，有的飞机可能会因燃油烧光无法返回。

米彻尔一度考虑召回第一波突击群，但他知道眼前是打击小泽部队的最后机会，机不可失，时不再来。重新研究海图以后，他还是放弃了召回的想法，仅仅取消了第二突击群的起飞准备。

现在第五十八特混舰队所能做的，就是以最大航速驶向小泽部队，以缩短舰载机的返航航程，同时祈祷突击机群的小伙子们能福星高照。

小泽从角田那里得到的信息是，美军也伤了元气。既然如此，当然会像他一样进行后撤和调整，万万没有料到的是，米彻尔依然龙精虎猛，不仅疾追上来，还为他带来了一应所需：上吊给绳，喝药给瓶，要什么给什么。

通过巡逻机搜索，小泽得知第五十八特混舰队正不断逼近，气急败坏之下，他传令停止燃料补充，以最容易远离美军的航向急速避退。

这时候就算给日舰插上翅膀，也飞不出美机的掌握。在太阳快落山前，由二百一十六架战机组成的美军第一突击群出现在小泽部队的上空。

高射炮、机枪一齐瞄向天空，奥宫站在"隼鹰"航母的舰桥上观察，见美机已下降高度，进行俯冲准备。

在遭受飞机轰炸之前，航母必须选择一个适当的机动时间，机动过早，会被对方飞行员逮个正着，机动过迟，又来不及回避。奥宫紧张万分，因为他不能明确美机具体要攻击哪一艘军舰，以及在哪个点展开攻击。

此时美机的现状是，耗油量已达极限，飞行员们没有时间再协调进攻，大多数人都是朝着他们能看得到的舰船直接进行攻击，立刻。

高射炮、机枪急忙开火，"隼鹰"机动回避，就在奥宫帮着舰长一道大喊回避命令的时候，伴随着"咚咚咚"的可怕音响，航母中招了。

舰体剧烈摇动，距海面二十多米的舰桥一下子被水柱所包围，舰桥后面的人非死即伤，奥宫幸亏蹲得快，没有弹片落到他身上。

当奥宫再次抬起身子时，他看到右前方"长门"号战列舰已将两架来袭的鱼雷机击毁。发现此处的火力网较难通过，大多数美机便转往其他日舰。

在"长门"的帮助下，"隼鹰"总算劫后余生。尽管上空已看不到美机，但为慎重起见，奥宫还是要瞭望台的信号兵再予以确认。

没有人回答。

"这是怎么回事？"奥宫把视线转向瞭望台，眼前的情景让他如遭电击：信号兵们横七竖八地躺在血泊中，有的脑袋被打掉一半，有的浑身上下血肉模糊，无法辨认。

都死了，难怪没人回答。

真实的战场，远比语言和文字给人们的印象更残酷。奥宫痴痴呆呆，他感觉到的已不是什么悲惨，而是如同在经历一场噩梦。

被噩梦所光顾的，其实是整个小泽部队。小泽可升空迎战的一共只有八十架飞机，在高射炮火的配合下，它们虽击落了二十架美机，但已方也损失六十五架，更重要的是，对空警戒网千疮百孔。

失去必要防护的舰群如同菜板

"瑞鹤"号航母及两艘驱逐舰正遭到美机攻击

上的肉，只能任人宰割。除"隼鹰"外，小泽的新旗舰"瑞鹤"号航母亦受重创。"瑞鹤"是"翔鹤"的姊妹舰，不过二舰生命同不同，"瑞鹤"参加了中途岛海战之外的所有海战，可从来没有中过一条鱼雷或炸弹。过去"瑞鹤"与"翔鹤"并肩作战，基本不离"翔鹤"左右，也只有"翔鹤"倒霉的份，"瑞鹤"则从未有过损伤，这次晦气实在太重，连它也逃不过去了。

过了不久，由布朗中尉率领的四架"复仇者"式鱼雷机钻出云端，向另一艘航空母舰"飞鹰"号低空掠去。

可怕的叹息

早在起飞时，布朗就下定决心，不管怎样一定要炸中一艘日军航母，尽管他的飞机在低掠时中弹起火，但他仍奋不顾身地向"飞鹰"投放了鱼雷。

如同"瑞鹤"与"翔鹤"的关系一样，"隼鹰"与"飞鹰"也是姊妹，两头"鹰"都是由商船改装成的航母，其抗破损能力比一般军舰都要小。当美机离开"隼鹰"的时候，奥宫就担心"飞鹰"要成替死鬼，同时美军鱼雷机贴近海面的低飞，令他不由发出惊叹：美国人也很勇敢！

"飞鹰"的一名曹长押田光国兵这时正在舰尾机枪位置上待命，听到有人喊"鱼雷来了"，他开始提心吊胆地进行计数。从一数到十二，什么事也没发生，似乎鱼雷并没有命中"飞鹰"，他松了口气。

但押田数得太快了，十二后面还有十三。

只听得一声爆炸，"飞鹰"全身震动，在被两条鱼雷连续击中后，舰上燃起大火，火从这个甲板烧到那个甲板，"飞鹰"很快便丧失航行能力，像死了一样一动不动。

奥宫从"隼鹰"上看见，由于倾斜的缘故，"飞鹰"露出了红色舰体，他立刻意识到，这艘航母可能已无法挽救。

"隼鹰"虽然伤重到飞机都无法起降，但仍可航行，奥宫请示城岛："司令官，'飞鹰'号怎么办？"

奥宫的意思是对"飞鹰"进行救援，这么做风险很大，弄不好就会引火烧身，有人已经露出了不乐意的表情，但城岛朝奥宫点了点头："好，我们看看去。"

薄暮时分，掉转航向的"隼鹰"接近了"飞鹰"。城岛是航海专业出身的航战专家，他一看就知道"飞鹰"再无戏可唱。这时空袭虽已停止，但美机发动第二波攻击的可能性仍存在，因此小泽从"瑞鹤"上通过发光信号向他下达命令："部队火速向西北退避。"

城岛于是命令驱逐舰对"飞鹰"施行警戒并救护船员，"隼鹰"依令改变航向，朝西北驶去。

在"飞鹰"上，舰长早已下达弃舰命令，但身处舰尾的押田等十三名船员并没有接到明确指示，看到舰身在迅速下沉，海水淹没了机枪位置，押田等人才急忙向栏杆跑去。

可是他们的指挥官、一名年轻的少尉却拦住了去路："等一等，让我们先唱《征服大海》！"

这种时候逃命要紧，还矫情唱什么歌？可是看到少尉拔出军刀，众人又不得不表示屈服，他们跟着哼哼唧唧，直到海水浸过膝盖。

总算结束，押田等人一哄而散，纵身从船沿跳下了大海。

押田回头看去，大火已从航母上喷射出来，火光映照下，那个正常智商大概只有花生米大小的少尉手持军刀，扶着舰尾栏杆，还在唱。

跳下海的水兵很容易被沉船时的漩涡吸进去，押田拼命往外游。当他再次回头时，看到"飞鹰"像巨人的手指一样指向天空，然后便在"一声可怕的叹息"中永沉于海。

除大型航母外，小泽部队的其他舰船也饱受攻击，为规避炸弹或鱼雷，不得不一个劲地在海面上绕来绕去。最接近镜头的绕圈者是重巡洋舰"鸟海"号，它前面是轻型航母"千代田"号。

"飞鹰"沉了，"隼鹰"受伤，一部分舰载机勉强挤到别的航母上，更多的飞机只能在军舰附近迫降。暮色苍茫的海面上水烟腾起，"嗵嗵嗵"地全是飞机落下来的声音，驱逐舰和潜艇都冒险停止航行，前来救护落水人员。

小泽最怕第五十八特混舰队再次

袭来，但这种情况并没有出现，米彻尔并无心思追击，因为他自己的飞行员也正陷入泥沼。

美机在回程时，续航力已达到极限，个别飞机的油量表指针甚至接近于零，还没等到达美军航母所处位置，一些损伤严重或燃料用尽的飞机已落入大海。

第五十八特混舰队一直在全速前进，以便缩短幸存飞机的返航距离，但望着外面伸手不见五指的海空，米彻尔仍为飞行员的命运而担忧，在秒针"嗒嗒嗒"的转动声中，他在海图室与舰桥之间不停地踱来踱去，心中极为忐忑不安。

晚上 10 点 30 分，返航飞机陆续进入航母的导航距离，但在漆黑的夜空中，除少数技术娴熟或者运气特别好的飞行员能够顺利降落外，大多数人都只能辨别出军舰的航迹，却认不出哪些是航母，哪些是别的大型军舰。于是他们只好在上空混乱盘旋，有的飞机已开始大喘粗气，发出燃油耗尽时的那种噼噼啪啪的响声，有的飞机慌不择路，不慎和其他友机相撞，还有的飞机不得不紧急迫降，机身落在茫茫的海面上，溅起了大片海水。

听到飞行员们"痛苦的呻吟"，米彻尔果断下达命令："开灯！"

米彻尔的决定背负着巨大风险，因为这会暴露舰队位置，有可能受到日军潜艇和航空兵的攻击，用一名军官的话来说，真是"大胆鲁莽地张开大嘴叫日本人前来攻击我们"。

可是在米彻尔看来，这么做完全值得。不惜代价地营救落水飞行员，不仅是出于人道主义的考虑，还因为美军航母指挥官都清楚一个道理：如果航母丧失了舰载机的飞行员，它就不再是资本，而只能是累赘。

在米彻尔解除灯火管制后，军舰上自发地响起一阵欢呼："让我们周围的日本人都见鬼去吧，我们可不能随便牺牲自己的飞行员。"

航母全部打开了红色桅顶灯，航行灯、锚灯、照明弹把飞行甲板充分显示出来，探照灯则将明亮的光束一直射向夜空。第五十八特混舰队所在海域由此变得灯火辉煌，就像举办狂欢节一样。绝处逢生的飞行员形容这种场面，犹如"好莱坞的彩排、中国的春节和美国独立纪念日赶到一起了"。

在灯光的指引下，飞机如同被磁石吸引一样争相在航母着舰，这甚至使航母上的地勤人员产生一种错觉，仿佛军舰的上方和周围一直有群蜂在嗡嗡乱叫。一架

油画作品，描绘马里亚纳大海战中美军夜间回收飞机的场面。图上迫降的是一架 SB2C "地狱俯冲者"，美军驱逐舰正准备对机组人员实施营救。一般而言，迫降在海面上的飞机只能漂浮 1~2 分钟，机组成员必须迅速离开飞机并要小心不被下沉的飞机吸进去。

"地狱猫"在"企业"号航母安全降落，驾驶员浑身大汗淋漓："我的汽油已经全光了，我差点儿就入了地狱。"

格外走运的是，第五十八特混舰队所处海域里并没有日军潜艇，至于已被打成空壳的角田部队和小泽部队，更无能力派出多余飞机来进行袭击。

由于时间紧迫，米彻尔允许返航飞机在任何一艘航母上降落。在接收飞机、救援水面迫降飞行员的过程完毕后，第五十八特混舰队继续向天黑前发生空战的海域驶去。

第二天，斯普鲁恩斯和米彻尔又主动放弃追击机会，沿飞行员返航的航线航行，为的是尽可能多地救起落水人员。在众人的努力下，尽管美军在返航和降落过程中损失了近一百架飞机，但接近百分之九十的飞行员都得救了。

马里亚纳海战是"二战"中最后一次，也是最大的一次航母作战。这次作战横扫了联合舰队主力，小泽部队的三艘重型航母、百分之九十二的舰载机毁于一旦，到战斗结束时，小泽的舰载机仅剩三十五架，比这更为严重的是，训练有素的飞行员已损失殆尽，小泽部队再也找不到受过高级训练的飞行员了。

从理论上讲，小泽部队仍拥有足够的军舰，但理论只是理论，这支力量遭到严重削弱的舰队从此远离了青春和高富帅，再不能够在太平洋上掀起什么大风浪了。

戏演到这里，"大淀"上的人都确信"阿号作战"已经破产，接下来就是小泽部队要不要谢幕退场了。有些幕僚认为，小泽部队后不后退应由前线指挥官决定，但草鹿作为中途岛战役时的败军之将，对此有切身体验，他知道要让小泽自己提出撤退，是件十分难以启齿的事。

征得丰田同意后，他向小泽发出后撤命令，当然用词是很讲究也很含蓄的："近击战暂停，尔后，依战况重新发动。"

1944 年 6 月 21 日，小泽部队依令返回冲绳岛。在从塔威塔威岛出发时，小泽曾向部下们发出训示："如果此次作战达不到预期目的，则水面舰艇将失去其存在的意义。"

话犹在耳，小泽部队果然失去了它的价值，小泽自己也承认，太平洋上的海战实际上已经结束，"依战况重新发动"之类，不过是在自欺欺人。

晚上小泽口授了一封呈交给丰田的辞职信，但遭到丰田的拒绝："对这次败北，我要比小泽将军负更多的责任，我不会接受他的辞呈。"

丰田一贯待人严苛，只是到了这步田地，手下真能派上点用场的海军战将实在是不多了，现在重要的不是惩罚谁，而是该靠谁继续把残局维持下去。同样是中途岛时的败将，山本的老参谋长宇垣缠更有一种重复跌倒在一个坑里，永远也爬不起来的悲凉，他就此写了一句俳句小诗："战虽毕，雨季之郁闷天空，仍在头上。"

欺骗式宣传

海战"战毕"，塞班岛上的陆战却还刚刚进入高潮。以塞班美军总指挥霍兰·史密斯中将的想法，其实在海战还没开始时，日本人就应该知道他们是败定了：不但没有把美军赶下海，相反还被逼得步步后退，所发动的大规模逆袭也无一不以失败而告终。

令霍兰·史密斯格外费解的是，岛上日军烂归烂，却似乎已经烂出了一种境界，日本兵们居然越打越狠，越打越勇，丝毫看不出要崩溃的迹象。

后来才知道，其中的原因之一，是日本人有一种"自欺"的能力。尽管他们每次战斗都败得很惨很狼狈，但无论是内部宣传还是对上报告，都是说打得如何英勇卓绝，每一次溃退也无一例外地被描绘成惊人胜利，"使鲁莽的敌人受到了极惨重的损失"。

战后，美军缴获了日军塞班司令部的无线电稿。假使霍兰·史密斯不是清楚地知道实际作战的经过，只是阅读这些电稿，他一定也会认为日军是在打胜仗，而且还胜得非常漂亮，换句话说，如果不给塞班日军一个照妖镜，他们永远不会知道自己的想象有多么奇葩。

海战爆发之前，特纳已将作为预备队的陆军第二十七师提前送上岸，大批美军开始涌进塞班岛，但斋藤还以为能将美军赶回海里。

这时日军的通信网已残破不堪，通信联络的能力很差，加上地形复杂，原定于黄昏展开的进攻直到十小时后才得以正式启动，其目标是集结于加拉班郊外的美军陆战队，进攻方式仍为坦克加步兵：二十五辆坦克，搭配五百名海军陆战队员。

上次坦克没帮上什么忙，这次忙倒是帮上了，不过是倒忙——美军听到了坦克那特有的吱吱嘎嘎的声音，要求支援舰船发射照明弹。

照明弹一上天空，进攻日军的位置被完全暴露，美军阵地上枪炮声齐鸣，不到一个小时，大部分坦克都已被击毁或被抛弃，失去坦克支援的日本兵继续冲击，但是一直冲到天亮，也没能冲出个子丑寅卯来。

天亮后，设于山谷里的日军野战医院里躺满伤兵，少说也有一千，伤兵们的痛苦呻吟响彻山谷。在这一刻，他们终于恢复到了正常人的状态，有一名伤兵告诉护理自己的护士："我负伤后只想我的妻子。为了她，我要活下去。但是我快死了……"

这名伤兵的左眼大得像乒乓球，里面长满了蛆，而右眼球已经被蛆虫给蛀出来了，不是死人，样子却比死人还可怕。护士一边给他夹蛆虫，一边安慰他："援军一定会来的。一定要坚持到那个时候，因为你的妻子还在等你。"

日军大本营对塞班守军如同置身地狱一般的处境毫不为意，仍执着于将这种无意义的作战继续下去。兼任参谋总长的东条以天皇名义，向第三十一军发来一封电报："继续勇敢杀敌，以消天皇之忧。"

第三十一军参谋长井桁敬治复电："誓必（让塞班）成为太平洋之堡垒，万死不辞，以报皇恩。"

有了天皇的所谓关注，塞班守军变得更加顽固，不仅白天寸步不让，晚上还用迫击炮进行袭击。美军陆战队蒙受了不小伤亡，医务人员不停地往卡车上装运尸体。

然而这并不能改变塞班守军的命运，"翔鹤"

看着不幸阵亡的朋友和伙伴，士兵们脸上露出了淡淡的忧伤，那是一种快刀割不断的战友情谊。

"大凤"相继沉没的当天，霍兰·史密斯就做好了攻占全岛的准备。随着马里亚纳海战的结束，他更是稳操胜券，因为第五舰队和第五十八特混舰队从此就能够心无旁骛地对登陆部队进行支援了，一些临时退出作战海域的两栖作战舰船也重新回归。

另一边，在失去得到援军的最后一线希望后，南云、斋藤所采取的对策却是继续欺骗他们的士兵，他们捏造了一连串的胜利消息，说日本海军在整个太平洋上已经大获全胜，为此所虚构的"击沉美国海军吨数"，居然超过了美国海军实有数的两三倍。

日本兵习惯性地接受了这种欺骗式宣传，一直到塞班登陆战的最后关头，还以为援兵会到来，而斋藤则下达死命令，要求战斗到最后一颗子弹，让美军为夺取塞班岛付出沉重代价。

到海战收官，塞班岛南部已差不多为美军全部占领。1944 年 6 月 22 日，陆战二师、陆战四师开始交错向北推进，陆军二十七步兵师则负责消灭被分割在南部的残敌。

塞班岛的南北地形有很大不同，南部比较平坦低下，多数为蔗田和开阔地，北部由于火山力量的向上压迫，地面形成了许多狭岭深沟，到处都是珊瑚、石灰石构造的岩洞。这些岩洞位于岩石的表面，飞机大炮都打不着，成为一种天然的优良防御工事。

美国海军陆战队向来认为在战场上，时间是第一重要的因素，他们的战术理念就是连续不断地攻击敌人，直至敌军丧失平衡为止。为此，前卫部队会绕过岩洞继续前进，而让后卫部队用火焰喷射器和炸药包慢慢地对岩洞进行清理。

陆战师推进速度很快，到黄昏时，战线正面的宽度已扩大了三公里以上。这样一来，正面的兵力就显得不够用了，于是霍兰·史密斯赶紧将步二十七师调上前线，以担负中央地区的作战任务。

绅士俱乐部

霍兰·史密斯和特纳对步二十七师都不感到陌生，这就是那个在布塔里塔里登陆战中还没有开战就战战兢兢的陆军步兵师。

布塔里塔里登陆战毕竟是步二十七师的两栖处女战，谁都有一个从菜鸟到老手的成长过程，也总得允许别人有一个"战抖抖的牙齿捉对儿厮打"的阶段，但是令霍兰·史密斯和特纳想不到的是，早已不是新人的步二十七师在表现上还是没有任何改进。

1944 年 6 月 23 日晨，步二十七师进入达波乔山以东的山谷。这条山谷很狭窄，不到一千码宽，里面密布丛林，日军残部就盘踞在山谷两边的悬崖峭壁，以及到处是岩洞的山头上，可以居高临下地对美军进行杀伤，步二十七师因此行动迟缓。

困难是显而易见的，让霍兰·史密斯不满意的是，步二十七师似乎没有一点啃硬骨头的精神，前进路上有了障碍之后，不是想办法绕过或攻取，而是非要依赖炮兵和空军，只有等炮兵和空军将主要障碍物全部击毁，他们才会投入进攻，否则便裹足不前。

过去在夸贾林岛登陆战中，拥有作战经验的步七师也是这么慢条斯理，显然，这已不是新兵老兵，或新部队老部队的问题，毛病还是出在根子上，也就是美国陆军与海军陆战队迥然不同的作战理念。

海军陆战队所遵循的原则是"争取时间第一"，陆军则是"保存实力第一"，其间会浪费多少时间，不在考虑范围之内，以此形成的战法，陆战队是"攻了再守"，陆军是"守了再攻"。

"攻了再守"的陆战队是哪怕绕过日军据点也要突进，"守了再攻"的陆军却认为这样会导致后路被截，太危险了。

天还没黑下来，步二十七师就停止前进，开始修筑保护自己的防御工事，而在同样情况下，陆战队一定会继续前进，直到天黑，至于防御工事，只需就地挖掘掩体即可。

霍兰·史密斯无法认同步二十七师的打法。客观地说，稳步推进也有稳步推进的好处，这样可以使部队具备比较强大的防御纵深，但问题是，此时塞班岛的日军已无大举进攻的能力，哪里用得着如此设防？更为严重的是，陆战师推得快，只有中间这么一个步兵师进得慢，已经让两个海军陆战师同时出现了内翼暴露的危险。

步二十七师师长也是一个"史密斯"，名叫拉尔夫·史密斯，包括他在内，该师领导层都被霍兰·史密斯冠以了新名称："绅士俱乐部"。

霍兰·史密斯以嘲讽的口吻说，这个"绅士俱乐部"历来是纽约的贵族团体，年年开舞会宴会，夏天还要举办夏令营，看上去都很上层，可惜就是不会打仗。

霍兰·史密斯外号"咆哮的疯子"，也是个火暴脾气的人，他可不喜欢喉咙被鱼刺卡着，吐又吐不出来，说又说不出口的感觉。他当即对塞班岛陆军高级指挥官贾曼少将说，如果步二十七师不是陆军师，而且可能会"引起带政治性的喧嚣"的话，他就会把拉尔夫·史密斯当场撤职。

贾曼急忙找到拉尔夫·史密斯，拉尔夫·史密斯承认，白天他的师确实没有发挥全力，他对团长们取得的进展也很不满意。

为了让自己脸上无光的陆军上司有面子，拉尔夫·史密斯答应贾曼，他要亲自督促步二十七师前进。第二天早晨，拉尔夫·史密斯果然亲临前线，这天的战斗打得比第一天更激烈，步二十七师伤亡不小，所战斗的山谷也有了新的名称："死亡谷"。

印第安籍陆战队员在用香蕉喂养山羊，山羊是塞班岛炮击后的少数幸存者之一。

在伤亡的压力下，拉尔夫·史密斯又勒住了缰绳，当天部队并没有沿山谷前进多少。

面对霍兰·史密斯的指责，拉尔夫·史密斯认为陆军已经尽力，再拼命往上冲，属于不拿士兵的性命当回事，小心慎重一些是对的。霍兰·史密斯则说，你这哪是什么小心慎重，简直已经到了畏怯的程度。

霍兰·史密斯是海军陆战队出身，在他看来，两栖登陆战最重要的就是尽量提高进攻的速度，如果套用陆军打法，最初固然是伤亡数字较小，但一定会拉长作战时间，就全程来讲，反而得不偿失。

因为步二十七师的原因，海军陆战队的前进速度也不得不减慢下来。霍兰·史密斯对此再也无法容忍，他和特纳一同登上"印第安纳波利斯"号，向斯普鲁恩斯进行汇报。霍兰·史密斯告诉斯普鲁恩斯："拉尔夫·史密斯已表明他缺乏进攻精神，他的那个师使我们的进展慢了下来。应该把他解职。"

霍兰·史密斯同时建议，在新的指挥官到来之前，可以由贾曼暂时指挥步二十七师。

在战场上，一个军官因为作战不力而被解职，并不是什么了不得的大事，何况步二十七师的指挥确实存在问题，斯普鲁恩斯遂点头同意，他没有想到的是会因此引来一场轩然大波。

一条命拼七条命

引起风波的，就是霍兰·史密斯曾说过的"政治性的喧嚣"。

两个史密斯虽是上下级关系，但他们并不属于同一个军种，拉尔夫·史密斯所在的陆军向来都是地面作战的老大哥，陆战队不过是太平洋战争爆发以后新近崛起的小兄弟，小兄弟现在威风八面，仅凭一句话，就把一个堂堂的陆军将军给削了职，让昔日的老大哥情何以堪？

撤掉拉尔夫·史密斯不是不可以，但得先给一个合适的理由。太平洋地区陆军总司令理查逊中将为此专门指定了一个全军委员会进行调查。调查人员当然全是陆军人员，他们一查，步二十七师所作战的山谷已被称为"死亡谷"，这还能往上面冲吗？拉尔夫·史密斯做的是对的！

在调查委员会向理查逊提交的报告中，认定霍兰·史密斯对"死亡谷"的状况不够了解，尽管他有权撤拉尔夫·史密斯的职，可是"按实际情况是不正确的"，言外之意，霍兰·史密斯对陆军人员存有偏见，拉尔夫·史密斯被解职，更主要的原因不是仗打得不对，是塞班岛的海军陆战队与陆军之间互相倾轧的结果。

理查逊怒气冲冲地飞往塞班，未同尼米兹商量，也未征得霍兰·史密斯的同意，就自作主张地检阅步二十七师并给官兵们授勋。他还斥责霍兰·史密斯："我

霍兰·史密斯，他被称为"美国现代两栖作战之父"，在指挥包括陆军、海军和陆战队的两栖作战方面皆有很深的造诣，是美国在太平洋战场上多次成功实施登陆作战的主导者之一。

要让你知道，不许你再任意摆布陆军。无论怎么说，你们海军陆战队不过是只知道打滩头战罢了，你们在陆地上会打仗吗？"

理查逊近乎赤裸裸的门户之见，不仅使霍兰·史密斯大为不满，就连斯普鲁恩斯和特纳也很有意见。特纳曾被称为"吓人的旋风"，也是个不好惹的主，他当着面就反驳了理查逊。

理查逊的心里刚刚舒服一些，被特纳一阵抢白后，又被弄得跳起脚来。斯普鲁恩斯只好抱着大事化小、小事化了的态度，上前劝慰："特纳就是这样的脾气，没人和他认真。"

确实，需要认真的，还是打仗本身。不过走马换将的效果并不能马上就明显体现出来，步二十七师沿"死亡谷"前进的步伐依然极为缓慢，倒是左翼的陆战二师一路领先，已率先攻上达波乔山。

尽管日军凭借崎岖不平的地形，仍能做到苟延残喘，但也仅限于此。塞班战事基本上是单方面进行，即美军不断往前推，区别只在于推得快一些慢一些罢了。

美军掌握着制空制海权，可用攻击机低飞扫射轰炸，以及海陆交叉炮火射击的

方式，从各个方向对日军的力量进行削弱。日军就是守在工事里哪也不去，其战斗力也在日见减弱，斋藤、井桁等人也想过把部分兵力从前线撤至后方，以作为预备队使用，但根本就撤不下来，美国人眼睛一眨不眨地盯着他们的动静，只要一撤，就用炮火猛轰。

1944年6月25日傍晚，日军前线部队仅剩一千两百名有战斗力的士兵和三辆坦克，斋藤、井桁被迫电告上级，塞班守不住了。

尽管守不住，井桁还是一副命运虐我千百遍，我待它依旧如初恋的死硬态度："决不投降，我们将保卫阵地至最后一兵一卒，除非另有命令，每个军人必须死守其地盘。"

斋藤则对增援还未死心，指望多少能派几架飞机来助助阵："在没有制空权的地方是没有胜利希望的，我们仍期望得到空中增援。"

6月26日夜，被隔绝于塞班岛南部的一股日军来了个歇斯底里大爆发，他们居然从包围圈中突围而出，开始向已被美军控制并使用的塞班机场猛冲。

紧箍咒被念得越勤，翻跟头的能力就可能越强，突围日军有良好的组织，以及完备的书面命令和指挥系统，他们甚至还制定了一个听来触目惊心的口号："一条命拼七条命。"只是美国兵并非吃素的，第二天上午，在日军的突围区域，横躺竖卧了五百多具日本兵的尸体，就算这五百多个死鬼，能在冲锋中拼掉的美军也不比"七条命"多很多。

日军一直冲到塞班机场的边缘，毁掉或弄伤了三架飞机，但此时他们也已接近强弩之末，机场的美军工兵和地勤人员拿枪一扫，就把他们给逐退了。此后，南部的日军残部便一搭不如一搭，再也翻不起什么浪花了。

6月28日，遵照第三十一军的命令，斋藤把司令部迁往达波乔山以北的一座岩洞里。在井桁的主持下，南云、斋藤、井桁及其幕僚人员开了个会。会上，南云和斋藤都一声不吭地坐着，只有井桁提了个建议，说要在岛上只剩三分之一的地方建立最后抵抗线。

斋藤的脑子已经空了，井桁说什么他就应什么。南云依旧一声不吭，一名海军中佐代表他发表意见："我们让陆军做主。"

前新闻发布官平栉随即被派去召集预备队。如今只有在附近的野战医院才能找到活着的士兵，按照部队编制，平栉让尚有活动能力的伤员随他归队，但是没有人能够站起来。

不管什么防线，没有用于防守的人马都是空谈。听完平栉的报告，井桁一句话也说不出来。

没精打采的羊群

1944年6月30日，由贾曼指挥的步二十七师终于突破"死亡谷"，拉直了与其他两个陆战师的战线正面，整个美军战线成为一个稳固的整体。

在此之前，美军可以说是举步维艰，连陆战四师都说："谁也没有打过比这更硬的仗"，但是在此之后，仗就打得顺了，那是要糖有糖吃，要蜜有蜜喝，进军已成为"猎兔"。

不让对手有任何喘息余地的陆战队打法，使得日军根本不可能建立起贯穿全岛的新防线。至7月5日，日军已被驱赶至塞班岛北部三分之一的地方。

当天下午，平栉到前线视察，可哪里还有什么前线，美军尚未发动进攻，士兵们就已自动溃退了下来。

平栉赶回司令部进行汇报，听完汇报，众人一片沉默。尽管日军内部仍在宣传海空军即将来援，但那不过是拿来骗骗士兵的，高层指挥官们对实际情形都很清楚，他们明白大势已去，不会有任何人前来援救了，而平栉在前线所看到的，就是活生生的兵败如山倒，战斗力终究不是靠洗脑和精神鸦片所能完全撑起来的。

井桁发了话："明天早晨集中这个地区剩下的所有部队，做最后攻击，让我们结束这场战斗吧。"

战场上的美国海军陆战队

平栂问井桁和斋藤，是否参加明天的最后攻击，一直沉默寡言的南云难得地开了尊口："我们三个人自杀。"

平栂又问，平民将如何处置。斋藤回答："军人与平民已不再有什么区别，与其被俘，不如拿起竹矛参加战斗。"

按照斋藤的口述，攻击命令被起草出来，并被油印了三百份，准备派人连夜分发给军民。命令尚未发出去，海军通信所接到了大本营传来的电文，上面要求塞班守军继续作战，以争取时间等待援兵。

这份电文立即在海陆军官们中间引起了争吵。海军要接受命令，放弃出击，陆军丢过一个白眼：命是重要的，脸是别人的，你们这分明是懦弱胆怯，何况箭已离弦，想收也收不回来了。

海军急赤白脸地为自己辩护：现在不是骂人的时候，你们陆军违反了大本营的直接命令！

南云、井桁、斋藤并未参加这一争论——以平栂前线所见，塞班守军哪里还有继续作战的能力？大本营真是站着说话不腰疼。

斋藤向东京发去了最后一份电报，抱怨他们之所以濒临绝境，就是因为得不到空中支援："没有制空权就不可能打赢战争，我非常希望（你们）多造出一些飞机。"

就算能多造出飞机，对现在的塞班守军而言也已毫无作用。斋藤在电报中代表三名指挥官表态："我们不能做得更好，为此谨向天皇深表歉意。"

1944 年 7 月 6 日拂晓，斋藤高声朗读了致陆军所有官兵的绝命书，他用武士道精神及日本特有的生命哲学，如此阐发了自杀式攻击："在死亡之中自有其生命的存在，我们要利用这个机会，来充分发扬日本人的人格。"

这位在指挥作战中一贯优柔寡断的老将此时显得十分激动，他说："我将留下与残存者一起前进，再给美国鬼子一次打击，然

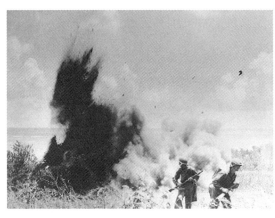

炸毁日军散兵坑

后把我的尸骨留在塞班，以当作太平洋上的长城。"

"一起前进"的说法只是象征性的，正如南云所言，他们三位塞班岛的最高指挥官已决定先行切腹自杀。

按照规定的仪式，三个人在向幕僚们道别后，即在事先选好的洞口盘腿坐下，并接过专门用来执行切腹的小刀。

因为切腹致死的时间太长，为减轻痛苦，切腹者身后都各站有一名军官，血一流出来，军官马上朝三个人的太阳穴开了枪。

午夜，接到攻击命令的日军残兵陆续集结于洞外。这些人中，既有从前线溃退下来的陆军士兵，也有舍舟步战的海军陆战队员或船员，他们无一例外地都穿着破到无法形容的军装，手里的武器也五花八门，有步枪，有军刀，甚至还有削尖的竹矛。

惨白的月光下，这支残兵开始沿着高地，向塔纳帕格港周围的美军阵地前进。在随队进发的平栉看来，士兵就像"被赶到屠宰场去的没精打采的羊群"，军官则像"地狱之门的向导"。

送达命令的传令兵有些已在晚上被美军俘虏，所以美军事先就知道日本人将有大规模的攻击行动，不过究竟会如何攻击，以及向何处攻击，命令里语焉不详。

霍兰·史密斯只能下令加强戒备，包括塔纳帕格防线的步二十七师在内，都得到类似的警告，要求他们注意：拂晓前的海岸线上，将会有"全面地高喊着'万岁'的进攻"。

僵尸流

1944年7月7日，凌晨4点，步二十七师的官兵听到远处传来"哇哇"的喊叫声，日本兵漫山遍野地向他们的阵地冲来。

阵地设于山地的美军陆战队也通过望远镜，领略了这一没有喊万岁的"万岁突击"：冲在前面的六个日本兵高举一面膏药旗，这应该是先锋队，其后便是真正的战斗队。

让观察人员最难以置信的是，战斗队后面还跟着一支特殊部队，大概有几百人，他们头上裹着纱布，手上拄着拐杖，不是瞎子，就是瘸子，好些人必须互相搀扶才能一瘸一拐地前进。这些瞎子或瘸子手里基本没有武器，就算有，也多为一把刺刀或几颗手雷。

野战医院的伤病员都在这里了。以后美军在日军的野战医院找到了三千多具尸体，那都是完全无法走动的日军伤兵，由于不能上战场，便被发给手雷自行了断。如今这些上战场的，都是多少能动一动的。

海滩边有一条运甘蔗的窄轨铁路，日军沿着这条铁路猛冲，很快就冲过美军前哨，一头撞在第一〇五步兵团的一、二营阵地上。

这应该算是日本陆军有史以来最大规模、最凶残的一次玩命冲锋了，也是破罐子破摔的情形下，一种彻彻底底的秀下限行为。所有日本人，从挥舞军刀的军官，到手拿匕首和棍棒的士兵，再到拄着拐棍的伤兵，都在不要命地狂奔，像发了疯一样，几乎看不出有什么军队队形。第二营营长麦卡锡少校甚至由此联想到了西部片中牛群受惊的镜头："把摄影机架在地上的一个坑里，你可以看到牛群冲过来，跃过坑口，从你头上消失。"

美军炮火袭来，一颗颗炮弹落进"牛群"之中，炸得鸡飞狗跳。冲锋中的平栉中弹飞了起来，周围的世界一片漆黑。醒来后他躺在美军的医护船里，左手被用手铐拴在床上——美国人仍害怕这头"疯牛"会随时跳起来。

如雨的枪炮并没有能让剩下来的"疯牛"们稍加清醒，反而显得更加难以遏制，似乎没有任何东西能阻挡他们了。麦卡锡说："日本佬一批接一批地冲过来，前仆后继，如果你打倒他一个，就有五个人上来。我想，他们永远也不会完。"

短兵相接下，因为害怕误伤自己人，美军炮火的威力也大打折扣，步兵们只能凭自己的力量坚守。第一营营长奥布赖恩中校

陆战队士兵正在用缴获的日军小型山炮射击

双手持枪，身负重伤后，仍坚持把子弹打完，接着又端起机枪扫射，直至战死，都
未退出阵地。

　　自奥布赖恩以下，一、二营伤亡达到六百五十余人。在失去主阵地后，麦卡锡
少校和剩余官兵被迫后退，一些被日军的疯狂所骇倒的士兵，有的逃往山里，有的
跳进大海，用涉水或游泳的方式向暗礁以外飞逃。

　　日军冲过步二十七师阵地，直扑其背后的炮兵阵地。阵地上驻守着陆战二师第
十团的两个炮兵连，见日本兵蚁群一样涌来，且已到近前，他们几乎是手脚并用地
往炮膛里塞炮弹，炮弹的雷管被定在四十分之一秒，五十米之内就爆炸。

　　大炮对着日军平射，许多日本兵倒在血泊中，可是没死的人踩着堆积如山的尸
体，还是继续狂叫着往前冲，最后，日军司令部的伙夫、打字员及其工作人员也拼
凑出几个排，汇入了这股仿佛被病毒所感染的僵尸流。炮手们没有办法，只得匆匆
卸下炮栓，在退出炮兵阵地后，再像步兵一样进行反击。

　　危急时刻，充溢于美军陆战队员血液里的那股好斗之气也被激发出来，陆战七
团的其他连都纷纷地增援过来，里面除战斗兵外，一样有炊事兵，有团部文书，他
们操着各种武器，向日军猛烈射击。

　　只要你不停歇地射击，僵尸的血也是有限的，第十团重新夺回了炮兵阵地。接
着，霍兰·史密斯又将预备队调上前线，铆足劲一擀面杖抡过去，日军的疯狂行动
立见消失，到傍晚时候，只剩下小股日军还在负隅顽抗。

　　1944年7月8日上午，这一类似于屠杀的战斗终于结束。没有日本兵肯举手
投降，美军所抓到的俘虏，大多
是像平栉那样，在战斗中中弹昏
过去的人。

　　战场上已经尸体如山，内脏
和脑浆流得到处都是，且腥臭难
闻，其可怕程度超出一般人想象。
精疲力竭的美军士兵找不到一块
地方可以下脚，于是干脆往尸体
旁一躺就睡了过去。

在最后一次自杀式冲锋中被打死的日军

战场花了好几天时间才清理完，美军调来推土机，挖了一座大墓坑，共埋下四千多具日本兵的尸体。

自杀岩

在粉碎塞班守军的自杀式攻击后，霍兰·史密斯把步二十七师的大部分兵力撤下来作为预备队，派更擅长搜剿的海军陆战队继续往塞班北部平推。

在美军推进之前，一些日本兵已经向海滩边窜逃。北岸海滩有一处崎岖的悬崖，高达二百四十多米，名叫莫鲁比岩，多数人都死在了那里，有的是被追赶上来的美军所击毙，有的则是自杀。

莫鲁比岩后来被称为"自杀岩"，这个名称更多的不是来自士兵，而是平民。美军士兵看到了让他们惊骇不已的情景：一家家大人小孩争相从山崖上跳下，转眼化为海面上的一具具浮尸。

在日本，政府通过宣传，把英美人描写成"鬼畜"，这使躲在岩洞里的日本平民都相信，被"鬼畜"抓住后，男男女女一定会被全部杀掉，甚至还有人说，"美国鬼子"会用坦克把俘虏轧成肉饼。

为了不落到"野蛮的美国人"手中，能分发到或捡到手雷的家庭，当时就拉开安全栓，在岩石上敲打后进行自杀。没有这个"福分"的成百上千平民就都涌到"自杀岩"前跳崖了。

美军陆战队员们此时正在山顶上，或正找路下山，尽管在太平洋战场上的经年血战，已把士兵们锤炼到铁石心肠，可当面对这幕无法阻止的惨剧时，他们仍感到惊心动魄且非常难受。

翻译和被俘的日本人通过广播不停地向跳崖的人群喊话，告诉他们现在仗已经打完了，等待着他们的将是安全和食物，然而没有用，还是有人把孩子扔下去，自己跟着往下跳，母亲们则背着孩子跳入惊涛骇浪中。

海里漂浮着许多尸体，以致海军小艇要是不从尸体身上开过去就无法行驶。塞班岛的将近两万两千名日本平民，每三人中就有两人毫无必要地这样死去了，大有"举国玉碎"的气概。

目睹惨状，一名美军军官忍不住泪流满面，他自言自语地问："日本人干吗要自杀呢？"尼米兹听闻后也不由感叹道："或许这就是东方人所尊崇的气节吧。"

1944年7月9日下午，特纳宣布正式占领塞班，但这只是表示日军有组织的抵抗已经停止，仍然有几千名散兵游勇躲在丛林、山地和岩洞里，等待他们的，只有两种选

美国海军陆战队的巡逻士兵在山腰洞穴里发现了一家日本人，包括母亲、四个孩子和一条狗。士兵正在劝说他们走出洞穴，以获取必要的物质帮助。

择，要么投降，要么被火焰喷射器烧死或被炸药包炸死。

负责清剿的美军陆战队一点都不轻松，毕竟明枪易躲，暗箭难防，"如果你现在遭到射击，那就是从你自己的后方打来的"。

美军展开了有史以来最大规模的扫荡行动。在以后的几个星期里，清剿部队平均每天要猎杀一百以上的日本兵，就这还不能做到完全清除，差不多过了一年多，日本已经投降，仍有残存的日本兵在塞班岛上过着野兽一般的生活。

在整个塞班岛登陆战中，最难对付的还是岩洞。这些岩洞居高临下，很难被发现，除非洞里的日本兵先开第一枪，而这一枪通常都是近距离发射，遭到袭击的美军往往非死即伤。

即便找到了岩洞，要在洞口放炸药包或喷射火焰也非易事，可能攻击者还未走到洞口就会被射杀。此外，塞班岛的岩洞四通八达，当美军封闭一个洞口时，里面的日军又会钻到另外的出口继续进行抵抗。

留下来负责岩洞的部队只能一步步推进，他们先用坦克射击，诱使洞里的日军开枪，从而发现其所在位置后，再集中火力加以破坏。就算这样，也伤亡不小。据统计，美军在登陆战中总计死伤一万六千五百人，其中三千四百人阵亡，很多人都是在清剿岩洞时不幸中招的。

美军在塞班登陆战中的损失超过了整个瓜岛战役，不过这一代价又是值得的，通过占领塞班这座中太平洋的要塞，美军不仅获得了重要的航空和潜艇基地，还对东条政府形成了沉重打击。

东条在军事和政治上双双落败，他的独裁地位表面上看仍然不可动摇，但实际上早已内外交困，处于崩溃的边缘。军队首先对东条投了不信任票，海军的一些部局公开挂出木牌，上面写道："杀死东条和鸠田！"在陆军内部，东条被称为"上等兵"，意思是他的军阶只是略高于一等兵，东条政府也随之有了"上等兵内阁"的称谓。

针对东条主导下的战争前途，参谋本部所属的战争指导班还专门进行了一次调查，结果显示"日本已没有希望扭转战争的不利形势，我们结束战争的时候已到"。

战争指导班班长松谷诚将调查结果向东条做了报告。东条不露声色地听完了报告，既未大发雷霆，也没有加以驳斥，一副从谏如流的贤者模样。

这当然不是"上等兵"的真实面孔。不到一个星期，松谷就丢了乌纱帽，被东条赶出参谋本部，到中国上班去了。

大义灭亲

东条竭力压制对他不利的言论，然而反对他的人还是越来越多，尤其是塞班惨败后，更是达到沸点，他老婆经常接到匿名电话，问东条自杀了没有。

含东条英机图案的宣传画，内容是抗议日本虐待战俘。

有些人已经等不及东条自杀了，各种暗杀方案都被设计出来，有要用机枪伏击的，有准备向东条的汽车扔特制炸弹的，尽管这些暗杀行动一个都没成功，但也足以让东条听到后出一身冷汗。

惶惶不安的东条决定去求助内大臣木户幸一。木户曾提名东条担任首相，即便东条实行独裁，他也一直表示支持，而且木户又是天皇近臣，乃天皇信得过的人，只要他在天皇面前多美言几句，东条的位子就能坐得更稳当一些。

人情世态是，只有锦上添花，哪得雪中送炭。东条想不到的是，木户如今也变了脸，不仅一句安慰话没有，还反过来对东条进行了狠批："你自己兼任了内阁两个最高职务（指陆相和内相），鸠田也身兼二职（指海相兼军令部长），人人都对此不安，天皇本人也极为生气。"

话里话外，是说我兼职兼多了？东条听了很不高兴，他一言不发地就告辞离开了。

木户不是别人，跟天皇搭着神经呢，那句"天皇本人也极为生气"特别让东条感到不安。于是当晚他又来拜访木户，这次他主动做出妥协，表示可以改组内阁，只是不愿交出他的多余职务。

木户听了没什么表示，似乎是嫌东条出的价过低。东条再也按捺不住内心的无名之火，他蓦地站起来，大声对木户吼了一句："今天跟你谈毫无意思！"

说完之后，他大步从木户的住所走出来，并砰的一声把门狠狠关上，已全然不顾自己以往高端大气上档次的形象了。

路上被风一吹，东条热乎乎的脑袋逐渐清醒过来。回到官邸再细细一想，越想越不是滋味：木户再自恃资格，凭他个人，也不敢对我采取这种态度，这里面肯定还代表着天皇的意思。

如果天皇也要抛弃他，这个首相就真做到头了。东条把首席幕僚佐藤贤了召了过来："天皇对我已失去信任，因此，我决定放弃改组内阁的想法，自己辞职。"

佐藤急得跳了起来："在战争的最关键时刻，怎么谈得上辞职！"

为了帮东条摆脱困境，佐藤想出了一个弃卒保车的主意，他让东条任命米内接替鸠田，认为这样做就能抚慰海军以及朝野内外的反对派。

鸠田是东条的死党，关键时候一直在抱东条的大腿，抛掉他是不是会让人觉得没人情味？见东条有些犹疑，佐藤便援引了一句中国的成语，叫作"大义灭亲"。

"不管你如何痛苦，都得灭掉鸠田。要知道，你对鸠田所承担的义务只是私人交情。鸠田走比你走好，因为战争是你发动的，你不能中途甩手不管。"

佐藤此言正中东条的下怀，为他的薄情寡义找到了一个十分正当而且说得出口的理由。

鸠田很快就被召来。得知是要他辞去海相职务，鸠田并没有情绪激动，或者大

哭大叫，他对东条说："我辞去了职务倒是无官一身轻了，你却必须肩负重任继续干下去，预祝你在未来的斗争中斗出成绩。"

不知道是被鸠田感动，还是触动了兔死狐悲的心思，两人握手告别时，东条竟然失声痛哭起来。

第二天，即 1944 年 7 月 17 日，鸠田依照东条的吩咐，乖乖地递交

东条英机（右）缺少挽回局势的魄力与技能，只能跳梁小丑般地到处丢人现眼。

了辞呈。东条、佐藤以为可以就此喘口气了，不料反对派并未就此罢休，而是来了个不依不饶，乘胜追击。

前海相、海军大将米内光政不仅拒绝入阁接替鸠田的邀请，还参加了由反对派组织的重臣会议，表明他也是反对东条的一分子。参加会议的重臣，有内大臣木户，有前首相近卫文麿、平沼骐一郎，也有海军大将冈田启介等人，总之文臣武将，有路子的没路子的，大部分人都齐了心要东条下台。

也有个别人持有保留意见。陆军大将阿部信行提出疑问："仅仅谈论倒阁是不负责任的，我们有什么把握能成立一个更好的内阁呢？"

平沼立刻回答："倒阁与否，下届内阁是强是弱，这都不是问题之所在，国家已到危急关头，必须更换内阁，而且要尽快更换。"

重臣会议形成了倒阁决议，并决定第二天一早就通过木户呈交天皇。开了会，米内返回官邸，在会客室里，他见到了前来充当说客的佐藤。

佐藤还想说服米内入阁，有了底气的米内直接回绝了他："搞政治我不是内行，我是个海军将领，不是政治家。如果你们想用我，就让我当海相的顾问好了。"

米内不入阁，政府的架子就搭不起来，这很明显是在存心拆台。佐藤垂头丧气地返回东条的办公室，对东条说："请辞职吧。"

7 月 18 日，仅隔一天，东条就步了他的亲信鸠田的后尘。东条面无血色地对下面的内阁成员们说，由于塞班被美军攻克，他决定辞职，同时，"我必须要求你们全体辞职"。

　　当东条将自己的辞呈交给木户时，木户问他想让谁接替他的职务，东条冷冷地看了对方一眼："我不想说我看中谁，我以为重臣已经定了人选。"

　　抛完这句话，东条便沿着长长的走廊向天皇的办公室走去，这将是他最后一次以首相的身份拜谒天皇。从此以后，他就只是一个纯粹起咨询作用的"重臣"了，具有讽刺意味的是，四年前的这一天，他刚好踏上陆相的红地毯。

第八章／常将冷眼观螃蟹

从特纳宣布正式占领塞班岛的那一天起，美军便把注意力集中在了毗邻的提尼安岛上。

提尼安岛与塞班岛之间的距离极短，相隔只有两海里。这座海岛拥有一座战前号称是"东洋第一"的机场，因此角田才以此为根据地。除了已经被打得跟蝉壳相仿的航空兵外，提尼安岛拥有地面部队八千一百人，其战斗力和武装程度都要超过塞班守军。在美军登陆塞班的一个月左右时间里，提尼安岛随时有遭到攻击的可能，这也使岛上的戒备比塞班要充分得多。

虽然美国海军在塞班岛没有遭受到如塔拉瓦之战那样的舆论责难，但还是引来新闻界的一些非议，并借助于步二十七师师长被撤换一事而发酵。有的报纸把霍兰·史密斯说成是"塔拉瓦的杀人犯"，还有的报纸指责海军陆战队伤亡惨重，呼吁让麦克阿瑟来统一指挥太平洋战场上的所有战役，因为麦克阿瑟擅长"以轻微伤亡赢得最大胜利"。

提尼安岛会不会比塞班岛还难打呢？斯普鲁恩斯、特纳、霍兰·史密斯等人不得不为此动更多的脑筋。

首先对他们形成困扰的，是缺乏合适的登陆滩头。

渡海侦察记

提尼安岛的西南海岸有一个外观不错的滩头，但滩头后面的地形较为险恶，而且日军也已严加设防，所以自始至终美军都没有把它列入计划之内。

为了寻找一个好的登陆点，以减少战时可能带来的伤亡，霍兰·史密斯从第五两栖军侦察营中挑选精干人员，组成了一支侦察分队。在队长琼斯上尉的率领下，侦察分队以黑夜为掩护，连续两个晚上潜入提尼安岛。

美军有一种攻击用辅助运输船。这种船是由"一战"时的逾龄驱逐舰改装而成，比较小巧轻快，其主要用途就是完成特种任务。侦察分队先坐辅助运输船到达提尼安岛沿海，接着换乘橡皮艇，到距离海岸边还有四五百码远时，他们便像蛙人一样钻入水中，用游泳的方式上岸。

在吉尔伯特、马绍尔群岛战役中，海军陆战队的侦察兵们多次执行过类似使命，具有极丰富的经验和技巧，所以尽管路上曾碰到一大群日本工人，且双方近到能听到日本人的谈话，但侦察分队均能沉着应对，既未损失一个人，也没有使侦察行动暴露。

通过此番"渡海侦察记"，美军侦察兵找到了另外三个滩头，东海岸一个，西北海岸两个。他们发现，东海岸的滩头上布满地雷，暗礁上有许多水底障碍物，与之相比，西北海岸的两个滩头无论是所布地雷，还是工事、障碍物都比较少，同时附近也没有发现日军活动的任何迹象。

之所以厚此薄彼，是因为东海岸的滩头与美军已经放弃的那个滩头相仿，处于提尼安港的正面，容易成为登陆的首选。西北两个滩头则处于提尼安港的反面，而且异常狭窄，不利于部队展开，过去美军选择的登陆滩头，最小的也比它们两个加起来要大。

显然，日军已站在美军的角度，对几个滩头的优劣做了权衡，他们估计美军一定不会选择从西北海岸上岸。

侦察分队在向上报告时，建议反其道而行——敌料定我不会从哪里上岸，我偏从哪里上岸，这样不仅可以顺利登陆，还能达成行动的突然性，获得奇袭的效果。斯普鲁恩斯、特纳、霍兰·史密斯等人磋商之后，决定采纳这一建议。

1944 年 7 月 24 日，一共只在塞班岛休整了两周的海军陆战队再度出发，其中陆战二师的两个团搭乘辅助运输船，向提尼安港的正面发动了佯攻。

二十分钟后，这两个团撤退，使日军误以为已将对方击退，实际上他们已与陆战四师合兵一处，从北向南重新实施登陆了。

提尼安岛与塞班岛的近距离，使提尼安岛登陆战由通常的"船对岸"变成了"岸对岸"，美军可以乘坐吃水较浅的战车登陆船，以及更小的登陆艇直接靠岸。更让人欣喜的是，几乎整个提尼安岛都在塞班岛的射程之内，从登陆塞班的第一天起，

遭受空袭的提尼安岛

运上塞班岛的 M59 加农炮便一直对准提尼安岛进行射击。

M59 加农炮又称一五五毫米野战炮，具有长射程和炮击精度高的特性，这使它获得了"长腿汤姆"的昵称。提尼安岛从南到北，基本上没有"长腿汤姆"照应不到的，在塞班登陆战进行期间，每天都有七千到八千颗炮弹"咝咝"地飞向提尼安岛。

当塞班岛作战即将结束时，美军又将包括"长腿汤姆"在内的约两百门野炮集中部署于塞班岛西南海岸，以便对提尼安岛北半部进行地毯式轰炸。这一期间，提尼安岛北部共承受了两万多颗炮弹，加上舰炮和舰载机的施力，到美军正式登陆前，那里连地面都变了形，建好的阵地也都被炸飞了，加上日军对美军登陆滩头的误判断，导致陆战队登陆时几乎未遇阻挡。

成功登陆的美军以最快的速度排除了滩头的少数地雷，之后便迅速脱离狭窄滩头，作扇形展开。在他们身边，载运补给物资的履带车和"鸭子"源源不断地开来，而且同样是打破常规，停都不停，便直接开往指定的物资储存地点。

这是一次堪称天衣无缝的行动，无论策划还是实施，都充分体现了海军陆战队以时间和效率为第一的宗旨，也就从这一刻起，战场主动权牢牢地掌握在了霍兰·史密斯和他的陆战队员手中。

鉴于登陆塞班岛的第一天曾陷入苦战，美军没有急于往内陆推进，而是立足于先把阵脚站稳。到日落时为止，他们不仅在宽八百米、纵深约一千六百米的地段上挖掘了防御工事，还在前沿加上了铁丝网的保护。

指挥官确信，无论日军即将采取什么反击行动，偷袭也好，强攻也罢，陆战队都有必胜的把握。

到了后半夜，日军"反突击部队"果然摸了上来。

不攻自溃

提尼安岛的守军编制跟塞班岛一样复杂，主要将领中军衔最高的是海军中将角田觉治。作为岛上唯一的将军，角田本应负责指挥全局作战，但在所指挥的岸基航空兵损失殆尽后，他已由一员生龙活虎的猛将彻底蜕变成一个成天借酒浇愁的酒徒。偏偏他的酒量还不好，要么不喝，要么一喝即醉，醉了自然什么事都管不了，在旁人眼中，这个体重超过九十公斤的大胖子犹如废物一个，"不爱打仗只爱喝酒"。

角田以下是绪方敬志。由绪方任联队长的第二十九师团第五十联队，系从中国东北抽调过来的关东军精锐，训练有素，装备精良，是岛上防御的中坚力量，绪方本人也出身于关东军，就个人的军事素质而言，称得上是一个比较拔尖的陆军军官。

绪方瞧不起已经"堕落"得不成样子的角田，角田的权力也被绪方毫不客气地夺了过来，哪怕是名义上的。岛上作战的一切命令均由绪方署名发布，实际作战也由他来负责，这就叫"庙小衙门大，权高级别高"，而角田则带着少数亲信，继续喝酒喝到不省人事。

绪方指挥了后半夜的"反突击"，"反突击部队"共分三股，同时向美军阵地发起突袭，其中最大的一股便是他亲自指挥的第五十联队。

第五十联队以六辆坦克突前，坦克周围和后面都挤满了步兵。发现他们接近后，美军立即将照明弹一个接一个射向天空，战场被照得如同白昼一般，在距离美军阵地尚有四百码的地方，日军坦克即大多被普通火炮和战防炮所击毁，仅有一辆坦克得以逃脱。

尽管失去了坦克的掩护，第五十联队还是冲到了近前，并与陆战第二十三团绞杀在一起。第五十联队的大部分士兵都是有实战经验的老兵，在美军陆战队所遭遇过的各种类型日军部队中，他们的枪法算是最好的，这一点给同样注重枪法的陆战队员们留下了很深印象。凭借较强的单兵作战能力，第五十联队约有一个中队从陆战第二十三、二十五团中间穿过，一直渗透到了美军炮兵阵地附近。

然而，按照僵硬军事教条行事的日军指挥官们，却个个都是把名牌服装穿成地摊货的行家，绪方在书面作战命令中声称要"一直反攻到海边为止，然后在一击之下，把美军聚歼在滩头上"，他让部下一直往前冲，完全不考虑美军的实力和火力

提尼安岛上被炸毁的"天山"式鱼雷机

的强度。

在射程缩小到最低限度后，美军炮手们进行了更有效率的猛烈轰击，这个突破防线的中队很快就一个不少地挂掉了。天色微明时，陆战八团赶来增援，经过优势兵力和"谢尔曼"坦克的凌厉反击，第五十联队的主力一下子垮掉了。

岛上日本陆军的成建制武装，还有第二十九师团一三五联队的一个大队。作为第二股突击力量，该大队直扑陆战第二十五团所在阵地，但他们的下场更惨，可以说是被完全肃清了。第五十联队多少还剩下些残余，一三五联队的残兵在以后的战斗中却基本没有出现过，以至于美军情报机关曾经怀疑这个大队的编制是否真的存在。

第三股是一个海军守备队。海军守备队以往主要负责防空等任务，到投入地面作战，连武器都凑不全，只得把高射机枪也拆卸下来，扛着往前进攻。高射机枪的声音大到吓人，但对空武器拿来平行射击，其效果却并不见得有多好。

对面的陆战第二十四团也搬出自己的宝贝，向扛着高射机枪乱冲乱撞的守备队表示欢迎：三七毫米机动火炮犹如割茅草一样成排砍过去，将日本兵砍了个光。据说，这是在整个太平洋战争中，美军使用弹药最为经济的一次，近乎弹无虚发，每颗炮弹都有着有落。

天亮之后，总共一千二百四十一具日本兵横躺在战场上，等着美军去为他们收尸。自此以后，依旧存在于岛上的日军完整单位至多也不超过中队，连小队都很少见。

霍兰·史密斯依靠大胆而周密的侦察，找对了登陆滩头，绪方则找到了自寻死路的不二法门——当他将有生力量全部消耗于当晚的"反突击"中时，提尼安岛的防御也就不攻自溃了。

1944 年 7 月 25 日，塞班岛的支援炮群继续轰击，与此同时，一〇五毫米口径榴弹炮被运到提尼安岛，美军火力更加威猛。日军的通信网络被完全破坏，他们已经失去了统一指挥。

美军一开始并不知道对手的真实状况，以为第五十联队还有一些战斗单位没有参加"反突击"，因此前进时仍小心翼翼，时刻准备与这些枪法不俗的家伙交手，后来才发现日军已经崩溃，沿途至多只有一些象征性的轻微抵抗，很多地方则连这一点点象征性的抵抗也没有，有时部队一走好几个小时，都听不到一声枪响。

美军其实并不畏惧成建制的对攻，塞班岛伤亡大，主要还是由于当地地形崎岖破碎，且岩洞较多的缘故。提尼安岛则不存在这个问题，岛上的高地较为平缓，低地多为平坦的甘蔗田，日军无法利用地形进行掩护。于是，陆战队便没有采用惯常的突破战术，而是随着炮兵火力及"谢尔曼"坦克的延伸，逐步向纵深推进。

美军势如破竹，自始至终，日军都没有一显身手的机会，他们毫无目的地往后溃退，两个飞机场，十二个坚固据点，以及提尼安镇都一一落入美军之手。

1944 年 8 月 2 日，在实在退无可退的情况下，绪方下令烧掉军旗，他将海陆残兵以及平民组成的"民间义勇队"汇集起来，在深夜向陆战四师的阵地发动了一次凶猛的自杀性攻击。

凶猛也仅止于气势，美军的交叉火力很快就把他们打得落花流水。天亮后，一名日军俘虏指认绪方血淋淋的尸体就挂在铁丝网上。

就在战局快要结束时，又一名俘虏主动向美军做出交代。他自称是角田的传令兵，而且话语中可以看出他对角田极其不满。据这位传令兵说，直到最近几天，角田还躲在附近一个很讲究的岩洞里，用无线电和海上的潜水艇联系，而且连续五天晚上，都曾划着一只橡皮艇出海，想逃到潜水艇上去，只是都没有获得成功。

作为全岛名义上的最高指挥官，当部下们大批死亡的时候，自己却一门心思记挂着逃命，节操居然碎到如此地步，难怪连传令兵都要不忿并且予以检举了。

陆战四师情报科对这一情报很感兴趣，立即由俘虏带队，准备将角田生擒活捉。谁知洞里却扔出一颗手雷，炸伤了两名陆战队员。

此时正好有一群工兵经过，看到后勃然大怒。什么中将不中将，也没有确凿证据说角田就在里面，他们干脆用炸药将岩洞给封掉了。

在提尼安岛行军的陆战队士兵。从瓜岛到提尼安岛，海军陆战队已经练出了上山捉虎、下海擒龙的本事和手段。

角田是死是活，本就与战局没了关联。8月3日，美军正式宣布占领提尼安岛。当然，这种占领也与塞班岛一样，只是说日军有组织的抵抗已经停止而已，漏网之鱼们继续躲在丛林中，要完成对他们的清剿还需要持续一段时间。

此外，如塞班岛"自杀岩"那样的惨剧仍无法阻止，即便有一些平民家庭愿意接受投降，周围残余的日本兵看到后也会先杀掉他们，同时日本兵还有意识地把平民当成"肉盾"，以便对美军开枪射击，直到美军将这些残兵全部肃清，情况才逐渐得以好转。

从登岸，到控制全岛，美国海军陆战队只用了一个星期，所付出的成本也仅为战死二百九十人，负伤一千五百一十五人，另有二十四人失踪。他们在提尼安岛之战中所显示出的效率和智慧，使这一战役成为太平洋战史上的经典杰作，霍兰·史密斯称之为"太平洋战争中最成功的两栖作战行动"。

在太平洋战争的初期，拥有两栖作战优势的是日本海军。依靠两栖作战，日本海军陆战队曾东攻西取，侵入和占领了大片岛屿，但是正如航母的发展一样，到太平洋战争中后期，美国海军陆战队终于后来居上，不仅每战必胜，还把两栖作战的理论和实践提高到了一种科学的水准，到这个时候为止，其同行已无任何超越的可能了。

最险恶的地形

1944 年 7 月，太平洋舰队陆战司令部得以成立，美国海军陆战队终于有了自己独立的最高指挥机构。陆战司令部下辖第三两栖军（原第一两栖军）、第五两栖军，在马里亚纳战役中，第五两栖军负责占领塞班岛、提尼安岛，第三两栖军则出兵关岛。

按照预定计划，塞班登陆后的第三天，第三两栖军就要突击关岛。小泽部队的突然出现，让斯普鲁恩斯临时做出决定，暂不进攻关岛。

原计划只好推迟，而且一拖就是好几个星期。第三两栖军所属的陆战三师、陆战暂编第一旅不得不坐着拥挤不堪的运输船，长时间无目的地在关岛附近海域绕圈子。

在热带阳光的暴晒下，几乎每个人身上都起了痱子。为了改善陆战队的生活条件，运输舰队只好中途在一些海岛上抛锚，以便把官兵分批送上岛，让他们能够换换环境，呼吸一下新鲜空气。

想法是好的，可是那些海岛实在太小，以至于每次只能让少数人上岸，上了岸之后除了看海，就是看人，同样是顶级无聊！

陆战队的士气落到了最低谷，不过到正式开战前，他们的士气又重新高涨起来——仅能够登岸打仗这一条，就足以振奋小伙子们的精神。

与塞班岛、提尼安岛不同，登陆关岛是美国人收复自己的失地，但直到太平洋战争前，美国对这座岛屿并不是很重视，导致第三两栖军军长盖格少将手中严重缺乏当地的情报资料。

空中摄影是弥补这一缺憾的重要手段，然而因受云层阻碍，实施起来并不理想。苦无良策之际，还是日本人帮了忙——关岛守军受塞班岛的斋藤所节制，美军从塞班岛缴获的大量日方文件中，诸如斋藤对关岛下达的作战命令，关岛守军的防务部署等，一应俱全。

计划推迟有推迟的好处，不仅情报有了着落，炮火支援也更为充分。支援舰队的指挥官对盖格说："我的目标是使部队攻上岸并站住脚，所以你只要告诉我，为实现这一目标需要我们做什么，我们就会照

"新墨西哥"号战列舰甲板上排列的十四英寸炮弹，这些炮弹都是准备奉送给关岛日军的。

办。"

盖格需要他做的，自然是清除所有登陆障碍。支援舰队的炮击持续了将近两个星期，从总的时间上来算，超过了提尼安岛，是整个太平洋战争期间炮击时间最长的一次。落到关岛的炮弹达到了饱和程度，甚至日本兵走到哪里，炮弹就跟到哪里，在美军正式登陆前，岛上所有暴露地带的日军火炮阵地，以及绝大多数重型火炮都已遭到摧毁。

另一个障碍来自水下。三支水下爆破队连续三个晚上放置炸药，炸掉了登陆海滩附近的木框和电缆笼，那里面装的，不是礁石就是水泥，若留在水下，任何登陆艇或履带车都难以通过。

1944 年 7 月 21 日清晨，陆战三师冲上了关岛北面的阿桑滩头，他们一眼就看到了水下爆破队留下的"欢迎海军陆战队"的标语。

阿桑滩头的礁盘很宽，只有履带车才能快速通过，所以陆战三师主要使用履带车往返接送登陆部队，有的履带车还把坦克登陆艇顶至礁盘，然后再让坦克自己上岸。

登陆滩头时，陆战三师所遇到的抵抗几乎可忽略不计，中午刚过，全师三个团两万多名官兵以及武器、坦克都已成功登陆，可是在向内陆推进时，情况突然变得糟糕起来。

关岛地形与塞班岛相似，进入内陆，全是峰脊锐利如剃刀背的高山峻岭，低地也是支离破碎，坑坑洼洼，后来时任陆战队总司令的范德格里夫特中将前来视察时，曾经评价道："这是我有生以来，第一次看到如此险恶的地形。"

驻守关岛的日本陆军主力是第二十九师团，也就是提尼安岛绪方联队所属的那个日军师团，战斗力很强，此外，还有海军守备队，全部加起来总数达到一万八千五百人。在关岛司令官兼第二十九师团长高品彪的统一指挥下，日军居高临下，用迫击炮或机关枪进行射击，美军的战斗变得极为困难，尤其是左翼的陆战三团，所面对的地形最为险恶，日军兵力也最为强大和集中，这使他们不但死伤惨重，而且进展缓慢，一直到黑暗降临，仍然被限制在滩头上无法前进。

黑夜并不意味着可以休息，那通常就是另一场艰巨战斗的上课铃。这么多交道打下来，几乎每个陆战老兵都已熟悉日本人作战的习惯和心理，知道日军一定会发动夜袭。

此时陆战队仍挤在狭窄的登陆场上，背靠大海，面朝大山，更为严重的是，除前线各团的预备队外，全师已没有更多的预备队，而在经过长时间的海上漂流及一天的苦战后，前线部队早已经是死亡枕藉，疲惫不堪，如果高品像斋藤那样孤注一掷地发动自杀式大攻击，不需要多，只消一次，美军便很难稳住滩头阵地了。

不出所料，日军果然来夜袭了，但规模并不大。通过连续发射照明弹，陆战三师早早就发现了黑暗掩护下的日本兵，他们有足够时间将其打倒在地。

日军指挥官的脑残和奇葩程度有时令人咋舌，这边日军的打算是放长线钓大鱼，指望等到美军把所有东西都搬上岸后，再一网打尽——要是他们知道自己这个企图永远不可能实现，大概就只好自插双目了。

天一亮，陆战三师的三个团继续猛打猛冲，居中的第二十一团、右翼的第九团均获得较大进展，就连一度停滞的陆战三团在经过连续增援后，也终于以仰攻方式占领控制滩头的高地。

日军的前沿防线之所以迅速遭到突破，缘于他们没有把重火力充分组织起来。攻上山岭的美军在日军阵地上发现了一五〇毫米榴弹炮和八英寸巨炮，这些炮击中幸存下来的巨炮都完好无损，然而可能是因为缺乏炮弹，自始至终都没有发炮射击。

向美军攻击的主要是迫击炮。陆战队每翻过一座山头进入谷地时，马上就会发现在下一个山头的反斜面上，有许多迫击炮在向谷地射击。

迫击炮多，但并不说明就猛。日军炮兵的标准作战模式，不是以连为作战单位，而是以炮为作战单位，每门炮都有各自独立的观测人员，作战时也向不同的目标进行射击，结果迫击炮虽然在局部范围内会给美军造成杀伤，整体上却如同一群乱哄哄的苍蝇，难以形成合力和效果。

关岛上幸存下来的火炮。如果弹药充足，这种重炮将给登陆部队造成很大的杀伤。

随着战线的扩大，美军在兵力上显得越来越单薄，陆战三师师部向上级请求增加兵力，但盖格没有同意调拨军预备队。

在无兵可援的情况下，战斗难度却一点没有降低，登陆后整整四天，陆军三师一直处于苦战之中，前线部队在筋疲力尽的同时，伤亡也在不断增加。为了能支撑下去，师部把所有滩头可调用的人员，包括工兵、工程人员都组织起来，趁着黑夜进行增援，以填补兵力单薄的防线。

至 1944 年 7 月 25 日，美军终于迫近预定的阵地线，在这一距离范围内，日军不再能对登陆场构成任何威胁。也就在这天晚上的下半夜起，日军开始不停地使用照明弹，陆战队对此感到十分困惑，因为之前使用照明弹，防止日军夜袭的都是美军，难道是他们也怕美军夜袭？

在美国人的眼中，日军的思维本来就怪里怪气，可即便以这种标准来衡量，那天晚上的情景仍然令人难以捉摸。

醉卧沙场

事实是，高品认为美军的给养已经搬得差不多了，他要启动"反冲击"，将所有这些给养统统摧毁，以便彻底粉碎美军的登陆行动。发射照明弹，就是为了让奉命从各处赶来的日本兵能够找到集结地点。

午夜过后不久，日军迫击炮弹袭向陆战第三团，接着第二十一团、第九团的前沿也出现敌情，在迫击炮的掩护下，日军高呼着"万岁"，正式向美军阵地发动了全线"反冲击"。

一轮交手结束，日军留下十几具尸体，转身仓皇逃走。给大家的印象是尽管攻击行动急骤而锐利，但参战日军兵力仍然有限，也缺乏持久攻击能力，似乎和前几天挠痒痒式的夜袭战没有太大分别。

然而这只是假象。第一轮攻击属于试探攻击，为的是寻找美军的软肋，探测下来，右翼的第九团实力最强，由于向内陆扩展得较慢，其兵力没有被过分拉薄，左翼的第三团虽然情况一度很严重，但现在有了"谢尔曼"坦克群撑腰，这些坦克彻夜停留在一线，其防线也很难撼动。

高品看准的对象，是居中的二十一团。1944 年 7 月 26 日，凌晨 4 点，日军终于开始了主力攻击，士兵们分成许多小组，分别由军官率领，向二十一团一营所防守地区发起了一波接一波的猛烈攻击。

一座山脊上的日军尸体

自动步枪、轻重机枪一齐吼叫起来，日本兵一批批地倒在阵地前沿，但后继者依旧悍不畏死，你可以说他们是视死如归，也可以说他们是愚不可及。

自从第一次在瓜岛战役中见识日军的自杀式攻击后，美国海军陆战队一直想弄明白，日本人为什么会这样，为什么能够这样。

有人认为是受了麻醉或被注射了兴奋剂，当初的陆战一师就是这么猜测的，可是并没有直接证据对此进行证明。还有人怀疑是不是日本兵喝多了酒再上战场的，所以才会一个个像疯子一样。

后面一种假设在关岛找到了依据：在日军集结出发的地点，到处堆满酒瓶，被俘虏的日军中有许多是已经喝醉了的，同时尸体身上所带的水壶里面，也都充满了酒味。

这是另一种方式的"醉卧沙场"。杀气腾腾且酒气熏天的酒鬼们纯粹依赖数量的优势，拿身体往枪口上撞，一群酒鬼变成死鬼倒下去，另一群酒鬼又争先恐后地扑了上来。

在美军阵地上，自动武器的吼叫声先是达到最大分贝，接着又逐渐降低，直至寂然无声——这标志着，日军终于突破了一营的薄弱防线。

战斗很快延展到二十一团周围的其他两个营。后方的美军炮兵阵地一直在对步兵进行支援，随着日军越逼越近，他们的火炮射程越缩越短，但射击的速度却越来越快，炮弹形成了持续不断的洪流，向日军兵力集中的区域飞速涌去。

高品的"反冲击"是一次经过三天时间精心准备的军事行动，可以说囊括了日本人所能想到的所有夜袭战术。在最初的"万岁突击""强力突击"之外，他们还设计了以美军各部队之间缺口为突击目标的"钻缝战""渗透战"。

陆战三师这时的防线已有近五千五百米，而且所防守地区的地形又都极为险恶，这使得美军每两个部队之间，都不可避免地存在着缝隙和缺口。

日军起先进攻二十一团三营，被弹回来后发现了该营与九团一营之间的缺口，在缺口处，几乎没有美军进行防守，他们便一股劲地往里猛钻，从而占领了二十一团三营后方的一个滩头，直到其中一部分日军向滩头的三营营部发起攻击，三营才如梦方醒，知道自己的后方已渗入了具有相当数量的敌人。营指挥官急忙把炊事兵、文书等非战斗人员组织起来，用以进行抵御，与此同时，一支临时拼凑起来的巡逻队则绕到日军背后的山顶上，向日军投掷手雷，以便使日军发生混乱。

渗透进来的其余日军继续向海边进发，他们肩负着高品所赋予的最重要使命，即毁灭美军运上岸的全部物资和装备，因此每个人身上都满载炸药。遗憾的是，他们不知道美军的物资堆积场到底在哪里，只能在黑暗中瞎摸瞎撞。

堆积场没找到，日军碰到的是陆战三师的野战医院。在美国海军陆战队，即便是伤兵都不是那么好惹的。听到日本兵跑来搅人清静，伤员们顺手抓起手雷、卡宾枪以及一切可以使用的武器——其中尚具备行动能力的轻伤员穿着内衣和睡衣跑出帐外迎敌，重伤员不能移动，就从帐篷里往外射击。

一场混战下来，伤兵们居然也打死了十六个日本兵。

整个陆战三师都被动员起来，师部直属营和运送补给的工兵部队全部投入战斗，炮兵阵地集中火力向日军密集处猛轰，直至击垮日军的增援部队。一锤定音的工作最后由二十一团一营的残部完成，他们通过一次决定性反击填塞了缺口。

此时渗入美军防线后面的日军，在总数上已经超过了防线前的部队，但由于在"反冲击"的最初阶段，冲锋在前的日军军官们都已先后送命，使得酒鬼们缺乏指挥，各作战单位之间均各自为战，没有任何接触和配合。

酒虽然能帮助日本兵横冲直撞，不过其作用也仅能维持一时，在刚开始的亢奋劲过去之后，士兵们全都变得昏昏沉沉，软沓无力。天亮之后，除少数逃进山头或岩洞外，渗入日军被全部肃清。

占领二十一团一营主阵地的日军也是一样混乱和麻痹。他们虽然缴获了美军的迫击炮以及许多炮弹，然而既没有加以利用，也没有予以毁坏，只顾埋头挖散兵坑。

当后续援兵被炮火阻断，挖散兵坑跟自掘坟墓已没有什么分别。风一吹，酒一醒，一些感到绝望的士兵便实施"另类切腹"，用手雷炸穿自己的肚子后自杀，另一些士兵躲在挖好的散兵坑里，眼巴巴地等待死亡降临。

1944 年 7 月 26 日中午，美军一个不少地解决了这些已近乎麻木的日本兵，二十一团一营重新收复了他们的主阵地。

战场上遗留的日军尸体多达四千具。打扫战场时，美军找到一些日军的文件，这才发现日军夜袭的规模非同小可，高品当晚总共投入了十个大队的兵力，数量上比斋藤的"反突击"还多一倍。如此多的日本兵要在黑夜里会集于一处，自然不是件容易的事，难怪要用照明弹了。

陆战三师差一点阴沟里翻船，这与盖格不愿调拨预备队，以致兵力布防过于稀薄有关，不过盖格也有他的难处，盖格的难处是，从关岛南面登陆的部队同样处于水深火热之中，而且更需要支援。

猴戏

关岛之役原本由第三两栖军包办，但后来斯普鲁恩斯认为力量不足，于是又加入了陆军第七十七步兵师，这支部队配合陆战暂编第一旅，从南面的阿加特滩头抢滩登陆。

斯普鲁恩斯的慎重是对的，美军在南面滩头遇到的抵抗，比北面要凶猛得多。履带车刚驶到礁盘边缘，就遭到炮火的猛烈轰击，二十四辆履带车被损坏。这

登陆时的美国士兵手举美国国旗

意味着占总数八分之一的履带车停摆，后续部队的登岸因此受到影响，没有履带车载运的部队只好跳进齐腰深的水中，靠徒涉上岸，如果不是当时日军的炮火正忙于对付先头部队，他们就惨了。

如果说北面日军是"极右"，南面日军就相当于"极左"，恨不能一爪子把登陆美军全部给抓死，他们不仅反应迅速激烈，也明显更会闹腾。天黑之后，日本兵便从阿利凡山的岩洞里钻出来，一边嘴里狂呼乱叫，一边对陆战四团所在防线进行零星射击，目的是诱使美军暴露其阵地位置。

陆战四团全是久经战阵的陆战老兵，日军一计不成，又施一计，将火力试探改成短促突击，但这次又没成功。

屡次失败，只好出大招了。陆战四团和二十二团相连接的地方，为贯通南北的阿格拉—腾爵山公路，日军以六辆坦克为掩护，沿着这条公路发起夜袭。

坦克在公路上碾过时，会发出铿锵的响声，动静比攻击时的枪炮声都要大。陆战队的一名士兵发现后，马上用火箭炮对坦克进行射击。

火箭炮在丛林战中施展空间会受到一定限制，到了开阔场地就变得威力十足。

美军士兵在试射勃朗宁自动步枪。虽名为自动步枪，但在实战中执行的却是火力压制任务，有的型号还装有两脚架，看上去就跟轻机枪没有多少差别了，同时它的机匣用一整块钢加工而成，外观粗壮结实，在任何情况下都很少发生故障。

火箭炮弹除击穿一辆坦克的炮塔外，还使另外两辆坦克被迫停止前进。剩余的日军坦克难以看清目标，只得一个劲地发炮乱轰。

美军的两辆"谢尔曼"坦克趁机绕到后面，将这些日军坦克全部予以击毁。自家坦克都不是对手，集结在坦克周围的步兵哪里能扛得住，于是也往山里四散奔逃。

第一轮夜袭失败，紧跟着便是第二轮。参加这一轮夜袭的日本兵全都喝得醉醺醺的，一边嘴里狂喊"万岁"，一边沿着阿利凡山的一条水沟往陆战四团的中央位置猛冲，领头的日军军官还舞着一面杆头装有刺刀的膏药战旗，显得气势汹汹。

陆战四团的官兵用勃朗宁自动步枪等轻武器实施阻杀。勃朗宁自动步枪名为步枪，但重量不轻，就像一个小杠铃，因此实战中往往作为轻机枪使用。它的优点是全自动射击，扳机一按，一分钟之内枪膛里就能吐出五百五十发子弹，而且很少出现意外和故障，即便在丛林战中都具有极大的杀伤力。

在勃朗宁的扫射下，日军简直成了热锅里爆炒的蚂蚱。最后依靠僵尸堆僵尸以及美军装弹的间隙，日军总算是挤出了一个缝隙，渗透进来的日本兵身上都携带着反坦克雷，这种武器其实伤不着"谢尔曼"，于是他们只好拿来对付步兵——将反坦克雷像铁环一样滚进美军的散兵坑。

突破防线后，日军即向滩头的美军炮兵阵地冲去。由于距离太近，火炮已不能施射，炮兵们遂也放下炮弹，端起适用于近距离射击的卡宾枪、汤姆森冲锋枪，向不断涌来的"人海"泼洒子弹。

岸上的炮不能打，海里的可以。海军支援舰队连忙动用巨炮，对着"人海"的后半部猛轰，使得日军很快出现"断流"，后续部队接不上来，原先所挤开的缺口也就被重新封闭起来。

对陆战四团及其相邻的二十二团来说，这都是一个惊心动魄的夜晚，他们与渗入的日军浴血搏杀一直持续到了第二天拂晓。拂晓之后，从山头到海岸，到处都是尸体，当然里面大部分都是被打死的日本兵。

日军所盘踞的阿利凡山就此成了美军的眼中钉，1944 年 7 月 22 日，陆战四团一点一点推进，逐一扫荡日军的岩洞和掩体，终于瓦解了日军这一精密防御体系，在黄昏时到达阿利凡山的山顶。至 23 日傍晚，所有能控制阿加特登陆场的高地都已被美军拿下。

开场时由陆战四团担任主打，到下一个主要目标澳娄特半岛时，便由陆战二十二团出拳。

攻取澳娄特半岛，目的是要获得阿格拉—腾爵山公路的控制权。阿格拉—腾爵山公路位于半岛底部，公路上布满地雷，而且日军的迫击炮、战防炮也早早对公路进行了瞄准定位，这使战斗变得惨烈无比，美军的进展相当缓慢。

类似的难关不止一两处，陆战队早已是见怪不怪了。老话说得好，常将冷眼观螃蟹，看尔横行到几时，凭日本兵的那点能耐，终究蹦跶不了几下的。7月24日下午，陆战二十二团的先头部队终于到达港口海岸，整个澳娄特半岛上的日军都被封锁，成了瓮中之鳖，这下轮到日军抓狂了。

日军决心突围，不过突围的难度却有如登天：在盖格把预备队的支援力量放在南面后，南面美军的兵力非常雄厚，即便用包围阵势，也丝毫不见单薄，陆战旅、步七十七师云集一处，连运动起来都有些困难。

日军对付这一困难的唯一办法就是喝酒。关岛似乎是整个中太平洋地区的酒库，美军在其他地方从来没有见到过那么多的酒，那真是应有尽有，这使他们也一道过了把美酒瘾。有一个流传很广的笑话，说战斗结束后，人们发现有一个胡子很长的陆战队员在岩洞旁边哭，而且哭得十分伤心，于是便问他是不是因为觉得仗打得太苦。这位老兵抽抽噎噎地解释道："不是仗打得苦，是有一个日本兵跑进了这座岩洞里，然后我跟在他后面扔了一颗手雷。你们猜怎么着？我一共炸毁了六十箱苏格兰好酒。我的个天啦，太让人伤心了！"

在做攻击准备时，日本兵不是擦枪，也不是上弹药，而是搜罗附近所有的好酒。日军的集结点设在一个丛林密布的沼泽岸边，距离美军防线较近，处于一线位置的美军可以将其动静看得一清二楚，他们看到这些日本兵尖叫着，狂笑着，乱扔着空酒瓶，简直就像是动物园里大年三十晚上过节时的情景，哪里有一点大规模反击或突围的气味儿。

美军当然没有这个雅兴，炮兵们抓紧时间对沼泽岸边的各个目标进行测量，并事先计算好了射程。

7月25日，午夜前五分钟，大概是酒已经喝完了，或者喝到了高潮，就听日本兵发出一声尖锐的吼叫，然后便从沼泽地蜂拥而出，集体冲向开阔地。这些冲锋的人群中，军官们挥舞着战刀和军旗，士兵们有的拿着武器，有的赤手空拳，还有的甚至拿着空酒瓶、稻草叉、棒球棒，总之是五花八门，无奇不有。

这正是"猪羊上屠夫家做客，一步步自寻死路"，随着美军指挥官向野战电话机里下达命令，排炮开始向这群蜂拥而来的醉汉们猛砸。日本兵被炸得到处乱窜，在恐怖的尖叫声中，他们的手脚脱离了身体，像雪片一样在空中飞舞。

还没到达美军战线的边缘，日军的第一次攻击就溃退了下去。没有被当场炸死的人都逃回了沼泽之中。

第二次攻击好歹到达了战线边缘，不过充其量也就是在美军面前表演猴戏而已。在照明弹的映照下，这些烂醉如泥的家伙打着滚，掉进了美军的散兵坑里，接着便毫无目标地乱扔手雷，嘴里还乱喊一些含混不清的英语词汇，或是疯狂地哈哈大笑。

美军陆战队员也都是从短兵相接的肉搏战中杀出来的，见对方进入散兵坑，便毫不犹豫地上前将他们灭了个干净。

就算留在集结点的日军日子也不好过。从午夜到凌晨2点，美军一共向沼泽边发射了两万六千颗炮弹，直接把集结点变成了日军的死亡陷阱。

在击破日军的突围企图后，美军以二十二团为主，继续一寸一寸向整个澳娄特半岛挺进。日军士气十分低落，大概连酒精都难以让他们打起精神来了。直到1944年7月27日黄昏，才发现有一个中队的日军排成纵队，在一名握旗军官的带领下，朝美军防线冲来。

不须专业的火炮开口，"谢尔曼"一炮上去，就把军官和他的军旗打成了粉末，接着这个中队也被全歼。

以后日军连中队这样的反击单位也没有了，仅仅是十几个人为一小组，拿着脑袋往枪炮上乱撞，实际上已沦落为一种变相的集体自杀。

7月29日，陆战旅完全占领澳娄特半岛。此前一天，南北两面的美军在腾爵山会师——自从击垮日军的"反冲击"后，北面日军同样成为强弩之末，抵抗完全不成体系。

至此，美军南北两支登陆部队的正面连接为一线，关岛的一半已控制在美军手里。

再表演一次

在 7 月 28 日的一场激战中，原关岛最高指挥官高品彪被击毙，前来关岛视察，因战斗打响而滞留岛上的第三十一军军长小畑英良中将接替指挥。他留下两个大队进行掩护，亲率残余主力撤至圣罗萨山。

小畑给盖格出了个难题。因为缺乏准确的情报，他不知道日军残余主力到底在哪里，而因为兵力和装备有限，美军又不可能全线出击。

最后，通过对现有情报资料以及日军作战特性的分析，盖格作出决定：向北围击。

1944 年 7 月 31 日，稍做休整后的美军再次出发。根据盖格的统一部署，陆战三师在左，步七十七师在右，并肩向北推进，陆战旅则负责巩固和掩护后方，肃清占领区的日军残部。

往北去，逐渐从高地进入茂密的丛林，行军"像耕田一样困难"，但是猛烈的舰炮可以为步兵开路，这使敌人的抵抗只能局限于"轻度到中度"。上午 11 点，陆战三师占领了关岛首府阿格拉，天黑时，各师均进入预定地点。

当山地战转为丛林战，美国海陆军在丛林战战法上的较大差异也开始暴露出来。陆战三师经历过布干维尔岛战役，知道如何与丛林中的敌人缠斗，各部队都是先用散兵线搜索前进，而且每一码的地区都要搜索到，绝不允许遗漏，一旦碰到坚固的日军据点，早就准备好的支援纵队立即上前予以清除。

海军陆战队的黑人士兵正在关岛上搜索残敌。从士兵的神情中就可以看出，拉网式搜索绝不是一件好干的差事。

步七十七师则是以营为单队，沿现有道路和小径前进，各营之间留有未经搜索的很大空隙，这就使大股的日军有可能渗入进来，从而威胁到美军的后方。

情况看起来很严重，但实际上渗进来的不是大股，而只是一些散兵游勇。这是因为沿途日军的通信体系早已被破坏，许多小型战斗单位与高级单位之间完全失去了联系，丛林中为此到处传播着各种各样的谣言，说什么什么地方已经有了新的集中点，害得这些日本兵从这边走到那边，上上下下，辛苦折腾。

结果当然是一场空。于是日本兵只好或单独，或几个人一起，漫无目的地在丛林中游荡，看到美军出现，他们有时放上几枪，或是投上几颗手雷，等到美军一冲上来，便像臭虫一样被捏死了。

这种渗透显然暂时无法对美军构成多大威胁，步七十七师省去了许多搜索步骤，速度得以加快，陆战三师反而落后了。为了能够保持与步七十七师齐头并进，陆战三师也嫁接了陆军的办法，不再进行拉网式搜索，而只另外设置战斗性巡逻队进行代替。

美军进展极快，不断向北部纵深挺进。关岛战役的作战计划以两栖作战为蓝本，在运输工具的配给上，以向内陆深入四到五英里为原则，可是两师实际已深入了十五英里以上，两栖登陆战变成了纯粹大陆性作战，这样便引起了运输困难，粮食弹药也因此无法做到如期和充足地运到第一线。

美军所遭遇到的最大困难，已不再是敌人的抵抗，而是地形和给养。所幸的是，前进部队所到地区离海岸的距离都不太远，海军帮助解决了补给问题。

1944 年 8 月 6 日，美军推进到了圣罗萨山下。在这个紧要关头，小畑又把坦克派了出来。

日军一直以为他们的坦克可以阻止美军的进攻，可是实际上这些破坦克既不敌"谢尔曼"，也极容易被火箭炮所射穿，有时候还会不顾其"主人"的颜面和安全，莫名其妙地乱发神经。

陆战三师的一个连在路边休息，突然听到了坦克声响，然后就看见一辆日军坦克慢悠悠地开了过来，坦克的炮塔盖打开着，一个日军军官站在那里，好像西部牛仔一样，用手枪朝空中乱射。

陆战队员们实在猜不透这名军官的心思：当活靶有什么好神气的？

日本人的思维模式一向都挺令人费解，大家也顾不上琢磨，赶紧四处寻找掩护，准备给"西部牛仔"和他的座驾尝尝滋味儿。这时日军坦克却意外地脱了履带，撞到一棵树上去了。

这个意外的结局，让刚刚还意气风发的日军军官和坦克兵全都慌了神，他们忙不迭地从炮塔里跳出来，纷纷向丛林中逃去。

所谓的日军残余主力并不具备多强的战斗能力，在坦克败阵之后，小畑便只有挨打的份了。8月8日，圣罗萨山周围的日军阵地悉被攻破，美军控制了整座大山。

10日，已退至关岛最北端的小畑向东京发出诀别电："守住关岛已经无望。明天我将同敌人做最后一战。"

12日，美军攻下了小畑的指挥所，包括小畑在内的日军指挥人员不是被杀就是自杀。盖格宣布，关岛日军有组织的抵抗已经被肃清。

关岛一战，日军被打死一万八千五百六十人，被俘一千两百五十人，美军阵亡一千九百一十九人，伤七千一百二十二人，失踪七十人。一样的地形，更多的敌人，但美军的伤亡总数却比塞班岛还要少几乎一半，这被认为是推迟登陆时间，从而增强了进攻兵力以及火力准备的结果。

与塞班岛、提尼安岛的情形一样，关岛上的战斗并没有结束。因为过于强调推进速度，丛林里留下了许多散兵游勇，大约九千名日军零零散散地隐藏了下来，这些日军大多因为补给断绝，在丛林和岩洞中冻饿而死直到战争结束，还有一批日军百余人出来投降，最后一名日本兵是在1972年被猎人发现的，此时这名士兵已经在洞穴里孤独地生活了二十七年。

关岛是美军在收复自己的国土。美国人也搞殖民地，关岛其实就是他们从西班牙人手里抢过来的，但都是搞殖民地，还就数老美有水平。尽管太平洋战争之前，美国并不把关岛当回事，岛上居民却仍对自己的母国保持着极高的忠诚度，加之日本占领期间的倒行逆施，到美军打过来时，所有当地人都愿意为美军担任向导，或是帮助他们作战。这是关岛与塞班岛、提尼安岛很不相同的地方。

关岛战役的胜利结束，标志着尼米兹"奇袭行动"得以完美收官。在此之前，罗斯福曾问尼米兹，为什么袭击特鲁克岛之后，又要绕过特鲁克，直接进攻马里亚纳群岛。

尼米兹讲了一个故事，故事的主人公是一个肥胖的患者，他要求割除阑尾，可是手术后苏醒过来时，却觉得自己的嗓子痛得厉害，便问医生这是为什么。

医生回答："我告诉你，你的病情很特别，因此，我的许多同事都来看我动手术，当手术做完后，他们还向我喝彩。为了再表演一次，我就把你的扁桃腺割掉了！"

尼米兹对罗斯福说："总统先生，我们之所以要打塞班岛和提尼安岛，就是要像那位医生一样，再表演一次。"

尼米兹妙趣横生的比方，引得罗斯福哈哈大笑。

现在太平洋舰队的二度"手术表演"果然再次成功，日本"太平洋防波堤"被汹涌而至的美军军舰、海军陆战队和陆军砸得粉碎，塞班岛、提尼安岛、关岛先后成为盟军的前进基地，仅关岛一地，美国海军工程营就修建了五座大型机场，这一切都预示着，太平洋战争已接近尾声。

第九章 / 向地狱发起攻击

加速战争进程的可能性越来越大了，早在新几内亚战役将近结束时，麦克阿瑟就着手拟制了"滑膛枪手"计划，准备在完成新几内亚的跳跃后，不停顿地跳上菲律宾群岛，把它作为进攻日本的最终跳板。

"滑膛枪手"计划甫一出台，就遭到了欧内斯特·金的反对：这哪是跳，分明是一步一步在走，如此走法，一定会使战局发展缓慢，且付出高昂代价。

欧内斯特·金认为，"滑膛枪手"计划背离了已被美军广泛认可的"蛙跳战术"，重新回到了逐岛进攻的老路上，并不可取。在他提交的另一项作战计划中，建议加大跳跃的幅度，绕过菲律宾，直取台湾，将台湾作为对日本本土发起攻击的跳板。

欧内斯特·金本身是美军参谋长联席会议成员，包括马歇尔在内的其他成员也都对他的想法表示赞成。于是马歇尔便分别通知麦克阿瑟和尼米兹，表示将考虑放弃原先双管齐下的做法，在进军路线上，直接以台湾代替菲律宾。

通知的口吻是征求意见。问麦克阿瑟的意见，自然是不同意，绕过菲律宾，不仅意味着"我将回去"的历史性承诺落空，还将使他无从扮演"菲律宾的解放者"的角色。

麦克阿瑟立即致电马歇尔："菲律宾是美国的领土（当时菲律宾尚未独立）。我们孤立无援的军队曾在那里被敌人消灭，一千七百万菲律宾人几乎仍忠于美国，而由于我们未能支援和救济，他们正处于水深火热之中，我们有义务去解救他们！"

马歇尔早已领教过麦克阿瑟的执拗和孤僻，对这位从年纪到资历都超出自己的前任陆军参谋长，他不得不赔上更多小心。收到电报后，马歇尔立即亲自前往西南太平洋战区司令部，当着面将欧内斯特·金的计划解释了一遍。

不解释还好，一解释，麦克阿瑟火更大了。

他觉得又是欧内斯特·金和"海军阴谋小集团"在暗中捣鬼。

“蛙跳”不是什么都能跳

麦克阿瑟的眼睛里差点要喷出火来。所谓“先煮好自己的粥，别急着打破别人的碗”，在马里亚纳群岛战役之前，的确是他先动了尼米兹的奶酪，可是这次颠倒过来，分明是“小集团”跑来抢他老麦的饭碗了——菲律宾群岛属西南太平洋战区，台湾属中太平洋战区，把台湾作为主要目标，不就是要让他交出手中的兵马，由尼米兹来全面指挥吗？

想独享太平洋战争胜利的荣誉，做梦！

欧内斯特·金说攻菲律宾代价高，麦克阿瑟反驳说攻台湾的代价可能更高，因为台湾的防守和拉包尔一样，可以用固若金汤来形容，“这一口咬得太大了，也太快了”。

欧内斯特·金指责麦克阿瑟捡起了逐岛进攻的俗套，麦克阿瑟则认为“滑膛枪手”计划正是坚持了“蛙跳战术”的原则：“蛙跳”不是什么都能跳，菲律宾群岛建有大量空军基地，如果这也要绕过去的话，就等于在盟军的背上插上了一把尖刀。

马歇尔同样是有备而来。他告诉麦克阿瑟，根据他所掌握的情报，日本正在大力加强菲律宾群岛的防御力量，到盟军进攻菲律宾时，将会发现所要打击的不是原来的目标，任务之艰巨不言而喻。

马歇尔也不再试图遮掩另一层意思，那就是，在马里亚纳群岛战役开始后，参谋长联席会议认识到了美国海军强大的实力，多数人都认为直接与日军交锋的，应该是尼米兹，而不是麦克阿瑟。

要论海上实力，麦克阿瑟确实没法和尼米兹相提并论，“势利”的马歇尔把他的屁股彻底挪到海军那边去了。过去麦克阿瑟曾用撂挑子的方式给过马歇尔难堪，但现在这一套也不起作用了，马歇尔把话说得很明白，“强大的太平洋舰队连同它的几千架飞机将会不停地进行作战”，意思就是你歇下来都无所谓，反正尼米兹那边能担得起。

力量拼不过，只好再煽情，麦克阿瑟对马歇尔说：“如果美国故意绕过菲律宾，就等于抛弃了菲律宾人，我们无疑将招致该民族的敌意，甚至我们可能会在远东所有民族中丧失威信，在今后许多年对美国产生不利影响……”

麦克阿瑟澎湃的激情和伶俐的口才，或许可以轻易打动他的部下和美国公众，但在像石头一般冷静的陆军参谋长身上却全无效果。马歇尔直截了当地打断了他滔滔不绝的演说："将军，我们必须注意不要让我们个人的感情和对于菲律宾的政治考虑，来破坏我们的远大目标。"

　　马歇尔所说的远大目标就是早日结束对日战争。在这个远大目标面前，重新攻取菲律宾群岛，"只不过是一个时间问题罢了"，"绕过"并不等于"抛弃"。

　　见马歇尔不为所动，而且说得有经有纬，麦克阿瑟急了。他站起来，来回踱了几步，然后停在马歇尔的面前激动地说："如果参联会（参谋长联席会议）不能就此作出正确的判断，我将亲自去华盛顿，面见罗斯福总统！"

　　又气又急的麦克阿瑟对欧内斯特·金的进军计划还做了预言：从军事上讲是"完全错误的"，"我认为这一战役是不会成功的"。

　　发完"诅咒"，他对马歇尔表示，一旦"长老会"决定选择欧内斯特·金的计划，他将辞职，不干了！

　　磨了半截舌头，无效不说，倒反而弄得麦克阿瑟跳将起来，马歇尔也感觉很无奈。起身告辞的时候，他给麦克阿瑟留下了话："如果将军想去华盛顿向总统详细陈述意见，那很好。我将向总统报告此事，我想他会同意您为此目的回国的。"

谁没个窝心事呢，油画中的麦克阿瑟似乎也透露出其内心忧郁的一面。

　　马歇尔一走，给麦克阿瑟留下的是绝望黯淡的心境。这位在外人面前性格高傲乖戾的军人，其实内心深处却有着异常脆弱的一面，而绕过菲律宾的军事计划，恰恰像子弹一样击中了这一面。

　　马歇尔看来已完全倒向海军，"长老会"是搞不过的，整个军队系统里面，只有他一个人坚持认为重返菲律宾是必要的。

　　要推翻参谋长联席会议的决定，只有罗斯福才能办得到，但麦克阿瑟口口声声的"见君面圣"也不过是情急之下的一根救命稻草——谁知道罗斯福会是什么态度呢，他完全可以找借口拒绝见面，以躲开这个是非旋涡。

似乎只剩下辞职这一条路了，麦克阿瑟的心情坏到了极点。在那段时间里，他经常一个人独自在沙滩上散步，一边默默地抽着他那标志性的大烟斗，一边眺望着蓝色的大海，谁也不知道他在想什么，是马尼拉的断墙残垣，是菲律宾人焦渴的目光，还是战俘营里骨瘦如柴的昔日部下？

麦克阿瑟在海边一待就是半天。每当这个时候，他的夫人总会默默地走到他的身旁，挽着他的胳膊一同回屋。

消沉的情绪让麦克阿瑟一向挺得笔直的腰杆也有些弯曲起来，他实在无法接受这样的事实：作为一个猎手，看到猎物已撞到枪口，却失去了开枪的权利。

就在麦克阿瑟感到心灰意懒的时候，马歇尔突然发来电报，要他到珍珠港参加会谈。

麦克阿瑟在哪里

马歇尔在电报中没有透露与谁会谈，更未涉及会谈内容，但麦克阿瑟还是凭借直觉意识到，邀他会谈的一定是罗斯福。

这个时候总统来珍珠港还能做什么？很明显，会谈议题一定与太平洋战略，特别是要不要绕过菲律宾有关。

麦克阿瑟马上乘坐"巴丹"号专机前往珍珠港。尽管实际上又惊又喜，但老麦的脾气任何时候都不会变，在明知可能是总统相邀的情况下，他还硬要装出很随便很无所谓的样子——一没带计划，二没带地图，三没带官员，只有五名助手相随。在飞机上，他一边踱步，一边絮絮叨叨地抱怨："强迫我离开指挥部而飞去夏威夷，意在政治亮相，进行郊游野餐，这是对我的侮辱！"

麦克阿瑟猜得没错，罗斯福来了。

罗斯福不能不来珍珠港，不仅仅是要协调海陆军之间的矛盾，还因为麦克阿瑟私下对马歇尔声称要辞职的话，已触动了他的心思。

麦克阿瑟虽不受"长老会"和海军的待见，但他在美国国内却是一个受到普遍爱戴的英雄，一个新闻界、舆论界的宠儿，一些议员还曾酝酿推举麦克阿瑟为总统候选人，他的名字在美国国内的大小报刊上被炒得沸沸扬扬。

麦克阿瑟自己也不是完全没有竞选总统的念头，只是他知道，美国宪法有明文规定，禁止现役军人成为任何公职的竞选人，何况他本人也更希望首先实现率部重返菲律宾、取得太平洋战争胜利的愿望，因此他曾公开发表声明，宣布自己无意参选，"我不搞这些玩意，也不会接受提名"。

麦克阿瑟声明不竞选总统，无疑让正谋求连任的罗斯福松了口气。有人风趣地对麦克阿瑟说："我相信，罗斯福总统每晚上床以前，一定要朝床底下望一望，看看您是否真的不在那儿了，他才会放心。"

现在麦克阿瑟扬言要辞职，一辞职，便没有了竞选总统的法律障碍，以麦克阿瑟此时在美国公众中拥有的超高人气和支持率，毫无疑问将会成为罗斯福的强劲对手。

罗斯福的心悬了起来，他晚上又睡不好觉了。

一定要摆平麦克阿瑟，但是怎么摆平很有技巧。如果同意麦克阿瑟来华盛顿，麦克阿瑟可能会抓住机会，向公众进行宣讲，要求打回菲律宾，那时罗斯福不管同不同意，都会损及他的政治声誉和影响力。

公开是不行的，那就不妨举行一次内部的秘密会谈。珍珠港是前线，那里有严密的安全措施和新闻检查制度，没有舆论介入，便于大家心平气和地商讨问题。

1944 年 7 月 21 日，罗斯福登上了前去夏威夷的"巴尔的摩"号巡洋舰，在此之前，他刚刚被第四次提名为总统候选人。

美军水兵在瓦胡岛上悼念珍珠港事件中丧生的同胞

7 月 26 日午后，"巴尔的摩"号徐徐驶进珍珠港港湾，尼米兹走上甲板向罗斯福敬礼，岸上的军官们也都站成一行向总统致敬。罗斯福面带微笑地接受了众人的迎接，但欢迎队列刚刚散去，他就问尼米兹：

"麦克阿瑟在哪里？"

在"巴尔的摩"号停靠珍珠港码头前一个小时，麦克阿瑟其实已经抵达珍珠港，但他却并没有出席欢迎仪式，而是到西点军校的老同学那里叙旧去了。

就在尼米兹也不知如何回答总统的时候，远处突然笛声大作，伴随着阵阵欢呼，一辆开路摩托轰鸣着向码头开来，后面紧跟着一辆带有陆军上将标志的黑色敞篷大轿车，独自一人坐在后排座位上的，正是麦克阿瑟。

只见他头戴菲律宾元首帽，也就是那顶"炒蛋式军帽"，身穿棕色飞行员皮夹克和土黄色卡其布军裤，嘴上叼着玉米芯大烟斗，再加上一副墨镜，整个人派头十足。岸上的陆军士兵中，麦克阿瑟的粉丝不少，这些人一看偶像到了，全都忘情地欢呼起来。

欢呼声停止后，麦克阿瑟走出轿车，大步流星地向跳板走去，中间又响起了一次欢呼，他听到后停住脚步，向欢呼的士兵致谢，接着便登上"巴尔的摩"号的甲板，向总统敬了一个标准的军礼。

这一瞬间，所有的聚焦点都集中到了麦克阿瑟，而不是罗斯福身上，换句话说，他抢走了在场所有人的风头。

最合格的将官

幸亏麦克阿瑟面对的是美国总统，要是中国皇帝，一准会认定他有篡权杀君的野心，乃是十足的乱臣贼子。

罗斯福是民选总统，没那么娇贵和小心眼，但说实话，对麦克阿瑟这种喧宾夺主的做法也有些不自在。再看麦克阿瑟还穿着冬天的军服，与尼米兹身上笔挺的白色制服形成了鲜明对比，于是两人握手时，他就问道："道格拉斯，你到这里来同我们见面，干吗不穿该穿的服装呢？"

麦克阿瑟随口回答："哎呀，你没到我那个地方去，天气冷得很！"

罗斯福没再说什么。

寒暄之后，罗斯福、麦克阿瑟、尼米兹一起坐在甲板的椅子上，让摄影师为他们照相。即便这个会谈前的一般程序，事后还被麦克阿瑟说成是"官场上俗不可耐的丑剧，让我离开指挥岗位来拍这种政治性的照片，简直是耻辱"。

第二天由罗斯福做东举行了宴会，饭后，众人聚集在会客厅里开始讨论正事，具体就是讨论太平洋战争的下一阶段行动计划。尼米兹为这次讨论准备了许多地图、计划、手稿，以及各种统计数据，麦克阿瑟却什么都没有，就凭带来的一张嘴，这时他才意识到自己是在"单干"。

尼米兹首先发言，他拿出来的方案实际上就是欧内斯特·金的计划。不出麦克阿瑟所料，按照这一计划，他所指挥的全部美军，除象征性地留下两个师和几个飞行中队外，其余都要交给尼米兹。

轮到麦克阿瑟了，他仍旧从政治和道义的角度，强调了收复菲律宾的重要意义："如果绕过菲律宾，美国舆论就要谴责您，总统先生，而谴责您是有道理的。"

罗斯福已看过关于日军加强菲律宾防御力量的报告，他沉吟着说："道格拉斯，你说的虽然不错，但是因此需要付出的代价，我们恐怕承受不了。我认为我们似乎还是应当绕过它。"

麦克阿瑟马上回答："总统先生，我的损失不会大，决不会比过去大。"他竭力向罗斯福保证，只要由他来指挥，绝不会出现难以承受的损失，因为"只有平庸的指挥官才会那样，优秀的指挥官打仗是不会招致重大损失的"。

当时尼米兹部署的塞班岛战役已经结束，麦克阿瑟指挥的比亚克岛之战尚未打完，在这两场战役中美军的伤亡都不小。不过尼米兹在这场会谈中显示出了他为人厚道以及光明磊落的一面，在麦克阿瑟发言时，他始终保持沉默，既未指摘麦克阿瑟话里的漏洞，更没有告诉罗斯福，他的中太平洋攻势牵制了多少日军主力，否则的话，麦克阿瑟的损失可能还会更大。

事实上，尼米兹本身对欧内斯特·金计划也有怀疑，认为绕过菲律宾并不是一个好办法。此时此刻，他想的不是个人得失，或与麦克阿瑟计较短长，而是如何以最小的代价换取最大的胜利。

旁观者都以为尼米兹和麦克阿瑟是竞争者，两人之间会发生激烈争执，结果这种争执并没有发生，尼米兹也像罗斯福一样，一直在认真倾听麦克阿瑟的意见。

讨论从午夜持续到隔天早晨，麦克阿瑟不但说服了总统，也说服了尼米兹。在场的人都被这种诚恳气氛所感动，他们认为麦克阿瑟和尼米兹是"完成这个伟大任务的最合格的将官"。

罗斯福起初主要担心麦克阿瑟和尼米兹之间产生摩擦。在了解尼米兹的真实想法后，麦克阿瑟让罗斯福放一百二十个心："您不必担心我和尼米兹将军之间的分歧，他对金将军的计划并非真心拥护。总统先生，我和尼米兹将军完全相互了解。"

大家都释然了。在第三天举行的正式晚宴上，罗斯福、麦克阿瑟、尼米兹三人共同举杯，罗斯福对他的两位上将说："我

签署对日战争声明时的罗斯福总统

希望这是最后一次调解你们的分歧，下次喝酒的地点将在东京的庆功会上。"

心病还要心药医，麦克阿瑟带着好心情离开了珍珠港，临上飞机前，他不无得意地对幕僚说，"我们得手了！"

珍珠港会晤是麦克阿瑟和罗斯福相隔七年之后的第一次见面。当近在咫尺时，麦克阿瑟才发现总统清瘦而苍老，身体瘦削得仿佛一副人形骨架，行动也有些迟缓，上下车都需要人搀扶，而实际上罗斯福的年龄比麦克阿瑟尚小两岁。

显然，罗斯福的有生之年已经屈指可数。麦克阿瑟很是震惊，他意识到死神也在向他靠拢，不由感叹人的一生多么有限，如果不能在有生之年完成自己许下的诺言，又将是多么遗憾的一件事。

回到布里斯班不久，麦克阿瑟就收到了菲律宾总统奎松逝世的消息，悲痛之余，他出兵收复菲律宾的心情更显迫切。

尽管罗斯福已同意了麦克阿瑟的设想，但事情并没有就此一帆风顺。参谋长联席会议里的意见出现了分化，马歇尔受罗斯福的影响，转到了麦克阿瑟的立场上，欧内斯特·金固执己见，认为解放菲律宾"只能因感情用事而延缓战争进程"，其他几名成员则还在犹豫不决。

直到一个多月后的一个偶然发现，才促使优柔寡断的"长老会"做出了最终决断。

僵持行动

1944 年 9 月 12 日和 13 日，哈尔西根据尼米兹的部署，出动两千四百架次飞机深入菲律宾中部轰炸日军机场，以便为进攻帕劳群岛做准备。

在两天的轰炸行动中，美军共击落一百七十三架日机，在地面上又摧毁三百零五架，而他们遭遇的抵抗却小得令人难以置信，总共只损失了八架飞机和十名飞行员。

这说明，菲律宾中部的防御力量并未得到真正加强，或者是日军想加强也有心无力了——东条在任时不肯接受佐藤的建议，将马里亚纳群岛和加罗林群岛的兵力转移至菲律宾，现在遭报应了。

哈尔西立刻向尼米兹和华盛顿方面报告："敌军缩手缩脚的态度，令人不能置信并且是奇怪的。我们发现菲律宾中部是个防守薄弱、缺乏设施的空壳！"

哈尔西的发现打消了参谋长联席会议的顾虑，除欧内斯特·金以外，其余成员全都坚定地站到了麦克阿瑟一边。9 月 15 日，参谋长联席会议发表了用以指导太平洋战争的新战略："火枪手第二"计划。这一计划除将首先攻占的岛屿由棉兰老岛换成莱特岛外，基本上是麦克阿瑟"滑膛枪手"计划的翻版。

计划中唯一的变更，也来自哈尔西的建议。美军在空袭棉兰老岛时，一架舰载机坠落于莱特岛，机上飞行员从当地居民的口中探听到，岛上日军守备兵力较为薄弱。脱险归队后，这名飞行员便把所获情报送到了哈尔西手中。

逼近莫罗泰岛的美军登陆舰队

不过"火枪手第二"计划下达得还是晚了一些，麦克阿瑟为攻击棉兰老岛而实施的莫罗泰岛登陆行动，已来不及取消了。

9 月 15 日当天，麦克阿瑟在巡洋舰上观看了登陆实况："白杨树部队"的两万八千名官兵迅速冲上莫罗泰岛沿岸，连一声枪响都没听到，岛上约五百名日本兵便逃得没影了。

美军成功登陆后两小时，麦克阿瑟上岸进行巡视，他在岸上停留了三个小时后才返回军舰。毫无疑问，莫罗泰岛战役是美军在整个太平洋战争中最容易的一次两栖作战。

同一天，尼米兹的部队按照早已制定的"僵持行动"，也在帕劳群岛最南面的贝里琉岛实施登陆。

在日军的防御体系中，帕劳群岛一直居于锁链地位，同时它距离菲律宾南部较近，中型轰炸机就可以够得着，堪称菲律宾的门户。如果日军控制帕劳，当美军进攻菲律宾时，它足以构成一个潜在威胁，而一旦被美军所掌握，也会转而成为一把正对着日军据点的手枪。

正是因为这个原因，无论麦克阿瑟的"滑膛枪手"计划，还是尼米兹本来准备采用的欧内斯特·金计划，两条进攻路线里都没有少掉帕劳。

作为帕劳群岛中最重要的岛屿，贝里琉岛拥有这一地区最主要的机场，理所当然成为占领帕劳的关键环节。美军对贝里琉岛的防守情况也做了了解，通过空中侦察，他们发现岛上并没有什么险峻的高山，或者其他可怕的障碍物，而从塞班岛缴获的日军文件，以及其他方面的零碎资料上，可以知道岛上日军数量有一万多。

贝里琉岛是一座面积很小的珊瑚岛，最大的长度只有六英里，最大的宽度也不超过两英里，简直可用小如弹丸来形容。有人统计了一下，只要美军有一个加强师登陆，则平均每个人仅可分摊到两点五平方米的土地，这么小的一座岛，子弹都能打个对穿。凡此种种，都令尼米兹等多数海军高层相信，在帕劳群岛所有具有战术重要性的岛屿中，贝里琉岛也最容易攻克。

战前哈尔西曾担心贝里琉岛会变成第二个塔拉瓦，他建议尼米兹索性取消"僵持行动"，把准备参加这一登陆作战的地面部队交给麦克阿瑟指挥，用以投入莱特岛的登陆作战。

尼米兹没有同意，他认为占领贝里琉岛与登陆莱特岛没有矛盾，贝里琉可以用来作为进攻莱特的补给站，再者，贝里琉距关岛不远，一旦落入美军手中，就"蛙跳战术"的整体效果而言，便封住了马里亚纳至加罗林包围圈的最后一个缺口。

登陆贝里琉岛的主力为第三两栖军所属的陆战一师。陆战一师是美国海军陆战队的首席王牌，鼎鼎大名的"瓜岛屠夫"，兵员有一万七千人，加上军直属部队，共达两万八千人，无论素质还是数量，都被认为远远超过了岛上守军。

按照"僵持行动"制定的时间表，陆战一师只需两天便足可拿下整个贝里琉岛，师长鲁普特斯少将还算保守，又加了两天，时间表变成了四天，并且预计："这将是一次短暂的行动，一场'激烈'的速战。"

大家全都踌躇满志，但谁也没有料到，"僵持"这个倒霉名称居然暗合了整个过程，之后的贝里琉岛战役由速战速决变成了久拖不决，别说四天，在四周甚至比这更长的时间内都没能结束。

天然堡垒

由于塞班战役尚未开始前，贝里琉岛的守军就已处于高度戒备状态，所以美军很难实施奇袭，只能按部就班地进行攻击。

按照两栖作战的必定规程，航母部队出动四百架舰载机，与贝里琉岛海面上的火力支援舰队一起，连续三天对这座小岛进行轰炸和炮击。贝里琉岛水际滩头的各种障碍物遭到彻底摧毁，岸上丘陵地带一切看得见的防御设施也不见了，支援舰队告诉第三两栖军军长盖格："已经没有目标可以再进行攻击了。"

尽管如此，即便到登陆前的最后几分钟，也还会进行重复打击。1944年9月15日，上午8点，伴随着雷鸣般的声响，美军战列舰上的十六英寸巨炮喷出了长长的红色火焰，炮弹像火车头一样呼啸着飞向小岛。

待命出发的陆战队员们欣赏着这一场面，一名士兵咂咂嘴，对另一名士兵说："兄弟，打这种十六英寸的炮弹，花费一定会很高昂。"

那名士兵满不在乎地回了一句："去他妈的花费！"

除战列舰外，其他大小舰炮也没歇着，巡洋舰"八英寸机关枪"的齐射、驱逐舰"六英寸机关枪"的快射，比之于战列舰的"火车头"毫不逊色。在贝里琉岛的上空，舰载机则用炸弹和火箭来来去去地进行射击。

从指挥船上看过去，一个巨大的浓黑烟幕完全笼罩了贝里琉岛，烟幕之下，岛上一片火海。

上午 8 点 32 分，正式开始抢滩登陆。盖格、鲁普特斯的计划是，在二十分钟内，让五个先头营的四千五百人上岸，八十五分钟内，上岸八千人。

在指挥船的附近，出现了一群登陆艇，上面挤满装着花斑军装的士兵。这些登陆艇好像无目的地在水中绕圈子，随后便呈波状向海岸出发线前进，

滩头被火力压制住的陆战队员

到达出发线后，履带登陆车再把登陆艇的士兵一批批地接送到滩头上去。

履带车以密集队形向滩头进发，此时海滩上仍寂静无声，这一情景与盖格指挥的关岛战役十分相似。

登陆滩头的前奏似乎已大功告成，但当美军登上沙滩，并冲到距离日军防波堤三十米时，突然间枪炮声大作，毫无防备的美军遭到猛烈射击，已下车前进的几百名美军当场倒在沙滩上，履带车也一辆辆被击毁于岸边。

代号"蜘蛛"的美军侦察机向指挥船通报情况："第一波遇到抵抗！"

贝里琉岛上有着大片的常绿丛林，美军侦察机战前进行观察和空中照相时，真正的地形被完全遮盖住了。事实上，贝里琉岛的山岭虽然不是太高，然而岛上遍布石灰岩，日军在松软的岩壁上挖掘了炮兵阵地、机枪火力网和地堡，工兵还开凿了隧道，这些火力网点连成一片后，便使贝里琉岛成为一座天然堡垒。

美军持续三天的轰炸和炮击，只是摧毁了露于表面的日军仓库和岸上设备，许多工事深藏在山壁中，炸弹根本就触碰不到。比如，海滩上的日军重火力点就一个都没能端掉。

在离海岸只有五十米处，有一个可俯瞰登陆滩头的海岬（突入海中的尖形陆地），上面有一座约十米高的崎岖珊瑚岭。对前进中的陆战队员而言，这是一个恐怖的天然障碍，然而更令人恐怖的是，战前配发的地图对这座珊瑚岭根本未做标注！

美军后来将该珊瑚岭称作"要点"。"要点"正面布满蜂窝状的珊瑚洞以及日本

人用炸药炸出的射击掩体，而仅凭侦察机从空中拍摄的照片，也确实难以看出这些珊瑚洞和掩体的存在。

当美军刚刚登岸时，日军一反常态地隐忍不发，等美军进入近距离，"要点"和海滩上的其他日军暗藏火力点才施虐起来，其中仅"要点"就装备有一门反坦克炮和六门双连机关炮，加之距离又相隔如此之近，自然具有非同一般的杀伤力。

五个先头营中，位于最北面的陆战一团两个营离"要点"最近，伤亡也最为惨重，更糟的是，搭载大多数野战电话设备和报务员的履带车也在暗礁上被反坦克炮击毁，在失去通信调度后，各营变得更加混乱不堪。

位于登陆队列最南面的陆战七团三营虽可避开"要点"的火力，可是侧翼又遭到了海滩暗藏火力点的袭击，很多履带车还没登陆就被干掉了，从车辆中跳出的士兵成为日军机枪的活靶子，机枪一遍遍地犁过去，三营的伤亡情况令人咋舌。

指挥船的无线电扬声器里不断响彻着"蜘蛛"的呼叫："敌人有强大的火力，抵抗已经由中度转为重度，暗礁上的一些两栖履带车辆正在燃烧！"

暗礁和滩头上又升起几十道黑烟柱，"蜘蛛"惊叫起来："糟透了，敌人有一门巨炮正在发射，白色滩头（陆战一团所在的登陆滩头代号）上大约有二十辆两栖履带车辆在燃烧着，在橙三滩头（陆战七团三营所在的登陆滩头代号），我也可以看见有十八辆在燃烧着，巨炮的纵射可以达到这个滩头……"

最大号的日本佬

守备贝里琉岛的日军主力为第十四师团，下辖第二联队和第十五联队第三大队，加上海军守备队、劳工、地勤人员，总数确实只有一万多，数量上与美军掌握的情况出入不大，但作为从中国东北抽出的关东军、日本仅剩的精锐部队之一，第十四师团的兵员经过精挑细选，且有许多参加过侵华战争的老兵，整体战斗力很强。

一个较明显的特征是，当时的日本人普通个矮，然而第十四师团却有一些身高超过一米八的大块头兵，后来与之交战的美军士兵称他们是自己生平所见过的"最大号的日本佬"。

应该说，如果仅仅如此，其实并不可怕，在马里亚纳战役中，驻于提尼安岛、关岛的第二十九师团还不是给美军陆战队三下五除二地给铲掉了，可怕的是日军战术思维的改变。

从瓜岛战役到马里亚纳战役，日军防守时往往不顾美军优势火力，一味猛打猛冲，结果却导致一败再败。随着马里亚纳战役结束，日军大本营终于痛定思痛，在战术上做出了调整，决定采取纵深防御、坑道工事的策略，和美军大打消耗战。

收到大本营所谓的"七月指示"后，第十四师团长井上贞卫对部下说："胜利取决于我们能否吸取最近几个战役，特别是塞班岛之战的教训。美国人全靠他们的物资力量取胜，如果我们能用物资力量打败他们的话，那将使他们受到难以想象的震动。"

第一次，在日军的动员中，"物资力量"取代了"精神力量"和武士道，这意味着一个相当大的改变。

井上专门制订了作战方案，但在美军登陆时，他已经到别的地方视察去了。接替井上任岛上最高指挥官的是第二联队队长中川州男，中川曾参与侵华战争，后进入陆军大学深造，具备较丰富的实战经验和战术素养，井上不在岛上，便由他来对作战方案实施和检验。

按照新的作战方案，每个日本兵都被要求固守在岩洞里和峭壁上，凭借险要地势和错综复杂的防御工事进行防守。这使先前子弹可以从岛上对穿过的计算完全落空，因为当美军在地面作战的时候，日军却大多躲在地下或暗藏工事内——那些工事都经过良好的伪装，与天然地形简直难以区分，甚至当美军士兵已经走到枪眼跟前时，都还没有发现它们的存在。

要说中川在指挥上有什么问题，就是他犯了日军的一个通病，即不善于集中使用火炮，所有火炮都是各打各的，否则的话，暗礁和滩

对贝里琉岛的每一步推进都很艰难

头都将成为美军难以逾越的一道天险。

即便如此，火炮阻击还是使美军在登陆时蒙受了很大损失，炮弹在整个海岸线上激起大大小小的水柱，珊瑚碎片被炸得满天飞舞。停泊于海面上的指挥艇也遭到了炮击，炮弹接连飞来，令小艇上的指挥官们大惊失色，好在连发的三颗炮弹一颗都没命中目标，全从小艇上方掠过，在艇后爆炸了。

度过重重劫难，美军终于迎来转机。陆战五团的两个营处于登陆队形的中央，离日军的重型火炮最远，以此为突破口，第一波陆战队员陆续登上了滩头。

随着一声令下，第二波全副武装的陆战队员沿着运输舰的栏杆，分别走向指定位置，他们看到从岸边返回的登陆艇上多数已载满伤兵。伤兵一上大船，这些士兵立即纷纷从网梯上爬了下去，然后再从登陆艇转移到履带车上去。

参加这次战役的陆战队员里面，除莱基一类的老兵外，还有许多新兵，比如五团三营 K 连的迫击炮手、外号"大锤"的斯莱奇，他当时就在第二波的队列里。

这是斯莱奇自加入陆战一师以来参与的第一场战役。相比于当年登上瓜岛的莱基，现在的斯莱奇更为紧张，因为这时岸上的战斗已提前进入白热化，各种武器的声音响成一片，以至于他和队友说话时，必须大声喊叫对方才能听得见。

履带车还停在水面空转，以等待向海滩进发的信号。这种等待让斯莱奇这样的新兵倍受煎熬，仿佛比几辈子还要长，随着紧张气氛的持续升级，他冒出了一身冷汗，胃部也随之收缩成一团，甚至连咽口唾沫都觉得困难了。

等待时间的延长，缘于原先的履带车已经不够用了，得重新组织和分配。

直到看见第二波的海军信号兵朝海滩方向挥动旗帜，履带车的驾驶员发动引擎，斯莱奇才感到了一种"疯狂的解脱"。

最糟糕的一天

当履带车驶上一个波峰时，斯莱奇的眼前出现了一幅骇人的画面，只见沿岸火焰连绵不断，烟雾如同墙壁一样厚，看上去就仿佛一座巨大的火山从海底喷发了出来。

贝里琉已经不是一座小岛，那是一座燃烧着的地狱。肩并肩挤在履带车里的士兵们变得紧张起来，有些人全神贯注地蹙着眉头，有些人则试图通过其他方式来缓解情绪。带队的少尉军官拿出了一个酒瓶："来点儿，小伙子们！"

斯莱奇没有喝，不是不紧张，而是他平时就烟酒不沾，光闻一闻酒瓶的软木塞味道就够受了。

除了喝两口酒，开玩笑也是疏解恐惧的一种方法。不过当履带车碰到水下珊瑚礁的顶部，或因为别的什么原因发出不寻常的声响时，这些法子又全都失效了，人们的表情看上去个个像是快要精神分裂似的。

随着履带车逐步靠近海岸，真正的危险也终于如约而至。日军炮弹呜呜地飞过，像暴风雨一般砸在颠簸航行的履带车编队中间，在这一过程里，不断有履带车被炮弹直接命中。斯莱奇所在的履带车算是幸运的，它从被炮弹轰起的水柱间穿过，跃出水面，然后驶上了微微倾斜的沙滩。

在斯莱奇从履带车里跳出的一刹那，一束炽热的机关枪子弹齐眉射来，几乎擦着他的脸。他一下子失去了平衡，摔倒在沙滩上，身上所背的枪支和装备哐当作响。

"快离开沙滩！"

斯莱奇迅速爬离沙滩，以寻找掩体。他回头看去，原来的登陆点已完全被黑烟所笼罩，一辆"鸭子"被日军的炮弹直接命中，无数碎片飞向空中——一个人也没跑出来……

战友的惨死，让新兵斯莱奇体会到了战争的残酷与痛苦，最初的惊恐慌乱也开始被满腔怒火所代替。

上岸的陆战队员越来越多，陆战五团开始越过海滩，向机场前进。K连走了没多远，便遭到日军机枪和迫击炮暴风雨一般的阻击，全连所有人都趴在了地上，一动也不敢动，新兵如此，老兵更是如此，因为谁都明白，从如此猛烈的炮火下站起来就意味着自杀。

履带登陆车的好处是水陆两用，到陆地上可以当成坦克，为步兵提供掩护和支援，但如果它自己都中了炮弹，那就完了。

解除威胁的唯一途径，是舰炮和俯冲轰炸机的支援，或者是友军的侧击，否则就什么都不能做。半个小时后，日军的火力点歇火，虽然仅仅半个小时，但斯莱奇却感觉持续了几个小时。

接到命令的K连重新出发。下午4点45分，斯莱奇看到了一个异常情况，他问身边的一位老兵："嘿，那些两用车干吗要穿过飞机场向日本人的防线跑？"

老兵到底见多识广，大声喊道："那不是两用车，是日本坦克！"

在上空观察的"蜘蛛"向指挥船发出了急促的警告："敌人的战车在步兵支援之下，正经过飞机场，向狐狼进攻。"

"狐狼"正是陆战五团的代号。中川用坦克向他们实施了第一波反击，这些坦克先在山脊后的隘路上集合成编队，然后越过机场直冲过来。

坦克编队来势凶猛，受过特殊训练的步兵乘坐在坦克顶上，更多的步兵则跟在后面蜂拥而至。这些日本兵不像以往那样紧紧排成一排，队伍中也没有挥舞军刀的狂热督战官，他们相互之间都保持着适当距离，同时也知道如何合理利用地上的弹坑和其他障碍物进行隐蔽跃进。跃进过程中，不进入手中武器的有效距离，就绝不轻易开火。

另一边，三十辆"谢尔曼"坦克在午前即已渡过暗礁，正加速赶来对"狐狼"进行支援。

如果中川能趁"谢尔曼"尚未完全集结之际，首先集中全力扫荡美军步兵，突破防线后再冲击其炮兵阵地，那么陆战五团的损失将会很大，但关键时候，他在指挥上犯了一个错误：坦克编队不是朝步兵，而是直奔自己的同行而去，并且采取了突击方式。

突击需要速度，坦克驾驶员将油门全开，感觉就像是屁股后面着了火一样，还趴在坦克上的步兵拼命抓紧固定物以求不摔下来，尾随的步兵则再也追不上了，被坦克远远地抛在身后。

编队一散架，步车协同的优势便无处发挥，同时日军坦克也完全不是"谢尔曼"的对手，这是战场上早就证明了的事实。它们主动投怀送抱，正合美军的心意，第一辆到达现场的"谢尔曼"单枪匹马，便把坦克群给搅得大乱。

日军坦克伤不了"谢尔曼"，倒是山脊上飞来的一颗反坦克炮弹，把"谢尔曼"

的操纵机件给打坏了。一时间，"谢尔曼"
无法再左右周旋，只能直进或是直退。"谢
尔曼"的车长见状，一边下令后退，一边
旋转炮口，继续向日军坦克猛轰。

K连的左边也出现了一些"谢尔曼"。
斯莱奇和队友斯纳夫架起一门迫击炮，准
备对坦克施射，但由于他们冲得太前，一
辆"谢尔曼"竟然朝他们开起了炮，结果
直到击退日军的反击，斯莱奇的迫击炮都
没能发挥作用。

其他步兵没有这么倒霉，火箭炮、战
防炮都纷纷加入了射击群。在各种武器的

被摧毁的日军九五式坦克。在与日军坦克对阵
时，美军的 M4 坦克占有绝对优势。

攻击下，日军坦克被击毁十七辆，只有一辆冲破美军防线，不过很快也被击毁了。

乘坐在坦克顶上的日军步兵傻了眼，坦克一瘫痪，他们就只能任由美军射手点
名。一会儿工夫，这些搭车步兵便像泡沫一样消失掉了。原先跟在坦克后面的步兵
同样是树倒猢狲散，哪里来的，又从哪里灰溜溜地退了回去。

第一波反击失败后，中川又接连发动了两次反击。这两次反击不仅毫无建树，
还赔光了他在贝里琉岛的所有坦克。

随着时间的延续，陆战一师的其他两个团也渐渐跟了上来：在白色海滩，一团
K连（不是斯莱奇所属的那个连）通过迂回，终于冲上"要点"并消灭了防御阵地
内的敌人，代价是士兵只剩下三分之一，这个 K 连再不能称为"连"了；在橙三滩
头，陆战七团亦到达与兄弟部队平行的位置。

至下午 6 点，美军完全占领贝里琉岛海滩，开始挖掘战壕过夜。经过这一天的
激战，陆战一师先期登陆的五个营约有一千一百名士兵阵亡、失踪或负伤，损失率
超过百分之五十。除此之外，还有大量装备被毁，其中仅"水牛"型履带车就损失
六十辆之多。

整个贝里琉岛都是前线，除了死人，没有人能自处于火力之外。斯莱奇所在营
的营指挥官上岸没多久就阵亡了，新任指挥官在天黑前也被击中，负伤撤到了医护

船上。斯莱奇认识的一位老兵说，这是他们见过的打得最糟糕的一天。

当夜幕降临，陷在浅水或沙泥中的车辆和装备，以及横七竖八漂浮在浅滩水面上的尸体，都让人的后背生出阵阵凉意。哈尔西的担心不幸成为事实，在登陆的第一天，塔拉瓦的惨状就在贝里琉岛复现了。

比登陆更可怕的事情

贝里琉岛白天的温度常常高达四十六摄氏度。尽管瓜岛战役以来，陆战一师一直生活在热带地区，可这里的酷热，却是他们从未经历过的，当强烈的太阳光照射到闪白发亮的珊瑚石上时，简直令人无法忍受。

很多人都热得昏了过去，甚至有的经历过格洛斯特战役的老兵，都因虚脱被送回了后方。

天热，就需要不停地补充水分。由于日军对海滩实施了全天候的密集火力打击，包括饮用水在内的后勤物资一时送不上来，而随身携带的军用水壶早就空空如也。一名士兵问他的班长："有水吗？"班长没好气地晃了晃自己的水壶："没有他妈的一滴水！"

每个人都在口渴难耐中迎接日军的到来，因为大家都知道，晚上日本人照例是闲不住的。不过令人感到十分诧异的是，过去那种热热闹闹，咋咋呼呼，犹如演戏一般的"万岁突击"却并没有出现。

打"万岁突击"一直是陆战队老兵的最爱，斯莱奇不止一次听老兵唠叨："他们会发动自杀式进攻，等我们把他们的屁股打烂，然后就能离开这该死的热礁石，兴许将军会把我们师送回墨尔本呢。"

为什么期待中的"万岁突击"没有上演呢？一名高级军官猜测，这可能预示着日军的士气已经非常低落，胆小鬼们不敢冲了。

然而他猜错了，依照"七月指示"和新的作战方案，日军摒弃了漫无目标的自杀性冲锋，他们明确地认识到，高喊"万岁"进行冲杀的战术没有多大用处——这倒并不是说，日本兵的命从此变得值钱了，而是他们认为，可以用这些士兵的性命换取对方更大的损失。

白天的步车协同进攻已显示出，日军在贝里琉采取的战术将和别处大不一样，天黑之后，斯莱奇的这一印象继续得到加强：日本人没有蜂拥着冲上来，而是对 K 连所在阵地进行了彻夜炮击。

对于任何一个步兵来说，挨一晚上的炮击都不啻在接受刑罚，因为谁也不知道下一颗炮弹或者炮弹碎片会不会真的落到自己身上。如果让斯莱奇选择，他情愿挨一颗子弹，那样还死得干净利索，想到可能被炸得粉身碎骨的那一幕，他不由得心跳加速，浑身是汗。

夜晚似乎无穷无尽，斯莱奇连一个盹都打不了。这个时候，他应该特别感谢的是陆战队的新兵训练。陆战队训练期间，新兵按规定要在凌晨 4 点起床，一直训练到晚上 10 点熄灯，之后教官还会有意识地打断他们的美梦，或者检查枪械，或者训练队列，要不就是绕着操场乃至海边的沙地跑圈。

训练时不堪其苦，实战了才知道这种看似残酷的"骚扰"有多么重要。战争根本不会让人睡觉，特别是对于一线的步兵来说，要睡，那就只能一睡不起，永远安眠。

1944 年 9 月 16 日，登陆的第二天，陆战队员们都开始急急忙忙地寻找水源，众人都有这样一种感觉，如果没有水，还没进攻可能就要死了。

可是贝里琉岛并没有天然的地面水，日本人所建造的大型水库，又大多被预先破坏掉了。斯莱奇和他的队友曾发现了一座储水井，但队友喝了井里的水后，马上捧着肚子剧烈地呕吐起来。显然，井里的水不是被放了毒就是被污染了。

幸好这时补给品终于送到了前线。与水罐、弹药和干粮一道来的，还有争夺机场的作战命令。

贝里琉岛机场位于乌穆布罗戈山的俯瞰之下。乌穆布罗戈山是一座由数十座奇形怪状的珊瑚岭所组成的山区，整个山区布满蜂窝般的岩洞和火力点，只要美军接近或通过机场，日军就可以在观察哨的引导下，把在开阔机场上跑动的人们当成活靶子进行射击。

为了帮助步兵进攻，美军舰炮、舰载机以及海滩上的火炮集中起来，预先对机场和乌穆布罗戈山进行了持续半个小时的大规模火力攻击，但日军工事既然如此隐蔽，火力攻击能否减少步兵的损失，以及减少到何种程度，谁都心中无数。

这么一冲出去，就是骑着老虎过海，想下都下不来了。

　　火力攻击停止，俯卧在地的步兵就要往前冲了。有人给大家打气："小伙子们，一直往那边冲。你们穿过得越快，不停步，被打到的机会就越少。"

　　陆战队员们先是步行，然后是小跑，每个人都尽可能弯下身子，以避免被子弹和炮弹伤到。

　　日军的重武器开火了，炮弹尖叫着在周围爆炸，爆炸声划破天际，在它的震撼下，地面似乎都在前后摇摆，斯莱奇感到自己好像漂浮在虚幻的雷暴旋涡之中。

　　比登陆更可怕的事情发生了，这里没有可载人的交通工具，没有至少可以防身的履带车钢壁，暴露在外的陆战队员们只能穿过致命的弹雨，凭借自己的力气和运气，闷着头不停地向正前方奔跑。

　　日本人不再进行自杀式攻击，进行自杀式攻击的似乎变成了美国人，尽管他们是被动的。

　　这是斯莱奇整个从军生涯中最糟糕的一段经历，奔跑过程中，大块崩裂的珊瑚石打在他的脸上和手上，透过烟雾，还可以不断看到有人被击中后倒下的身影。

　　大约跑到一半的时候，斯莱奇一个趔趄摔向前方，也就在这一瞬间，一颗炸弹在他的身边爆炸，弹片掠过地面，正好从他的脑袋旁边一擦而过！

　　很多人就不是一擦而过的问题了，一同前进的斯纳夫"啊"的一声跌倒在地。

　　斯莱奇急忙爬向队友。还不错，击中斯纳夫的弹片已没了力道，而且是打在他的手枪带上，斯纳夫仅仅只有一点擦伤。

没死或负重伤就要继续跑，否则留在露天里也是死路一条。终于，斯莱奇和斯纳夫穿过险境，与 K 连的其他成员在一处低矮灌木丛里会合了。

惊魂稍定之后，斯莱奇才发现军靴里已全是汗，走路都感到黏糊糊的，他拔出脚，鞋子里的水顿时倾泻而出。

一名士兵打趣道："嘿，大锤，你走在水上了。"

另一名士兵笑了起来："也许这就是他跨越机场时没有被打中的原因。"

斯莱奇也龇牙咧嘴地笑了起来。在陆战队，平时开开玩笑，说说俏皮话很常见，这个时候就很难得了。

每个人都为刚刚的穿越感到后怕，包括那些从瓜岛和格洛斯特角中存活下来的老兵。一名老兵对斯莱奇说："这真是苦差事，真恨每天都要干这事儿。"

听力训练

夜幕降临，随之而来的就是迎接每个夜晚都会有的偷袭。

贝里琉岛的日军对于岛上的地形十分熟悉，可以摸黑找到美军位置并重新占领美军已放弃的阵地。为了提高效率，日军还设立了特殊的通信线路，并有针对性地进行了专项训练，他们甚至训练出一个夜袭小组，准备携带炸药，伺机游到海上，用以炸毁美军的登陆舰船。

限于日军的实力确实与美军有较大差距，所有偷袭行动均无法构成特别大的威胁，但它们毫无疑问比"万岁突击"更令美军头痛。

在登陆的第一天晚上，斯莱奇就效仿自己的队友、老兵斯纳夫，将陆战队格斗专用的卡巴刀拔出来，扎进身边容易够着的珊瑚石上，同时检查了自己的卡宾枪，以便偷袭者溜进来时，可以贴身搏杀。

不过那一晚，除了炮击之外，并没有偷袭者溜进来，这主要是因为美军向机场上空发射照明弹，阻碍了日军偷袭 K 连的防区，但其余兄弟部队却已提前经历了噩梦般的多次袭扰。

现在 K 连将直面被袭的危险。夜幕降临后，随着一声命令"吸烟信号灯熄灭"，所有谈话自动中止，每个散兵坑里都有两个人，一个人睡觉，另外一个人负责警戒。

不久，日军真的开始渗入 K 连阵地的前沿，并沿着海岸偷袭其后部，轻武器的零星射击声和手雷的爆炸声不断响起。

在炮兵掩体的正前方，一个窸窸窣窣的声音引起了斯莱奇的注意。黑暗中的声音不一定就是人发出的声音，贝里琉岛有不计其数的陆地蟹，它们每天晚上都会在岛上快速爬行，但斯莱奇却能辨别出这两种声音之间的微妙差异。

陆战队在利用晚上对新兵进行训练时，常让新兵散开进行自主训练，在这一过程中，教官往往会蹑手蹑脚地走过来，以检查新兵是否在偷懒。要想不被教官抓个现行，新兵们就必须睁大眼睛，竖起耳朵，警惕着周围的任何风吹草动。

教官或许并非有意要进行"听力训练"，然而陆战队员却由此获得了意想不到的收获，他们在黑暗中的视觉和听觉都变得异常敏锐，而这在反渗透、反偷袭中特别有用。

斯莱奇不仅知道那是一个人在移动，而且能够通过"寂静——杂音——一阵寂静——更多杂音"，判断出此人是间歇性移动，即走一会儿停一会儿，以便隐藏自己的行动。

果然有一个人影出现在了炮兵掩体前。斯莱奇的心怦怦直跳，他将自动手枪瞄准那人头部，然后按下了保险，轻轻扣住了扳机。

"口令是什么？"斯莱奇低声问道。

没有听到回答。

命是自己的，早死一年，便少活一岁。

斯莱奇的呼吸急促起来，继续追问："口令！"

"大……大锤！是我，你有水吗？"来人结结巴巴地终于说出了话。

原来是杰伊，斯莱奇最好的朋友之一。他是来向斯莱奇要水的，正因为和斯莱奇关系密切，以为对方知道是他，便没有迅速回答口令。

放下枪的斯莱奇怒不可遏，他朝

杰伊咆哮道："真见鬼，天这么黑，日本佬到处都是，我怎么能知道是你？"

杰伊的确是有些活腻烦了。海军陆战队有一条不成文规定，任何人在晚上如果不事先通知周围的人，就悄悄离开自己的散兵坑，或者不第一时间回答口令，那么被队友打死就算白死了。

斯莱奇在第二次追问前本已准备开枪，只是想瞄得更准一些，才又多问了一句，而他的迟疑拯救了这一对好友：杰伊若被打死，斯莱奇没有责任，可是毫无疑问，这也注定将给他的一生带来抹不去的心理阴影。

不可思议的山岭

1944年9月17日晨，美军向机场边缘进行扩展，以图控制整个机场。此时中川做出了一个迥异于以往的战术安排，日军放弃了山下的一些据点，井然有序地撤往乌穆布罗戈山，中川认为，这样可以尽量保存预备队，以便更好地固守或在适当时机实施反击。

大部队撤走后，给美军造成麻烦的主要是零散的狙击手。当 K 连在一处灌木丛下休息时，突然就有一发步枪子弹从斯莱奇的头顶飞了过去。

一名军官立即喊道："他离得很近。趴下。"

霍华德是格洛斯特战役的一员老兵，他主动上前请缨："我去干掉他！"

军官点头同意："好，去吧，但自己要小心。"

要成为一个合格的陆战队员，他就必须同时是一名神枪手，否则在新兵训练营里就会遭到淘汰，斯莱奇本人就拥有神枪手奖章。不过真正的战场与靶场还是有区别的，老兵在这方面无论经验还是胆量，都更胜一筹。

霍华德抓起半自动步枪，像一个老练猎人一样潜入了灌木丛。过了一会儿，大家听到了两声枪响，那是 M1 式加兰德半自动步枪的声音。

日军狙击手被霍华德给干掉了。

战争不但需要冷静，也需要某种程度上的冷酷。有位补充新兵曾问老兵，打中日本兵的时候他会不会有不忍之心。老兵断然回答："绝不！不是他们死，就是我们亡！"

当天上午，美军完全控制了机场，而陆战一团已率先向乌穆布罗戈山的山脊，也就是美军所称的"血鼻岭"发起连续进攻。

按照井上的纵深防御方案，日军在滩头和机场只配置了小部分兵力，为的是迟滞美军的登陆行动，它的主要防线设于岛上腹地，也就是机场以北，其中最严密最复杂的一段便是"血鼻岭"。

乌穆布罗戈山上草木茂盛，加上有意识的伪装，从外表根本看不出里面的工事结构，以至于战前美军情报部门曾错误地判断"血鼻岭"属于不易防守区域。事实上，这一带共有五百多个天然或人工的岩洞。这些岩洞种类繁多，无奇不有，最小的洞仅能容纳一人，最大的洞纵深也可以长达一百五十多米。除了人工开凿的岩洞外，日本人还对天然洞穴进行了改良，有些改得比较简单，有些则弄得非常复杂，几乎可以用鬼斧神工来形容：洞里，电话、无线电、灯光照明、通风设备一应俱全，其中一座洞居然多达九层，出口更是搞不清有多少，把狡兔三窟的概念都甩出去老远；洞口，装有防护性的钢铁大门，只要关上门，可不受任何直接火力的攻击，甚至连火焰喷射器都无可奈何。

与贝里琉岛相比，塞班岛和关岛的防御都只不过是小巫见大巫。改造上如此不惜工本，其实还缘于日军大本营的战略判断错误。在马里亚纳战役之前，他们一直把新几内亚海域当成决战地点，由此在物资补给上，帕劳群岛就被列为第一优先，一切人员、武器和建筑材料都优先运往了贝里琉岛。

钻在岩洞里的日本兵保持着良好的射击纪律，能够将手中所有武器都灵活运用起来，只有在他们预计自己能使美军遭受最大伤亡时，才会进行射击，机会一过，便立即停止射击，以免暴露目标。

即便美军能够发现这些火力点在哪里，由于珊瑚岭较为坚硬，也很难将其彻底摧毁，除非舰炮或飞机炸弹直接命中。当陆战队员走近火力点，并想使用火焰喷射器和炸药包时，又常常会受到其他各处火力点的阻挠——整座山岭都是相通的，攻击一座岩洞，一打岩洞会向你开火！

走近不行，不走近也不行。要在珊瑚岩石上挖一个临时的防护性单人战壕，几乎是不可能做到的，这意味着要么不上"血鼻岭"，上了之后，性命就不在自己掌握之中了。陆战一团在山脊上取得任何一个小进展，几乎都得付出高昂的伤亡代价。

1944 年 9 月 18 日，以机场为起点，陆战五团也开始投入对乌穆布罗戈山区的进攻当中，在他们的左边，就是向"血鼻岭"展开攻击的陆战一团。

来自"血鼻岭"的炮击减缓了五团的前进速度，"从那儿打过来的炮真像地狱一

"血鼻岭"上遍布死亡的阴影，没有任何一个地方是安全的。

般"，到中午时分，五团不得不停止进攻，尔后又奉命在浓密树丛的掩护下，转向其他攻击目标。

侧翼感受到的火力都这么猛，"血鼻岭"的攻击难度可想而知。当 K 连离开时，从陆战一团那里传来的消息，让大家既惊恐又愤慨：陆战一团的指挥官连敌人的影子都见不到，居然就让士兵上好刺刀进行正面冲锋。

这不是在模仿日本人的"万岁突击"吗？一个士兵对此评论："这样做毫无道理，而且什么目的也达不到。这是大屠杀！"

另外一个老兵跟着说道："我猜，一些沽名钓誉的军官就想要一枚勋章，而那些可怜的孩子却要为此送命。军官得到勋章，回到美国，他就成了大英雄。可是老天，一个把士兵送进屠宰场的人绝不应该是英雄。"

如果让五团代替一团，会怎么做？谁也不知道，不过避开这座不可思议的山岭，或是由一团先行攻下，却是大家共同的想法和愿望。

机场以北的地形像是一只龙虾钳，西面的乌穆布罗戈山是"龙虾钳"的大钳，东面是"龙虾钳"的小钳，包括了两座半岛。

攻"小虾钳"想来应该问题不大，但如果让"小虾钳"的日军窜进"大虾钳"，加入"血鼻岭"的防守，问题就大了。五团从乌穆布罗戈山撤出，就是为了对"小虾钳"上的日军进行清理。

与"大虾钳"相比，"小虾钳"的情况相对平静，仅仅几天之后，五团就完成了任务。这时，他们不得不正视那个一直不愿面对的事实：一团不但没有攻下"血

鼻岭",还垮掉了。

还剩多少人

易时至易，难时至难，曾经赢牌赢到手软的"瓜岛屠夫"也一步踏上了炼狱之旅。

在六天的残酷战斗中，一团一营共损失了百分之七十一的兵员，当该营的C连登上一百号高地时，这个连只剩下了九十人。

经过浴血苦战，连长波普上尉以为功德圆满，结果反而被附近更多的日军围困起来，C连遭到日军整晚的凶猛进攻。波普和他的部下操起手下所有能用的武器来抵挡日军的冲锋，当手雷不够用时，他们甚至用石头来"掺假"——先是向敌人扔三到四块石头，之后才甩出一颗手雷，这样日本人就不知道哪个是真的了。

撑到天亮，波普还活着，不过算他在内，全连九十人变成了九个人。

其他两个营的情况也差不多，这个陆战一师中战斗力最强的团原有三千多人，在进攻"血鼻岭"的战斗中死伤了一千七百四十九人，伤亡率高达百分之六十。

极端残酷的战斗环境，使得幸存者也大多被折磨得近乎失去理智。一名陆战队员拾起死去的战友的步枪，然后疯狂地向前匍匐前进，据他后来回忆，他当时脑子里想到的，是要向面前出现的任何在动的物体开火，无论敌友，因为"我已经没有朋友，我只想杀戮"。

一团垮了，只能换防，该团残部被获准离开贝里琉岛。当他们经过五团防区时，斯莱奇发现原来认识的很多人都已经不在了，连像排，排像小队，而军官则所剩无几，这让他倍感震惊。

斯莱奇向一团的一位陆战队员询问："你们连还剩多少人？"

被问到的人是斯莱奇在新兵训练营时的老朋友，他用一双充血的眼睛注视着斯莱奇，哽咽着说道："大锤，全连就剩下二十人了，他们几乎把我们全消灭了。"

把一团换下来的，是陆军第八十一步兵师的三二一团。

步八十一师属于加强师，这是一支资格较老的陆军部队，曾经历过"一战"，其师徽臂章为一只黑色野猫，所以又称"野猫师"。"野猫师"虽拥有显赫战史，但在参加贝里琉岛战役之前，还未曾在太平洋战场上摸爬滚打，因此被作为了预备队。第三两栖军军长盖格原本以为，以陆战一师的力量，占领贝里琉岛绰绰有余，就把步八十一师派去进攻另外两座岛了。

"野猫师"本身就具备不俗的实力，同时他们也十分走运，所负责的那两座岛，一座防御薄弱，一座毫无防备，登陆之后就没遇到多大困难。这使得盖格能够把其中的三二一团抽出来，以增援贝里琉岛。

1944 年 9 月 23 日，三二一团完全接替了陆战一团的防务，开始大批进入山区作战。按照实战需要，美军对原先的火焰喷射器进行了改良，使之至少能射到十五米远的地方，这样才可以把隧道深处的日军烧死。三二一团使用这种远程火焰喷射器，加上火箭筒、炸药包，逐洞进行攻击，数天之后，他们终于完全封锁住了以"血鼻岭"为中心的岩洞防御体系，使山上的日军既不能从北面得到增援，也无法朝这个方向撤退。

9 月 29 日，三二一团与陆战七团进行换防，此时岛上其他方面的战斗已基本结束，日军被压缩至乌穆布罗戈山峡谷，一个长一千多米、宽三百多米的狭长地域。

就实际的战术性目标而言，贝里琉岛战役尘埃已定，处于峡谷中的日军要再打下去，可以说是毫无意义，可是依照日军的臭德行，事情却没有这么简单。

为了减少美军攻取过程中的伤亡，盖格、鲁普特斯等陆战队高层首先想到了使用岛上机场。至 10 月 1 日，海军陆战航空队共有三个中队陆续飞往贝里琉岛，在已被海军工程营修复的机场进行集结。

由陆战队自己的航空队进行支援作战，这是破天荒的第一次，而飞机轰炸的航程也首次短到了破纪录：仅仅九百多米，一公里都不到！

航空队对峡谷进行了猛烈轰炸，可是无论用什么武器，重磅炸弹也好，火

在贝里琉岛使用火焰喷射器的美军陆战队员（左）

箭、机枪也罢，效果始终表现不出来。他们又设计出"汽油弹"，即先把装满胶质汽油的油箱空投下去，然后再让地面的炮兵用迫击炮弹将之点燃。

"汽油弹"的确可以让一些目击者感到害怕，但当陆战七团朝"血鼻岭"前进时，却发现中川和他的大队人马依旧扼守在大小岩洞之中。

在实施空袭的同时，航空队向峡谷投撒了大量传单，苦口婆心地宣讲战已无益，应迅速投降的道理。

见传单没有回应，美军索性使用了扩音器，并把扩音器放到日军可以听到乃至看到的地方，让日语翻译或极少数日军俘虏进行喊话。

直至这个时候为止，肯主动投降的日本兵仍然不多，但一旦投降或被俘虏，他们又经常有令人惊异的表现：一名年龄很小的日俘自愿进入岩洞劝降。

美军情报科专门派了一个战斗小组对小战俘进行掩护，同时告诉他，假如受到日军攻击，应赶快趴在地上，以便战斗小组可掩护他安全撤退。

小战俘连去两个洞，回应的不是手雷就是机枪，但他不愿就此罢休，于是又走近了第三个洞口。

这一次，没有人向他射击，据守岩洞的日本兵还和他攀谈了几句，随后他便进入岩洞不见了。

纪念品猎手

小战俘好久都没有露面。在外面等待的战斗小组十分焦灼，有人认为他不是重返日军阵营，就是被洞里的人给杀了。

结果出乎意料，小战俘一共领了九个日本兵走出岩洞，向美军举手投降。

陆战一师师部的警卫营长汉金斯上校特别喜欢这名小战俘，专门把他要到自己身边，平时走到哪里带到哪里，两人在短时间内建立了很深的感情。

几天后，汉金斯不幸死于日军狙击手的枪下。小战俘哭得稀里哗啦，坚持要求由他来为汉金斯挖掘坟墓。

在"血鼻岭"，这样的佳话毕竟少之又少。更多时候，喊话和传单一样，所得到的都是石头一样的沉默，岩洞里的日本兵甚至不愿意轻易射击，以免暴露他们的位置。

不一巴掌全部拍死，中川和他的部众就绝不会善罢甘休。一个洞一个洞地继续打下去，成了陆战七团的唯一选择。

峡谷一段是"血鼻岭"最崎岖、最险要的位置所在，攻击难度非常之大，当美军好不容易获得一个重要的立足点时，却常常发现自己已经是死伤枕藉，连站在那里防守都成了问题，结果又不得不马上退回，补充兵力后第二天重新来过。

到了这个时候，作战地图上的战线分布已没法进行精确划分，因为敌我双方的阵地进入了胶着状态，随时都会发生变化。美军在战场上也根本没有一条连贯的攻击线，七团的每个连甚至每个排，都在朝四面八方进攻，相互之间存在着不小的缺口。当后方有人要求到前线去时，前线指挥官只能告诉他去往哪个点，或是去往这位指挥官知道还有部下的地方。

七团的伤亡数字开始快速接近一团，终于，五团也接到命令："好了，小伙子们，准备领取口粮和弹药，我们要去增援山里的陆战七团了。"

五团入山增援之后，仍未能完全缓解七团的兵员危机。陆战一师把所有能使用的人员都调了上来，连师部警卫营的可用之兵也抽尽了。

师部的战斗兵抽完之后，便抽非战斗兵，文书、炊事兵、通信兵、驾驶兵都上了一线。这些人上了战场后照样能够一个顶一个用，一个顶一个使，一名战地新闻记者端着机枪独当一面，因此还负了伤，另一名炊事兵更是神勇，居然获得了一颗普通战斗兵梦寐以求的银星勋章。

兵，在一线成了稀缺资源，陆战七团的军官们都想尽一切办法为自己的部队补充兵员。

后方人员中有一些人喜欢在战斗间歇来到步兵连，到处闲逛，搜罗能带走的日军装备，前线步兵称他们为"纪念品猎手"。与莱基所说的"战利品狂人"不同，步兵最讨厌这种"纪念品猎手"，因为在他们看来，"战利品狂人"是一道

战斗激烈与否，有时就看兵员使用到了一个什么程度。

出生入死、刀口舔血的战友，收集战利品理所应当。后方人员算什么？他们流过血，挨过子弹没有？居然也顶着陆战队员的帽子，拿着战利品到外面夸耀，要点脸不？

可是突然间，陆战七团对"纪念品猎手"大开绿灯：想不想到前线去捡点好东西？去吧，我们保护你。

一去之后，"纪念品猎手"就被扣留下来，当补充兵用。在这方面做得最起劲的是七团兵器连连长布克里少校，这位少校只要发现在他的"领地"里有"纪念品猎手"，便如同走在街上捡到了钞票——"纪念品猎手"并不难认出，因为他们的外表和步兵差异很大，典型的步兵一定是胡子拉碴、眼睛血红，而"纪念品猎手"则是整洁、干净、面孔陌生。

你是"纪念品猎手"？好，太好了！不管是护航舰队的船员、海军工程营的工兵，还是机场的地勤人员，也不管事先有没有向原单位请假，一律抓起来，一人发一把枪，然后领到已占领的岩洞担任防守任务。

有人就这样在前线待了一个多星期，以至于原单位都以为他失踪了。

奔向前线的后方人员中，并不都是"误入尘网中"的"纪念品猎手"。比如野战仓库的黑人士兵，当一名军官征求他们的意见，问谁自愿为前线效力时，所有的人都举起了手。

五团和七团忍受着一团曾经忍受过的一切。1944 年 10 月 3 日，两团联合发起攻势，七团进攻峡谷北面和东面的几座目标山头，五团进攻南面的五姐妹山。

五姐妹山，顾名思义，就是由五个陡峭小山包组成的山头。它是当时美军在"血鼻岭"所遇到的最为恐怖的一处地形，山头上全是绝壁和断崖，几乎没有一个可以攀爬的支点。五团在五姐妹山陷入了苦战，伤亡已成为一个时间问题，似乎任何人早早晚晚都无法逃脱这条常规。

伤员必须转运，由于山路崎岖，地势陡峭，需要四个人才能将一副担架抬下来。K 连的每个人差不多每天都要轮流当一次担架员，作为迫击炮手的斯莱奇也不例外。

这不仅是一个能把人的腰累断的苦差事，还包含着极大的风险。具备超一流水准的日军狙击手会尽可能快地向担架员射击，担架员不止一次被击中倒地，于是自己也变成了伤员或者死者。

恐惧和疲劳让担架员们的心脏怦怦直跳，一把伤员送出险境，众人就会立刻瘫坐在地上，大口喘气。

不落下任何一个伤员和同伴，无论付出多大代价，这是美国海军陆战队始终坚持的信条。战争结束后，斯莱奇曾在回家路上碰到过一个步三二一团的机枪手，这名机枪手向他握手并表示感谢。经过询问才知道，

在战场上抢救伤员是件非常危险的事，抢救者随时可能被狙击手撂倒在地。

当年这名士兵曾在"血鼻岭"被日军炮火击中，他的陆军同伴抛弃了他，是陆战队员冒着生命危险摸上来，将他运到了安全地带。从此以后他便发誓，只要见到陆战一师的任何一个老兵，他都要予以感谢。

以命相赌的追逐赛

苦战不光是白天，还包括晚上。夜袭与反夜袭仍是每天必定要上演的剧目，从岩洞中悄悄爬出的日军会秘密渗透到美军防线，整夜进行袭击和骚扰。

某个晚上，当陆战一师师部的一名军官在灯下阅读信件时，忽然就听到了"砰"的一声枪响，把他给吓了一大跳。

枪声是从一个岩洞里传来的，而那个岩洞被美军认为早已占领了。

岩洞得而复失，意味着白天的辛苦可能付诸东流，第二天又得重新花代价攻取。这就是七团的布克里少校要抓"纪念品猎手"帮他把守岩洞的原因。

在与五姐妹山的守敌对峙期间，K 连整个连都暴露在野外，自然也是被偷袭的重点对象。

一天夜里，许多日军来到了 K 连阵地前，他们穿着足袋靴，静悄悄地爬过植被丛生的凹凸岩石，然后一边怪叫，一边用刺刀或军刀发起突袭。

K 连对此已习以为常，他们先进行射击，一旦日本兵躲过子弹，并蹿入散兵坑或掩体，为免误伤队友，便用徒手格斗的方式将对方干掉。

战斗间隙，斯莱奇的朋友、那个冒冒失失的大兵杰伊因闹腹泻，从掩体里走出去方便。在跨过一根木头的时候，他的脚正好踩在了一个日本兵的背上。

这个日本兵躲在那里，准备实施偷袭，被踩中后立即站了起来。杰伊是经历过格洛斯特战役的老兵，反应也非常敏捷，说时迟那时快，他已将卡宾枪对准日本兵的胸口并扣动了扳机。

"咔嗒"一声，撞针断了，卡宾枪竟然没打响。

要命啊要命，杰伊把卡宾枪砸向日本兵，随后转身就跑，一边跑一边大声喊："打死他！"

日本兵拉开手雷的安全栓，扔向杰伊，手雷打在杰伊的背上落地。不过跟临时撂挑子的卡宾枪一样，它也没响，是一颗哑弹。

日本兵拔出刺刀追了上来。

在这之前，师部一个上尉参谋也是在黑暗中遭到日本兵的袭击，背部还被砍了一刀，所幸他旁边还有一个美军战斗兵，这名战斗兵先下手为强地把日本兵给杀掉了。杰伊没有这么好的运气，他的呼喊也没能即刻招来队友的援助，只能疯狂逃命。

经过这么多战斗，"胆子不大早破了，腿儿不快早挂了"，但这种以命相赌的追逐赛仍然令人窒息。好不容易，杰伊看到了一个端着勃朗宁自动步枪的队友，便赶快叫喊着向他奔去。

队友看到了杰伊，也站了起来，却并没有立即射击。

杰伊一边飞奔，一边扯着嗓子乱叫。片刻过后，那名队友终于开火，弹匣里的二十发子弹全部打空，其中的大部分子弹都撞进了日本兵的身体，子弹的爆破力几乎将对方的身体一切两半。

死里逃生的杰伊问这名队友，为什么要等这么久才开枪，对方笑了："让日本人跑得更近些，可以看看勃朗宁步枪能否将他打成两半。"

在当天晚上的战斗中，K连消

危险警告标志，用战死者的头骨制成！

灭了所有偷袭者，代价仅仅是杰伊受到惊吓和弄脏了一条裤子。

这一点并不会令大家感到轻松。陆战队员们得出了一个可怕的结论，岩洞是攻不完的，要想离开这座岛，就必须杀死岛上所有的日本人，否则的话，就是他们自己被打光。

在联合攻势中，七团和五团都曾攻下过目标山头，但后来又都因无法固守而不得不放弃，等于是绕了一圈什么也没能得到，倒是伤亡数字在一个劲地不断激增。七师的警卫营长汉金斯上校便战死于这次联合攻势中，他成为美军陆战队在贝里琉战死的最高级别军官。

1944 年 10 月 5 日，陆战七团损失的人数已经快赶上早先的陆战一团了，这预示着七团发动团级进攻的使命即将结束。6 日，五团与七团换防，五团全面接替了七团的攻击任务。到这一天为止，七团共伤亡了一千四百九十七人，所辖各营的规模均已缩小到接近连级。

五团与七团的换防，只是一支疲惫的、人员损耗严重的部队，被另一支情况相对好些，但其实也很疲惫、人员也受到了较大损耗的部队所取代。与之相应，被换下来的人蓬头垢面，不成形状；换上去的人同样步履沉重，两眼空洞。

冗长的战事、巨大的压力、酷热的气温，令陆战队员精疲力竭，从身体到心理都陷入了极度的疲劳。这种情况也被日军所掌握，当天五团缴获了一份文件，上面称美军已显疲态，而且攻势也不再咄咄逼人。

瓶子里的两只蝎子

10 月 7 日，五团三营奉命向一个叫作"马蹄谷"的大河谷发动进攻。在这个干涸的大河谷里，日军部署了无数重炮，必须尽量予以摧毁。

此次作战采用了步车协同战术，即由六辆"谢尔曼"坦克对三营进行配合。"谢尔曼"一推进到山洞口，就用坦克炮和机枪进行猛烈射击，同时步兵也尽一切力量对坦克进行掩护，以防日军敢死队揣着地雷冲上来，弄断坦克履带。

虽然最终并没能攻下"马蹄谷"，但陆战队摧毁了许多藏有重炮的岩洞，也打死了不少日本兵，应该说是一次比较成功的战例。

可惜这样的战例实在太少，"血鼻岭"一带过于崎岖的地形，常常令坦克无用武之地，大多数时候，步兵们仍然只能用自己的血肉之躯去为继续前进铺平道路。

让士兵学会直面现实，一直是美国海军陆战队的特色。斯莱奇加入之前就明白这一点，当时征兵的中士问他："你有没有什么疤痕、胎记或其他特别之处？"

斯莱奇问为什么会有这样的问题。中士告诉他："这是为了等日本人炸掉你的身份牌，我们能在太平洋的某个海滩上把你认出来！"

参加陆战队的人均被告知要勇于面对现实，可是他们对贝里琉岛上的这种超常苦仗却完全缺乏心理准备，包括那些从瓜岛、格洛斯特战役中冲杀出来的老兵。

随着伤亡不断增加，陆战队员们中间开始弥漫着一种绝望感，大家觉得能够得到解脱的唯一办法，似乎就是被打死或打伤。

10月12日，K连的这种绝望感被推到了极致，他们的连长、绰号"高射炮"的霍尔丹上尉阵亡了。与汉金斯上校一样，霍尔丹也是被无处不在的日军狙击手所击中的。

霍尔丹是斯莱奇生平所认识的最好的陆战队指挥官，这名上尉连长集许多优秀品质于一身，勇敢、干练、正直、威严、坦率、富有同情心，正因如此，他得到了官兵们的爱戴，被视为全连的精神支柱。

现在这根支柱"哗"的一声倒了下去。听到消息后，斯莱奇无比震惊，刹那间，感到世界好像已经完全崩溃了一般，他坐在钢盔上，轻声呜咽起来。

每个人都一边咒骂，一边揉着眼睛，这群从不轻易落泪的汉子全都在心灵上受到了致命打击。

美军炮兵阵地。在步兵作战中，火炮经常承担逢山开路、遇水叠桥的重任。

此时一个千载难逢的复仇机会突然从天而降。日军军官一般很少出洞，但这一天却出乎意料地聚拢在了岩洞口，并且还坐在树冠下的桌子旁吃起了东西。

炮兵观察员发现后，立即向斯莱奇所在的迫击炮小队通报射程。五发炮弹迅速出膛，第一发炮弹不偏不倚地击穿了树冠顶，可惜它是个哑弹，并没有爆炸，日军军官乘此机会埋头冲进了洞里。

后面四发炮弹也全部命中目标，树冠和桌子被炸得粉碎，但日军军官已经躲到洞里去了。

黄金机会就此从指缝中溜掉了，像这样让人既恼怒又沮丧的事每天都在发生着——你想复仇，你想尽快来个了结，答案却是不可能的。

当天，美军对外发布官方公报，称对贝里琉岛的进攻阶段完全结束，整个战役已接近尾声。仍在前线见证死亡的陆战队员们只能对此报以冷笑，一个人说："指挥官如果认为贝里琉的战斗能马上结束，他们可就都疯了。"

另一个人嘟囔着："师指挥所的人应该到这儿来看看，告诉这些该死的日本佬，进攻阶段结束了。"

虽然陆战五团的整个编制仍在前线，但真正能用以作战的只剩下三营。1944年10月13日，五团三营奉命重新发起进攻，以强化防线。

与战役初期相比，因为缺乏弹药，日军的射击次数已大为减少，每次发炮也只打几发炮弹，但作战效率却并没有随之下降。只要他们发现陆战队运动到一个特定位置，便会用步枪、机关枪、迫击炮和大炮进行集中射击，射击之猛，犹如一场暴风雨骤然而至。

他们就是困兽，他们已不指望得到岛外的增援，或者把美军赶出岛，他们只是为杀人而杀人，除此之外，再没有其他更高的目标。

斯莱奇曾在路边见到三具美军陆战队员的遗体，他们在战死后因来不及转运后方，全都遭到了疯狂虐尸，尸体"像被食肉动物蹂躏过"一样，足见残余日军的凶残和歇斯底里。

这些情景让活着的陆战队员满腔愤怒，都恨不得立刻让这些"斜眼的畜生"受到惩罚，但大家实在已经力不从心，整个三营的进攻势头看上去更像一台破旧的蒸汽机在大口喘气。斯莱奇后来得出一个结论：造成战斗压力的关键因素，不是战斗过程本身有多么残酷和激烈，而在于战斗的时间，显然，贝里琉岛战役时间之长，已远远超出了陆战队员承受力的极限。

10月14日上午，气喘吁吁的五团三营终于基本完成任务，有如"牵引着一列小车登上一段陡峭的台阶”，他们在扩大的防守阵地上堆起了沙包，拉起了蛇腹式铁丝网。

整个陆战五团至此已伤亡一千三百七十八人，盖格决定把包括五团在内的陆战一师全部换下来，而代之以陆军的"野猫师"。

10月15日，三二一步兵团二营排成单列进入五团三营防区，与他们进行换防。换防时，斯莱奇所在的K连原有二百三十五人，只有八十五人还没有负伤，七名军官仅剩两人，伤亡率达到百分之六十四。

在贝里琉岛，对阵双方就像瓶子里的两只蝎子，一只受了重创，另一只也差不多了。11月24日，在对峙七十天后，日军总算被熬到了油尽灯枯，连喝的淡水都没有了。最高指挥官中川州男向大本营发出标题为"樱"的绝命电："贝里琉岛上一切都完了。"随后他烧掉军旗和机密文件，切腹自尽，一道魂归西天的还有岩洞中六十名无法行动的伤兵。

从日本人的角度来说，中川绝对是够本了，因为在他守卫贝里琉岛的过程中，大本营共向他发来十一道慰问状，死后还将他连升两级，追任其为陆军中将。

11月25日，日军终于停止抵抗，至少有一万零九百名日军死亡，仅在一个大山洞里，美军就发现了一千多具死尸，另有三百零二人被俘虏，这些日俘除少数士兵外，绝大多数是劳工。

贝里琉岛海滩，陆战一师的士兵站在两名被日军杀死的战友尸体旁。斯莱奇："我身上的有些东西死在了贝里琉，我不再相信人性本善的说法，不再对那些处在高位、不必经受战争残暴的政治家抱有信心。"

在美国战史上，贝里琉岛战役是伤亡率最高的一次两栖登陆作战。最精锐的陆战一师共伤亡六千五百二十六人，第八十一步兵师也伤亡了三千二百七十八人，合计伤亡九千八百零四人，已接近于日军的阵亡人数，这在过去的历次战役中都是比较罕见的。物资和弹药损耗更是惊人，据统计，每消灭岛上的一个日军，平均就需耗费一千五百八十九发弹药。

　　在离开贝里琉岛前的那一刻，斯莱奇问一名曾参加过"一战"的老兵，对贝里琉有何看法？

　　面对新兵的叫苦，老兵们通常都会不屑一顾，并且说上些"如果你认为这很糟，就应该去老陆战队试试"这样的话，然而这名老兵的回答却出乎斯莱奇的意料："孩子，真是糟透了！我从来也没见过这样的地方。我准备回美国了，经过这次战斗，我已经受够了。"

第十章 ／

人生何处不相逢

美军在贝里琉岛所付出的空前伤亡代价，给尼米兹的"僵持行动"引来了极大争议。包括哈尔西在内的很多人都觉得"僵持行动"没有必要，正如一位负责火力支援的海军少将所说："如果军事领导人的预见同他们的事后聪明一样准确，那么毫无疑问，根本就不用去进攻并占领帕劳群岛。"

真正让"僵持行动"显得多余的，却是它本来要支援的对象——麦克阿瑟所指挥的菲律宾登陆行动。

日军大本营事先并不确切地知道美军要先登陆哪里。马里亚纳战役结束后，菲律宾、台湾、日本本土都有可能成为美军下一步要猎取的目标，而对日本人来说，守住菲律宾、台湾，基本上与守住日本本土同等重要，因为只有守住这些外围岛链，才能把至关重要的石油从东南亚运往日本本土。

为此，大本营制定了一项名为"捷代号作战"的防御计划。该计划包含四种作战方案，守菲律宾的叫"捷一号"，守台湾、琉球群岛、日本本土南部的叫"捷二号"，守日本本土中部的叫"捷三号"，守日本本土北部的叫"捷四号"。

1944 年 10 月 6 日，苏联外交部告诉日本驻苏大使，说他们通过外交途径，得知当时驻中国的美国陆军航空队已经奉命出击，准备孤立菲律宾群岛。在莫斯科的暗示下，日军大本营逐渐确信美军会首先登陆菲律宾，遂向设于马尼拉的南方军司令部下达指令，要求南方军总司令官寺内寿一做好准备。

早干什么去了

"捷代号作战"本质上虽为防御计划，但从日军大本营到南方军，所持的仍是要一口咬死美军，从而将菲律宾变成"最后决战"战场的想法。寺内甚至认为，光凭菲律宾的陆基飞机，就能在美军登岸之前击沉大部分美舰。

当然也有人对此提出不同意见，比如第十四军司令官黑田重德就主张实施纵深布防，他还曾多次告诫寺内："说空话并不能击沉美国军舰，把我们的飞机与他们的相比，这点更是明显。"

寺内哪里能听得进半点逆耳之言，他当即削了黑田的职务，给出的表面理由是黑田"花在打高尔夫球、看书和私事上的时间，比履行公职的时间还多"。

从这时候起，山下奉文奉命接替黑田，指挥菲律宾各岛地面部队。

两年前，山下在马来新加坡一役中声名大振，但这位"马来之虎"只是被调到中国东北，担任了满洲第一方面军司令官。有功不得封赏，对山下而言自然是个不小的打击。官方的说法，是山下口无遮拦惹了祸，他居然在一次集会上公开声称，被日军占领的马来亚及苏门答腊等地都已是日本的领土。

有些话，自己知道是一回事，说出来是另一回事。那时日本政府正到处宣传，说在把英美逐出东亚后，他们要支援和协助东南亚各国独立，以步入所谓的"大东亚共荣圈"，而山下的讲话等于承认了日本是在发动侵略战争。

然而事情的真相又往往比表象要复杂得多。按照山下的战功，要么不升，要升就得担任陆相或至少与之相等的职位，而东条当时正集首相、陆相于一身，此君的气量跟寺内差不多，都只有芝麻绿豆大小，如何肯轻易让贤？

另外，山下本身还有把柄被别人抓在手里，那就是他有年轻时参加过"皇派道"的"劣迹"。东条当政期间，日军大本营"统制派"当道，东条本身就是"统制派"骨干，而"统制派"与"皇道派"过去曾是对立的两个军阀派系，山下一旦回东京出任要职，就会被认为代表了"皇道派"的东山再起。

马来新加坡战役之前，率领精兵的山下犹如穿着一身名牌，赢得这一战役后，他自己瞬间也变成了名牌，一旦期许得不到满足，其心理落差之大可想而知。可是正所谓人在屋檐下，不得不低头，山下再愤懑不平也无济于事，他只好自我解嘲，称自己之所以会被平调到中国东北，缘于他是一块"压制苏联的大石头"。

马来新加坡战役，可算是日本陆军在东南亚作战时所取得战绩的顶峰。之后便开始走下坡路，山下的部队不断被抽往南方去填坑，然后一去不回。

内心受伤的山下自己似乎是再也不愿去南方了，特别是如愿被晋升大将之后。一位军官曾经问他："阁下，南边怎么样？不是有些可疑吗？"山下回答道："有什

美军第十四航空大队对香港九龙码头和铁路货场实施突袭轰炸，地面翻腾着滚滚浓烟。

么可疑？我们的眼睛用不着朝着南边啊！"说完，他用下巴指了指北面："我们朝着这边就行了！"

山下乐意的，恐怕还是上调东京，出任陆相什么的，再次一点，赖在东北也不错，可是送到他手中的指示电令，却是要他重返南方第一线。

南方现在是什么样的情形，山下比谁都清楚。眼看已经濒临绝境了，你们这时候才想起我，要用我，早干什么去了？

奉命动身之前，山下对他的作战参谋说，他深恐菲律宾战役"将是又一次凑川之战"。凑川之战是日本古代历史上一次有名的战役，被日本人奉为英雄的楠木正成就在这次战役中兵败自杀。山下说这番话，表明他已意识到，菲律宾战役将是一场没有打胜希望的战役。

想当年在攻下新加坡时，山下曾是何等不可一世和骄横残暴。为对华侨的抗日行动进行报复，他和辻政信曾共同下令，用麻袋分装几万华侨，用大型船只驶至远海，然后全部推入海中淹死。此时预感到末路将至，这个不可一世的刽子手居然也走上了伤感婉约派路线，在长春关东军为他举行的饯行会上，他竟然失声痛哭起来。

到菲律宾报到之前，要经过东京，但大本营只允许山下在东京停留两天。

这一系列安排都是新任参谋总长梅津美治郎做出的。在派系划分上，东条是"老统制派"，梅津是"新统制派"，反正都跟"皇道派"不是一条线上的人。

绕来绕去还是绕不开派系这个"原罪"。山下的小暴脾气终于发作起来，他红着眼叫喊道："简直是胡说八道！我在这回的战争中头一次踏上东京的土地，这次也下决心不想再回来第二次了。只两天，磋商、告辞不是都来不及了吗？"

经过一番交涉，出发日期顺延了四天，山下的脸色这才稍有缓和。在最后一天离家时，他给家人留下了一张字幅："如果时机到来，要飞回旧巢，燕子呀！"

1944 年 10 月 6 日傍晚，山下乘机到达位于马尼拉北郊的克拉克机场。隔天他向寺内报到，与寺内仅仅会谈十分钟后，他便走出了南方军总司令部："讲话太多，就无法打仗了。"

山下急匆匆地要进入状态，但实际上已经有人给他摆好了棋局，他所要做的，不过是奉命行事而已。

越俎代庖的这个人，便是调他来的寺内。寺内不光是撤了黑田的职，黑田班子里的那些幕僚也被撤了个干净，撤完以后，南方军司令部就直接代替第十四军决定了菲律宾的作战思路。

菲律宾虽有多达七千一百个岛屿，但面积超过一千平方英里的岛只有十一个，其中最大的是棉兰老岛和吕宋，两个岛加起来，占到菲律宾陆地总面积的三分之二以上。相比之下，莱特只是个小弟，其面积仅相当于棉兰老岛的十三分之一。

不过这说的只是地理概念，如果回到军事上，莱特的地位就不一样了，它是菲律宾群岛的心脏，而且海湾宽广，便于美军登陆。

南方总军部的一众参谋比较来比较去，还是确定不了应该重点在哪里"决战"，是棉兰老岛、吕宋，抑或是莱特。一个参谋最后提出，干脆不要再钻在屋子里打哑谜了，把军队分散到菲律宾南部的各个岛上去，美军要么不来，来了就分别迎战。

寺内按此意见上报，参谋本部一看，分散了还怎么"决战"？一定要集中！

虽然不能准确预言美军的想法，自家的情况总是知道的。吕宋的道路最好，也最易于防守，于是寺内决定把大部分陆军兵力都集中在吕宋，如果美军向吕宋以外的菲律宾各岛，包括莱特岛发动进攻，将主要从海、空进行迎击，换句话说，吕宋以外的活将主要交给海军。

车还是那套车

山下拿到的就是寺内预先交给他的方案。让山下感到为难的是，这一方案执行起来有很大困难，因为里面只有大致目标，并没有精细的可操作计划。

吕宋到底应该怎么进行防守？还有，第十四军全部分散在各个岛屿，指挥官之间如何进行协调？对这些关键问题，寺内提供的方案全未涉及。

按照规定，第十四军可以提出进一步的作战计划，但必须经过南方军司令部的批准，也就是说，第十四军并不能够完全独立自主。

山下的那些年轻幕僚都对此表示不满："照这样的话，不是一动也不能动了吗？"

山下虽然也是满腹牢骚，但他已顾不得与寺内计较短长，现在对他而言，最重要的还是遍访所属各部队，掌握到切实情况后，赶紧制订出一份详细的作战计划。

问题是，第十四军各部大多分散驻扎于遥远岛屿，山下如果当天去的话，当天难以返回，而军司令部连一天都少不了他——年轻幕僚到任的时间比他都晚，根本不熟悉情况，参谋长武藤章又尚未到任，山下要是一走，第十四军的指挥系统极可能面临停摆的危险，万一美军突然攻过来怎么办？

山下只好坐在军司令部里，眼巴巴地苦等武藤的到来。

武藤没来，哈尔西来了。

随着战线的不断推进，哈尔西原来的南太平洋战区距离第一线战场越来越远，虽然说山不转水转，可那些大小战役再怎么转都转不到他那里。第三舰队也逐步降为守备部队，所属的大部分海军和陆战队调拨给了尼米兹，陆军部队和一些军舰则已移交给麦克阿瑟。

让哈尔西这样能征善战的悍将无事可干，显然是一种极大的人才浪费，而且哈尔西本身也不是一个能在办公室里坐得住的人。尼米兹的办法是将太平洋舰队分成两套班子：当太平洋舰队由斯普鲁恩斯指挥时，称为第五舰队，而在哈尔西统率时称为第三舰队，第五十八特混舰队的番号也随之更改为第三十八特混舰队。两套班子实行轮换，即一套班子在前线指挥打仗，另一套班子便在后方策划酝酿下一次作战，两套班子交替进行。尼米兹形容为："车还是那套车，不过换一个赶车的人而已。"

哈尔西先被尼米兹派去给麦克阿瑟赶车，替换下来的斯普鲁恩斯为之后攻占硫黄岛和冲绳岛做准备。这种战争史上独一无二的双梯次进攻模式，不仅能充分使用指挥人才，把一个舰队当成两个舰队来用，客观上也迷惑了对手。日本人一直以为太平洋上存在两个美军舰队，一个叫第三舰队，一个叫第五舰队，他们一个劲地惊叹老美的舰队怎么会有这么多。

自 1944 年 10 月 10 日起，哈尔西率领第三十八特混舰队长驱直入，使用舰载机奔袭的方式，对马尼拉、吕宋、冲绳、台湾的日军航空基地发动了一连串打击。

舰队远程攻击，这在太平洋战争的初期是相当危险的，现在却用不着太过担心，因为那些起飞迎战的日军飞行员大多是刚刚接受训练的菜鸟，战斗经验可谓一片空白。实战到底是怎么一回事，他们只是从电影上看过。

这些电影皆为"二战"时期日本最大的电影制片厂——东宝映画公司制作，整个过程是先挖一座湖，然后在湖上摆一些近两米长的美舰模型。摄影师站在塔架上，用摄影机从各个角度拍摄这些模型，模拟各种不同的速度。影片拍摄完成后，即专供飞行员观看，以代替作战训练。

电影跟现实的差距岂止千里万里，这个道理谁都懂，可不是能省油吗，就只能这么干了。

当时福留繁指挥的第五基地航空部队正驻守台湾岛，他们进行训练就是看电影。当美军舰载机对台湾机场发动突袭时，福留把他的两百三十架战斗机全部派到空中迎战，他自己则站在战斗指挥所里观战。

福留眼看着日机大批地朝美机扑去，片刻工夫，就见飞机一架接着一架起火，往地面栽去，空中弥漫着爆炸的闪光以及一条条弧形的浓烟。起初他以为掉下去的是美机，禁不住拍手称快："打得好！打得好！一次大胜仗！"

同时福留也感到有些意外，因为他没想到自己的飞行员会干得这么漂亮，"不能要求他们打得再出色了"。走近一看，他才弄清楚，原来被击落的全是日军战斗机，难怪落得这么快呢。

大失所望的福留再往天空望去，上面威风凛凛盘旋着的全是美机，其战斗编队几乎可以用坚不可摧来形容，冲过去的日军战斗机无一例外，都像鸡蛋碰石头一样纷纷往下掉。

台湾海面空战是一场完全一边倒的战斗，一些日军鱼雷机刚刚飞抵台湾，还没来得及喘口气就在空战中被打了下去。哈尔西只损失了七十九架飞机，其中大多数还是被高射炮所击落的。

在哈尔西发动的连珠炮似的强劲空袭中，第三十八特混舰队共击毁日机一千两

哈尔西的航母舰载机正在攻击日军占领下的菲律宾

百余架，仅仅一天之内，菲律宾的日军空中力量就被打掉了百分之六十。这还只是"主食"，作为捎带的"副食"，停在马尼拉港的十六艘舰船被击沉，堆积在栈桥附近的燃料、弹药和其他军用物资中的百分之七十被炸毁，四千桶汽油转瞬化为乌有，汽油燃料的火柱一直延展到了马尼拉市的上空。

那正是汽油奇缺，一滴油等于一滴血的时候，负责督导空战的日军指挥官急到七窍生烟，可又不知道究竟该如何招架才好。

为应付危机，日本海军急忙派出"T"部队。这是半年前，联合舰队针对第三十八特混舰队专门建立的一支特殊攻击部队，主要由鱼雷机组成，飞行员除历次海空作战中的幸存者外，又补充了一些缺乏实战经验的新手。1944 年 10 月 14 日天黑后，"T"部队好歹逮到机会，在台湾海域附近实施了一次偷袭。

在这次偷袭战中，"T"部队本身受损十分严重，出击的一百零六架鱼雷机没剩下多少，而美军只有两艘巡洋舰中弹受伤，标准的得不偿失。可是逃回来的菜鸟们却认了真，他们把自家飞机坠毁时发出的火光当成了美舰被击沉的证据，最后报出的"战果"十分惊人：击沉航母十一艘、战列舰两艘、巡洋舰三艘。

这个报告中的任何一个数据都值得怀疑，然而日本国内还是选择了深信不疑。10 月 15 日凌晨，"东京玫瑰"在广播电台中向全世界播发了这一虚构的胜利："米彻尔海军上将的航母全部被击沉——瞬息之间！"

"第二个珍珠港"就此从天而降，裕仁天皇对联合舰队颁发了嘉奖手谕，同时传谕全国放假一天，进行大肆庆祝。自从东条组阁以后，日本实行一周七天工作制，星期日遭到彻底"废除"，整个日本已经有两年多没有一个假日了。

当东京、大阪举行国民祝捷大会，到处张灯结彩的那一刻，就如同日本回光返照，已经提前赢得了太平洋战争的胜利。

临门一脚

美军也收听"东京玫瑰"，哈尔西在为日本人的眼神和智商着急的同时，立刻想到了应该投其所好，再给眼前这个妄想症病人多加点剂量。他向珍珠港发去一份假电报："第三舰队已救捞起被击沉击伤的舰只，现正在退却。"

与此同时，哈尔西暂时将第三十八特混舰队的大部分舰船从台湾海域撤走，那两艘受伤的巡洋舰作为"诱敌第一分舰队"，由拖船拖带着，远远地跟在舰队后面逶迤行驶。

日本从上至下可谓病得不轻，联合舰队司令官丰田正好在台湾视察，他居然也认为哈尔西是在落荒而逃。在做出"敌人有了损伤，目前正是进攻的好时机"的判断后，丰田将所有保存下来的航母舰载机全部派去支援陆基部队，并派由巡洋舰和驱逐舰编成的舰队从日本本土南下，"以歼灭残敌"。

"东京玫瑰"很迅速地继续跟着鼓噪，宣传说美军舰队几乎全军覆灭，日本军舰、飞机正在乘胜追杀这些像无头苍蝇般东飞西撞的残敌。远在珍珠港的尼米兹怕这种夸大其词的广播动摇军心，特地在内部高层出示了哈尔西另一份情况属实，而且非常具有哈氏幽默的电文："第三舰队被击伤的船只已被修复，正以高速朝敌方撤退。"

眼看就要用套子逮到猎物了，关键时候，日军的远程侦察机终于发现了第三十八特混舰队，飞行员辨认半天，也没有看出其中任何一艘航母有明显受伤的迹象。

侦察机传回的情报，给丰田和日本政府兜头浇了一盆冷水：原来幸福是个如此不靠谱的精灵，破天荒的假期算是白放了。

丰田急忙将舰队撤回日本西南的琉球群岛。见对方没有上钩，哈尔西十分扫兴，但木已成舟，他也只好率第三十八特混舰队向莱特岛附近的预定海域驶去，以便对登陆作战提供直接支援。

1944 年 10 月 16 日，麦克阿瑟乘坐金凯德的旗舰"纳什维尔"号巡洋舰离开了查雅普拉。此前他在布里斯班告别妻子时，只留下了四个字："我不回来了！"

妻子很明白丈夫的心情，遂寄语："当你认为我回马尼拉的时机成熟时，就马上派人来接我。"

参加登陆作战行动的澳大利亚"澳大利亚"号重巡洋舰与驱逐舰，照片系在美国"菲尼克斯"号轻巡洋舰上所拍摄。

麦克阿瑟站在甲板上极目远望，"纳什维尔"号周围的船只多到令人吃惊，以至于前后左右全是船的影子。这些破浪前进中的舰船熟练地执行着规避战术，一会儿现出舷侧，一会儿露出船尾，十分威武雄壮。

在莱特战役中，第三舰队实际上是被拆开了，其两栖作战部队全部借调给了第七舰队，哈尔西所能直接指挥的只是第三十八特混舰队，这使第七舰队的军舰数量达到了七百多艘，确实是有史以来世界上最庞大的一支舰队，其规模与气势，堪与四个月前实施诺曼底登陆的盟军力量相比肩。

似乎也只有这样波澜壮阔的戏剧性场面，才足以映衬麦克阿瑟重返菲律宾的浩荡气魄。在逃离菲律宾后的三十一个月的时间里，这位老军人为了兑现自己的承诺，无时无刻不在与困难作斗争，与命运打擂台，如今就仅剩下临门一脚了。

置身万千旗幡之中，人们能更深刻地体会到，什么叫沸腾的热血，什么叫澎湃的激情，什么叫精彩痛快的人生。遗憾的是，还有很多人没能等到这一刻，比如麦克阿瑟的老朋友、菲律宾第一任总统奎松，接任者是副总统奥斯米纳，他作为菲律宾的新任总统参加了这次进军。

10月17日，驻守莱特岛的第十六师团发现美军正在莱特湾的出海口扫雷，同时对方还占领了莱特湾周围的一些小岛，于是赶紧向东京发去急电。

日军大本营终于确切地知道美军要从哪个方向进攻了。

在"捷一号"的作战方案中，曾初定由海军在莱特岛与美军周旋，但海军究竟会出动多少兵力未有定论。参谋本部就此向海军咨询，联合舰队司令官丰田语出惊人，他表示要集结麾下所有舰艇，到莱特湾与美军决一雌雄。

陆军将领们马上担心起来。尽管曾与海军争这个夺那个，可起码的利害关系他们还是拎得清的：联合舰队的残余舰船已经不多，也是日军在军事上的最后一点资本，一旦失败，可能连保卫日本列岛的力量也没有了。

佐藤贤了一脸愁容，他用哽咽的声音说："联合舰队不仅属于海军，也属于国家，只有舰队存在，才能使敌人不敢妄动，所以，诸位请慎重。"

丰田则是一副大丈夫气吞湖海的架势，他再三强调，进行一次孤注一掷的大赌博是完全必要的，因为这是"摧毁拥有巨大物资力量的敌人的最后一个机会"。他还指出，如果"捷代号作战"失败，美军完全占领菲律宾，日军通往南方的航线将因此被完全切断，那样即便联合舰队在"捷代号作战"中一舰不发，也等同于自我毁灭——要么回日本海，要么留在南海，前者燃料断绝，后者得不到武器弹药的供应。

丰田反问道："以牺牲菲律宾的代价而挽救舰队，这又有什么意义呢？"

众人尚在对丰田的话进行权衡，"捷一号"的主要设计者、海军军令部作战部长中泽佑已经坐不住了。

好不容易鼓捣出来的方案，自家海军只能唱唱配角，倒让陆军做了主角，把中泽急得肠子都要从肚子里爬出来了。他泪流满面向大家恳求，要求给联合舰队一个机会，要么赢得海上决战的胜利，要么就像"死亡之花一样盛开"。

中泽这么眼泪鼻涕一淌，便没人表示异议了，"捷一号"的作战规模由此得以光速升级。当天下午，经过天皇的批准，参谋本部和海军军令部同时采用无线电密码，向各自的下属部队正式发出了"捷一号"作战指令。

指令虽然发出了，但在陆军方面，山下的具体作战计划仍停留在空白状态，一方面是武藤未至，另一方面则是山下压根没有料到麦克阿瑟会来得这么快。

1944年10月19日晚，第七舰队到达了莱特湾，随着舰队的到来，莱特湾内仿佛一下子竖起了无数幢大楼。

这是一个没有月光的午夜，下面是阴森森的海水，上面是黑漆漆的天空，大家好像被包裹在无形的斗篷里一样。

再过几个小时战斗就要打响了，躺在闷热船舱里的士兵没有几个能

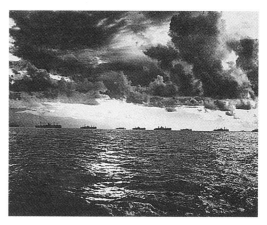

莱特湾内的盟军登陆舰队。天空风云变幻，似乎也预示着一场大战即将到来。

安然入睡，他们中有人躺在吊床上默默地计算着时间，有人悄悄地溜到甲板上呼吸呼吸新鲜空气。

军舰上开始播放广播，那是新教和天主教的祈祷声，很多人却感觉是在提前参加自己的葬礼。此情此景，连空军指挥官肯尼都有些不自在了："我真希望是在飞机上，而不是在船上。"

麦克阿瑟一直站在甲板上眺望着周围舰艇的轮廓。直到深夜，他才回到内舱。

莱特岛居于菲律宾腹地，处在日军机场掩护网的中心。凭借自己极其丰富的戎马经验和军事知识，麦克阿瑟早已意识到，在他所指挥策划过的军事行动中，莱特登陆战将是最大胆、最困难、最复杂的一次。

与山下一个字的计划都没有不同，麦克阿瑟对作战计划真正做到了精益求精，他告诉自己的助手，必须反复推敲计划中的每一个细节——一旦攻下莱特，就将决定菲律宾群岛乃至对日作战的命运，为此耗费的任何心力和脑力都不是多余的。

纵然如此，麦克阿瑟的内心也和普通士兵一样忐忑不安。他拿起《圣经》，再度默诵起那几段熟悉的文字："仁慈的上帝，保佑这里的每个人在早晨都能平安无事吧！"

我回来了

美军舰队炮击莱特岛，可以看到炮火炸起的烟柱和海滩边上密集的树林。

1944 年 10 月 20 日，破晓时分，"黑色斗篷"逐渐开始消失，战列舰进行齐射，"纳什维尔"号巡洋舰的周围响起了雷鸣般的炮声，登陆行动开始了。

遭到战列舰射击的，是麦克阿瑟所亲自选定的滩头，从那里往纵深突破，就是位于莱特岛东北沿岸的杜拉格和塔克洛班。

　　登陆点的选择很有讲究，杜拉格、塔克洛班均有日军机场，而且根据飞机侦察和菲律宾游击队提供的情报，两个滩头的防御阵地并不坚固。

　　舰队做好了迎接日机大规模反击的准备，但日军唯一一次认真的反击，只是出动了一小批鱼雷机。这些鱼雷机避开美军战斗机和高射炮，让"檀香山"号重巡洋舰受了点伤，不过对庞大的美军舰队而言，这点损失完全微不足道。

　　一个小时后，运输舰驶入离岸七英里的换乘地区，士兵们陆续进入登陆艇。这次的登陆主力由海军陆战队换成了清一色的陆军：克鲁格的第六集团军，也即"白杨树部队"，总共四个突击师，约二十万人。

　　换乘期间，各战列舰停止射击，以便让巡洋舰、驱逐舰和火箭炮艇可以开得离海岸更近一些，麦克阿瑟所乘的"纳什维尔"号巡洋舰也随之驶进海湾，在离海滩两英里的海面上抛锚。麦克阿瑟凭栏观望，能够清晰地看到拍岸浪花把海滩打成条条沙痕的模样，还可以依稀见到晨曦中的城市，以及城市背后丛林覆盖的山峦。

　　杜拉格是麦克阿瑟自西点军校毕业后的第一个落脚之处，那时的他是工兵营上尉，一个风华正茂的青年军官，而今他早入花甲，杜拉格却还没有多大的变化。

　　杜拉格，我回来了！

　　在炮击中断数十分钟后，美军舰队再次实施轰击。刚开始的爆发性射击被万炮齐轰所替代，连"纳什维尔"也加入了其中。

　　震耳欲聋的炮声中，一道道浓黑烟柱不断从地面上升起，与此同时，密密麻麻的舰载机从人们的头顶呼啸而过，对海滩上的日军据点进行俯冲扫射。

　　更为壮观的场面还在后头。火箭炮艇是用普通的步兵登陆艇改装而成，随着一声令下，数以千计的火箭弹嗖嗖地从炮艇飞出，耀眼的尾焰在天空中划出了各种杂乱无章的图案。

　　只听得天崩地裂的一声巨响，整个海岸线成为一片火海。当浓烟散去，那些已跳上登陆艇的士兵简直不敢相信自己的眼睛：先前长着茂密树木的海岸，瞬间成为一片废墟。

　　上午9点45分，斑斑点点的登陆艇朝海滩直冲过去。场面异常壮观，若不是海岸上硝烟四起，烈火升腾，倒很像是移民在大批迁移。

　　麦克阿瑟在"纳什维尔"的舰桥上观察着战斗进程，尽管军舰颠簸得很厉害，但他始终一动不动地矗立在那里。下午1点，他与菲律宾新任总统奥斯米纳、参谋长萨特兰、空军指挥官肯尼，以及几名新闻记者一起登上了一艘小型登陆艇。

从年轻时候起，身为高级指挥官的麦克阿瑟在战场上就很少携带武器，除非下雨，也不戴钢盔。除了嘴里的大烟斗必不可少外，他喜欢握一条马鞭，一边走，一边有节奏地敲打着脚上擦得锃亮的高筒马靴，那模样仿佛在骑马似的。很多战地记者当时都戏谑地称他为"军中的花花公子"，一名记者还当着面问他："请问您为什么要打扮得如此与众不同？"麦克阿瑟直言不讳："为了一举成名！"

如今的麦克阿瑟早已是功成名就，但爱耍帅的习惯却丝毫未变。在登上小艇之前，他特地换下已被海水打湿的衣服，代之以一身刚刚熨得笔挺的军装，然后是一副墨镜、一杆烟斗，屁股上挂一支他父亲留给他的老式左轮枪。

登陆艇迎着浪花缓缓地冲向海滩。耳边战斗的声音越来越响，当船驶近岸边时，可以听到冲锋枪发出的嗒嗒的射击声以及士兵们的欢呼声。麦克阿瑟甚至还能轻易地辨认出，在离海岸不到一百码的地方，有日军机枪子弹射出时咯咯咯的声音。

麦克阿瑟对奥斯米纳说："啊，我们到家了！"转过头，他又笑着拍了一下萨特兰的膝盖："信不信由你，反正我们回来了。"

在离岸还有十码的地方，登陆艇突然搁浅，船身牢牢地陷在沙中，艇首舷梯则像照相机快门一样，呼的一声沉入水中。

岸边此时已经挤满了登陆艇，负责调度的海军勤务队队长烦不胜烦，他显然没有耐心为这些来"瞎凑热闹"的陆军高官提供什么特别服务，因此大声吆喝道："下来走！"

麦克阿瑟等人跳下齐膝深的水中，涉水而进。他们看到有四艘较大的登

在几个高级军官及菲律宾流亡总统奥斯米纳（左一）的陪同下，麦克阿瑟涉水上岸，"我们回来了"，标志着积压于内心的沉郁已经一泻千里。老麦一向注重形象，他无疑认为这样的上岸方式会让他的照片更有型，但上岸后湿淋淋的裤子反而让他看上去有些尴尬。

陆艇被日军迫击炮所击中，其中一艘还冒着火焰。肯尼也注意到，附近应该有许多日军狙击手，从三八步枪那噼噼啪啪的响声来判断，有些狙击手相隔只有不到一百码的距离，恰与麦克阿瑟的观察相符。

非常具有冒险性，非常富有戏剧化，这就是麦克阿瑟登上菲律宾土地时的情景。随行记者在拍下这一珍贵镜头的同时，听到麦克阿瑟在自言自语："这正是我梦寐以求的！"

麦克阿瑟迈着大步走在一行人的前面，他只用了三四十步就到达了沙滩，这几十步可以说是他有生以来意义最为深长的步伐。

尽管知道滩头的战斗仍未结束，日军狙击手就藏在不远的灌木丛中，但麦克阿瑟神色如常，与周围的人谈笑风生。

一名士兵看到他后赶紧用肘轻推了一下同伴："喂！麦克阿瑟将军！"

同伴连头也没抬："啊，是吗？他大概把琼（麦克阿瑟的夫人）也带来了吧。"

麦克阿瑟爱出风头，不过他此次冒险登岸，却并不是为了单纯"瞎凑热闹"。在向将领们询问几句登陆进展情况后，他开始走向已建立起来的流动广播站，以便向菲律宾人发表无线电讲话。

大吉大利的好梦

1944年10月20日，下午2点，通信兵把麦克风接到了麦克阿瑟面前。天下起了小雨，站在蒙蒙细雨中，麦克阿瑟对着话筒发表了一篇即兴演讲。

"这里是'自由之声'的广播，我是麦克阿瑟上将。菲律宾的市民们，我已经回来了！我军正重新踏上被（美菲）两国国民鲜血浸染的菲律宾土地……"

麦克阿瑟的演讲，通过菲律宾游击队的通信波长进行广播："向我靠拢，继续发扬不屈不挠的巴丹精神和科雷希多精神，随着战线向前推进，把你们带进作战区内，起来，战斗！"

在结束演讲时，麦克阿瑟反复呼喊道："为了你们的故乡和家庭，战斗！为了你们的子孙后代，战斗！为了你们神圣的死者，战斗！"

喊完三个"战斗"，他已是浑身颤抖，显然是动了真感情。

在下午剩下的时间里，麦克阿瑟向罗斯福报告了喜讯："这是从解放了的菲律宾发出的第一封信，我想您也许乐于把它作为集邮收藏起来，希望它有收藏的价值。"

罗斯福总统很快发来贺电："举国上下感激你，全国都为你及你的部下终于反攻回去所取得的成功而祈祷。"

当天的登陆战确实值得庆贺，到傍晚时，美军已经控制了长达十七英里的前沿阵地，并运上了十多万吨物资，而他们所付出的代价微乎其微——只有四十九名士兵在登陆时阵亡。之前麦克阿瑟曾向罗斯福承诺，只要由他指挥菲律宾登陆，美国绝不会招致重大损失，事实证明他并未自食其言。

麦克阿瑟返回旗舰，他可以安安心心地睡个踏实觉了。晚上，他做了一个梦，梦中出现的不是刺刀、子弹、炸弹，而是一个很老很老的莱特老人。

老人从炮火中慢慢走来，伸出双臂欢迎他："您好，元帅先生（指菲律宾授予麦克阿瑟的元帅头衔），见到您很高兴，我们好久不见了。"

麦克阿瑟无疑做了一个大吉大利的好梦，他的对手山下能做什么样的梦不得而知，但在得知美军登陆莱特后，山下已经有了自己的计算，那就是一旦莱特不保，就索性集中兵力在吕宋组织防御，所谓舍一子守一子。

另外，山下终于了结了一桩心事：当天晚上 8 点，武藤章从苏门答腊来到了名为"樱兵营"的第十四军司令部。

武藤章原任陆军省军务局长，他跟东条不对付，才被东条"流放"到了苏门答腊，这段经历也让他跟山下之间有了点同病相怜的感觉。在从苏门答腊赴任途中，因受到美机袭击，武藤曾趴在被雨水淋湿的机场上避难，弄得满

当满载美军士兵的登陆艇向莱特岛海滩靠近时，头顶正在发生空战，艇上的人全都抬头仰望着空中戏剧性的战斗场面。由此也可见这次登陆战进行之顺利。

296

身是泥。山下的副官桦泽宾吉面对他这副尊容，起初还起了疑心，后来联想到山下曾讲述的武藤的样貌，觉得大致不差，这才把他让进二楼的会客室。

见到武藤后，山下也被他的熊样弄得笑了起来："辛苦，可等你好久了！"

第二天早晨，由于有美机来袭，这位参谋长不得不躲到地下工事的作战室内，向司令部人员和参谋做了到任的致辞。

美军登陆莱特岛，忙坏了参谋田中光佑。田中因此姗姗来迟，到会后他赶紧向武藤道歉。

武藤显然还不知道美军已经打过来了，他故作轻松地说了句："登陆吗？那可真有趣！"然后一边转身看墙上的地图，一边问田中："那么，莱特岛在哪里？"

参谋长居然不知道莱特岛在哪里，田中瞬间有一种石化的感觉，他连忙举起指示棒，按在地图上："是，在这个位置上。"

"喂，参谋长连菲律宾的地理位置都不知道！"散会后，年轻的参谋们无不捧腹大笑，这个大笑话也很快传遍了"樱兵营"。

武藤刚刚弄明白莱特岛在哪里，南方军司令部就派作战参谋甲斐崎三夫来到了"樱兵营"。甲斐崎让山下考虑，是否要增派相当兵力在莱特岛与美军进行决战。

按照原先的"捷一号"作战方案，山下明确自己的任务就是在吕宋与美军作战，莱特方面只会让联合舰队和岛上的第十六师团应付，而且向莱特增兵也并不是件容易的事，光是把吕宋的两个师团运过去就面临许多困难和危险——急切之下，到哪里找这么多的运兵船？

甲斐崎只带来一张嘴，未有任何证明，山下便以这只是甲斐崎的个人意见为由，拒绝了对方的提议。

肚皮官司

日军尚在摇摆不定，美军已向莱特岛的内陆迅速挺进。1944年10月21日，也就是武藤询问莱特岛在哪里的这一天，"白杨树部队"占领了杜拉格机场，作为莱特岛首府的塔克洛班的大部分也被解放。

杜拉格机场的周围有无数小沼泽，平原上沉积了厚厚的淤泥，排水系统又不好，即便占领后也无法立即投入使用。麦克阿瑟深知机场的重要性，他下令工兵全力修复机场，同时在岛上招募菲律宾人进行协助，以加快工程进度。

10月22日，山下仍不准备向莱特岛调兵，但他突然接到了寺内发来的命令。在这份命令中，寺内声称歼灭美军的良机已经到来，要求第十四军与海空力量携手，尽可能以优势兵力消灭莱特岛上的美军登陆部队。

山下这才明白，原来甲斐崎昨天不过是宣布了寺内的旨意而已。

寺内所说的"良机"其实是上了海军的当。联合舰队司令官丰田在察觉"第二个珍珠港"纯属杜撰之后，赶紧对先前的"战果"进行修正，改为"最多击毁美舰四艘，航空母舰一艘也没有击沉"。

这是与事实最接近的一个数据，但这一数据却并未通报给陆军——原因不难理解，海军做了如此丢脸的事，恨不能一床棉被全给盖住，怎么还能再让陆军了解得那么清楚？

结果寺内便以为美军舰队已遭重创，攻入莱特湾的不过是其残余部队。既是残余部队，可用以作战的航母和舰载机必然有限，也就是说，美军虽然已登上莱特岛，但缺乏强有力的海空后援。此时不歼，更待何时？

寺内出身名门贵族，向来心高气傲，以铁石一般的性格自居。想想看，昔日号称神勇无敌的联合舰队，如今的身段都已被整到像幼苗一样了，可人家丰田照样喊打喊杀，还那么倔强有种，我寺内怎么能甘居人后呢？

山下并不了解寺内的肚皮官司，他只觉得在事先既没有精神准备，又未制订作战计划的情况下，单靠增派兵力，"决战莱特"很难有取胜的可能。莱特一败，在实力已被完全消耗的情况下，吕宋也难以保住。

见山下一脸愁容，武藤便建议派人去南方军司令部证实一下，顺便看看能否让寺内改变成命。

参谋副长西村敏雄去了南方军司令部。得知西村的来意后，寺内大为光火，一张红得发亮的童子脸拉得老长："反正，让你们干就干！"

有的人在外面未必有赚一毛钱的本事，在家里却有天王老子也比不上的威风，寺内就是这种人。事已至此，山下也只得违心接受，他向第三十五军下达了集结莱特岛的命令。第三十五军是一个相对集中的战略单位，驻于莱特岛的第十六师团也在其列。

为了填补调兵以后的漏洞，山下还通过南方军司令部，向参谋本部提出了增拨飞机船舶以及向吕宋岛增援三个师团等要求，但这些要求最后一个都没有得到回复或满足，原因是寺内压根没有往上报。

在日本陆军中，长期以来都有一种习惯性思维，即第一线指挥官应满足于上级所给的兵力，要求增派援兵会被认为不够骁勇和坚决，更何况，对着参谋本部，寺内恨不得天也许下半边，哪里还肯再做任何让他认为丢面子的事。

像寺内这样冥顽不化的人，有时候真的会笨到如驴一般哀伤，除了不愿投入额外成本外，他的企图心却要多大有多大，如此境况下，他居然还设想第三十五军不登莱特岛便罢，登上去便要大获全胜，直至活捉麦克阿瑟，迫使"美军残部"投降为止。

战场的实情自然是与之大相径庭。山下的集结令刚发下去，司令部位于塔克洛班的第十六师团就已经溃败。

第十六师团虽是麦克阿瑟在菲律宾时的老对手，但这个师团的老兵此时已被抽调得差不多了，新兵大多是从京都、大阪地区征集来的，"做生意还可以，打仗不行"。师团长牧野四郎跟他的士兵们一样，也是刚换上来的，并且同样没有多少实战经验。当美军舰队进入莱特湾，准备实施登陆时，牧野还向上报告，说这些美舰可能是来躲避台风的。在"白杨树部队"登陆并向纵深挺进后，他对战斗进展的细节仍然一无所知，由于指挥失控兼缺乏防范，日军前沿部队大多支离破碎，只有小股部队与师团司令部保持着联系。

1944 年 10 月 23 日，第三十三联队联队长铃木辰之助烧毁军旗，率领联队剩下

麦克阿瑟准备在庆祝仪式上发表讲话。老麦的口才和他的用兵一样出众，其演讲非常具有感染力和煽动性。

的四十多名士兵实施自杀式冲锋，全部殒命阵前。剩下的师团残部由牧野师团长率领，逃出了塔克洛班。

塔克洛班完全由美军控制。当天下午 3 点，麦克阿瑟与奥斯米纳总统并排登上省议会大厦前的台阶，跟在他们后面的，是菲律宾流亡政府的官员以及麦克阿瑟手下的高级将领。

麦克阿瑟宣布以奥斯米纳为首的菲律宾政府正式复位，并保证美军将很快收复菲律宾其他岛屿。他每讲一句，聚集在大厦前的人群便报以热烈欢呼，台上台下充溢着一种久违的喜悦和自豪感。

麦克阿瑟认为已胜利在望，但他的对手并不赞同这一点，山下公开扬言："在新加坡投降的谈判会上，我对英国指挥官说'我只要你说是与否'，现在我也想对麦克阿瑟提出同样的问题。"

突入作战

就在山下加紧向莱特岛调兵之际，联合舰队也正向莱特岛开来。

比之于陆军的临时抱佛脚，海军的准备就要精细和复杂得多了。早在塞班岛战役时，因为海战溃败，在失魂落魄、束手无策的情况下，联合舰队司令部的幕僚们被迫拿出了最后一招，即派遣两艘战列舰急速突入塞班海域，以主炮轰击美军登陆部队，从而达到配合岛上守备部队进行反登陆作战的目的。

这是以主力舰为骨干的"突入作战法"的开端，从其战法上看，是置主力舰于死地，几乎已接近于海军版的"万岁突击"。经过再三斟酌，丰田未敢予以采纳。

到塞班岛战役结束，日本国力衰竭到了山穷水尽的地步，缺乏航空汽油的航母一般情况下都不再搭载飞机了。

航母没飞机，等于累赘，这是海战中早已被多次证明的事实。对前途命运的悲观情绪，开始时时袭向联合舰队官兵们的心头，他们的斗志逐渐像沙丘上的建筑一样崩溃下来，与此同时，他们以刻骨的仇恨、愤怒的语气不停地咒骂着那些给他们带来厄运的人：斯普鲁恩斯、哈尔西、米彻尔、金凯德……对日本海军官兵来说，这些美国人的名字已经变成了仇恨的代名词。

正是看到这一点，丰田重又决定捡起"突入作战法"。正好这时候另外一件好事也落到了联合舰队头上，那就是海军终于全面装备了雷达。

由于最初拿出的雷达报警设备误差太大，几乎在帮倒忙，军令部只好派潜艇到德国去求援，德国人当着面予以冷嘲热讽："从日本向德国索取雷达这件事来看，日本的技术也没有什么了不起的。"

到底是一根绳上的蚂蚱，不会真的见死不救，德国还是送了一架雷达给日本。

把这宝贝带回来后，技术人员一番研究，总算找到了生产复制的窍门，但是因缺乏制造材料，生产线一时难以启动——这就像是甜糖抹在鼻子上，闻着是香，却左右都舔不着。

最后还是大本营进行了干预，不仅专门设立"雷达本部"，还施行了技术材料的特别分配制度，一部部货真价实的雷达才得以制造成功。

看到雷达，陆军也想要，海军当然不肯相让，双方吵得不亦乐乎。日本短期内生产的雷达数量也不是很多，所谓一马跨不得两鞍，关键时候，大本营实施仲裁，规定军舰优先使用雷达。

丰田将最适于海战的水面舰艇从小泽部队中抽出，组成了栗田舰队。"一战"后，曾有所谓世界三大舰队的说法，称英国的主力舰队为"大舰队"，德国的主力舰队为"公海舰队"，日本的主力舰队为"八·八舰队"，美国和法国都只能排到第四位和第五位。"八·八舰队"的由来，是因为日本政府制订了一个所谓的"八·八计划"，宣称要建造八艘战列舰、八艘重型巡洋舰，后来由于美国的压力，才被迫由"八·八"改成了"八·四"。

马里亚纳海战场景："伯明翰"号巡洋舰甲板上观看空战的美军官兵，上空是爆炸的烟火、飞机在空中形成的凝结带等，绵延长达五十公里以上。

栗田舰队拥有七艘战列舰、十一艘重型巡洋舰，实际上就是"八·四舰队"遗留下来的精华部分，另外还有轻巡洋舰、驱逐舰十七艘。即便以军事评论家的苛刻眼光来看，这也称得上是一支力量均衡的标准舰队，其中的"大和"号、"武藏"号战列舰更是雪藏多年未敢轻用。作为当时世界上最大的战列舰，"大和""武藏"配备着世界上最大口径的十八英寸主炮，而英美战列舰的主炮口径最大不超过十六英寸，两英寸之差足以占据上风。

当栗田舰队被派往南方，到盛产石油的林加锚地进行强化训练时，该舰队包括巡洋舰在内的主要军舰已经都装上了梦寐以求的雷达。这使日本海军一度萎靡低落的士气重又得到回升，官兵们喜极而泣，高呼"万岁"的声音响彻军港，有人禁不住高声嚷道："这下子可好了！米彻尔、哈尔西，有种的你们就来吧！"

林加训练是联合舰队最后一次大规模集训，也可以说是一次回光返照。林加湾接近赤道，这里的海水被烤得仿佛要沸腾了一般，周围数海里的沙滩上也全都热得难以行走，但栗田舰队仍把训练时间排得满满当当，连相对较为凉爽些的夜间都不让官兵休息，其间，他们多次进行了夜战的演练。

夜战曾是联合舰队引以为傲的一种经典战法，但在美舰全面使用雷达和雷控射击技术后，"黑眼睛"再也敌不过"蓝眼睛"了，日本海军失去了这唯一的优势。现在则不同，就栗田舰队而言，他们也拥有了雷控射击装置，十八英寸的战列舰巨炮照样可以在黑夜中进行自动瞄准射击。

看到林加训练似乎有了点成效，联合舰队司令部的自信心迅速高涨起来，丰田下决心以栗田舰队为主，和美军拼个鱼死网破。

按照所处锚地的不同，当时的联合舰队各部分别被称为中央编队（栗田舰队）、南部编队（志摩部队）和北部编队（小泽部队）。丰田的设计是，以小泽部队来引开哈尔西，一旦哈尔西中计，栗田舰队和志摩部队便形成一把"铁钳"，从两翼钳击正在莱特湾卸货的美军运输舰。

让丰田没有想到的是，这一决策却在栗田舰队内部引起了极大不满。官兵们认为，他们多年来接受的训练，迅速接敌也好，远距离炮战也好，鱼雷攻击也好，抑或是在林加重点训练的夜战，无论哪一种，假想敌都是对方主力舰，而不是停泊在港内的运输船。

搜索和袭击敌方运输船队当然也是必要的，可那不是潜水艇和驱逐舰该干的活吗？

一个起头，个个争先，包括一些战队司令和参谋都加入其中。出击之前，栗田及其参谋长桌上的意见书已经堆得跟小山相仿了，甚至还有人针锋相对地与参谋长进行争吵，叫起撞天屈："我们并不吝啬自己的生命，然而，我们爱惜帝国海军的名誉，如果帝国海军的最后一战是与敌人的空船厮拼，那么，东乡平八郎、山本权兵卫在九泉之下也不会安息！"

山本权兵卫被称为日本海军之父，正是他决定起用了东乡。官兵们抬出这两位昔日大佬来的用意很明显：以巨型战列舰同"空船"厮拼，就算把"空船"都给打沉，也得在海战史上留下永远的笑柄！

眼看事态严重，舰队司令官栗田健男把各战队司令和参谋召集到旗舰"爱宕"号重巡洋舰上，举行了出击前的最后晚宴。在宴会上，栗田一反常态，板着脸用非常严厉的语气训诫道："看来反对意见很大，但是，战局实际上比在座诸位想象的还要严重得多。如果国家灭亡了而舰队尚存，那将是我们的一大耻辱。"

栗田参与过瓜岛战役时期的海战，深悔那时候最吃亏的就是没有乘势袭击停在"铁底湾"的美军运输舰队，要不然，瓜岛战役的结果可能完全不同。另外，塞班岛战役时缺乏雷达，即便实施"突入作战"，也是"盲目突入"，打仗时要多被动有多被动，现在有了"雷达突击"，你们应该感到庆幸不是？都什么时候了，还要嫌大嫌小，挑肥拣瘦！

栗田最后说："谁敢断言我舰队一旦出击不会取得挽回败局的军功呢？诸位，歼灭势不两立的仇敌哈尔西、米彻尔、金凯德的机动部队的机会来了，我希望诸位努力奋战！"

众人表达不满，既是出于惯常思维，也与精神状态有关——已经在林加的高温与寂寞中打熬了一百天，总得找个发泄口吧。

既然舰队长官发了话，又有好酒好菜招待，大家就不敢再胡搅蛮缠，最多也就是吃饭的时候耍耍酒疯，之后便各回各舱去了。

天衣无缝

太平洋战争爆发以来，日本在耳目方面吃了很多亏，大多数时候，联合舰队还不知道美军的下一步行动是什么，自己的作战企图已被对方先行掌握。

丰田痛定思痛，在实施"捷一号"之前，特地使用了新密码，并下令在行军过程中实行严格的无线电静默，这一切都使得哈尔西暂时无法掌握到其作战方案和全部行程。

尽管丰田采取应急措施，暂时堵住了美军的刺探途径，但由于本身条件的限制，联合舰队还是不可避免地继续暴露出耳目方面的问题。

联合舰队原有三十二架具有熟练技术的舰队搜索机，但在联合舰队出击之前，这些搜索机已经全部交付给了集结于菲律宾的海军航空队。

在现代战场上，不配备侦察机的舰队远航出击，就好比是瞎子走路一样，简直不可想象。为此，栗田舰队再次产生了不满情绪，一些官兵非常气愤地说："没准战舰被敌潜艇击沉了，我们还蒙在鼓里呢！"

都出来了，也就只能发发牢骚，因为他们已无路可退。

行至半途，栗田舰队又分成两路，其中栗田自率一部（栗田部队）经锡布延海由北面驶入莱特湾，他的副手西村祥治另率一部（西村部队）经苏禄海由南面冲入莱特湾。

1944 年 10 月 23 日凌晨，栗田部队悄悄地进入巴拉望海峡。巴拉望位于菲律宾西南部，这是一条平均只有二十五海里宽的海峡，其间暗礁密布，被称为"危险的浅滩"，舰船一般很少打这里经过。栗田部队之所以要选择这条险路，就是为了出其不意，隐蔽行踪。

栗田万万没有料到，就在湍急水面之下，暗礁丛中，还有两艘美军的警戒潜艇在并排巡逻，官兵们的不祥预言竟然与现实情景契合到了天衣无缝的程度。

0 点 16 分，在美军潜艇"飞鱼"号的雷达上出现了阵阵回波，观察员最初有些莫名其妙，认为可能是即将到来的雨云。

经过长时间的实战磨炼，美军潜艇的艇长们几乎个个都成了海底战的高手，只要日舰进入他们巡逻的地盘，他们就可以在任何时候、任何深度、任何角度发现并杀伤这些敌人。"飞鱼"号的艇长麦克林托克上校接到报告后，立即否定了观察员的说法："见鬼去吧，雨云！那一定是日军舰队！"

进一步的观察，证实艇长的猜测完全正确。随后麦克林托克向同行的"鲹鱼"

号进行通报："让我们干它一下子吧！"两艘潜艇随即浮出海面，摆好阵势，为拂晓时实施伏击做好了准备。

凌晨5点，潜艇悄悄潜入水下，船员小心翼翼地将潜望镜伸出水面，以等待蜿蜒驶近的日军舰船出现在海平线上。

过了不久，麦克林托克通过潜望镜看到了远处一大片移动的"楼房"，那是一艘接一艘的战列舰和重巡洋舰，它们舰艏掀起的巨浪如同小山一般。

"飞鱼"碰上了一个难得的捕鱼旺季，麦克林托克大喜过望："乖乖，这是日军的一支大舰队！"他立即向哈尔西拍发电报，同时下令射手填弹射击。

"飞鱼"在前，"鲦鱼"居后，当"飞鱼"首先发动进攻时，"鲦鱼"的鱼雷射手们全都守在发射管旁静候命令，潜艇上的气氛十分紧张。

随着一阵急促的爆炸声传来，大家如释重负，"飞鱼"袭击成功了！

在栗田部队毫无戒备的情况下，鱼雷连续命中栗田的旗舰"爱宕"，舰身的不断震动令舰上的日军官兵乱成一团："遭到美军攻击了！"

只知道遭到了美军攻击，却不知道是受到了什么攻击。栗田急忙下令打开探照灯，在海面进行搜寻，可是什么也没有找到。

日本人的反潜能力太落后了。虽然他们马上意识到是海底的潜艇在实施攻击，但又不知道潜艇在哪里，只能毫无目标地乱扔深水炸弹。

从潜望镜上，"鲦鱼"可以看到"爱宕"起火以及日本人乱成一团的情景，海面上热闹极了。

日军的其他军舰还在继续前行，朝着"鲦鱼"的方向。"鲦鱼"艇长喊道："他们来了，准备开火！"

射手们"嗖嗖嗖"地用发射管射出六条鱼雷，很快他们便听到了连续四声爆炸，说明有四条鱼雷命中了目标。

同一时间，"飞鱼"监测到了有如一大堆玻璃纸炸裂时发出的巨大声响。麦克林托克开始还担心，是不是"鲦鱼"遭到了日舰的反击，但实际上这是"摩耶"号重巡洋舰被炸成两截后，下沉时所发出的动静。

孤注一掷

"飞鱼"上的人们更加精神抖擞，他们又用鱼雷击中了"爱宕"的舷侧，"爱宕"立刻淹没在一片火海之中。

为了保全性命，"爱宕"上的栗田及其参谋们不得不纵身跳入大海。一名参谋一边在海面上划游，一边气愤地说道："我们被敌潜艇干掉了，可事先竟然丝毫也没有察觉到！"

显然，他想到了搜索机——谁能说遭此横祸，与调走全部搜索机没有关系呢？

被鱼雷击中后二十分钟，"爱宕"沉入海底。

"飞鱼"并未就此善罢甘休，它又将重雷射入了"高雄"号重型巡洋舰的尾部。"高雄"很快在滚滚浓烟中陷入半沉状态，只得在两艘驱逐舰的护航下返回文莱。

栗田部队真被打急了，疯了一般地乱扔深水炸弹，那样子就像扇了火的风箱，把潜艇上的人都给吓坏了。幸好日军虽然气势凶猛，但并不知道潜艇的准确位置，在猛烈摇晃几下后，"飞鱼""鲦鱼"终于逃出了深水炸弹袭击区。

重新浮出水面，它们看到了受伤的"高雄"。就在"飞鱼""鲦鱼"准备联手实施追杀时，"飞鱼"在巴拉望暗礁区搁浅，那是一处海图上都没有标明的水域，"飞鱼"也算是马失前蹄。

如果不赶快施救，躺在暗礁上的"飞鱼"船员就只能任由日机攻击。"鲦鱼"果断放弃追击计划，对船员进行抢救和收容。

莱特湾海战的第一回合就此告一段落。这一回合美国人赚了个盆满钵满，他们仅以一艘潜艇的代价，便摧毁两艘重型巡洋舰，并迫使一艘重型巡洋舰负伤提前退出战场。

美军潜艇部队在该回合中的表

"飞鱼"号潜艇，属于"小鲨鱼"级潜艇，击沉"爱宕"号让它创造了莱特湾海战中的第一个战果。"爱宕"拥有良好的指挥系统，所以被栗田作为了旗舰，"爱宕"的沉没，使栗田部队在后来的通信联络方面出现了很大问题。

现堪称惊艳。"爱宕"号是在没有发现任何鱼雷航迹的情况下，被"飞鱼"的两条鱼雷给送入海底的，即将覆亡前，"爱宕"发出了"敌潜艇灵敏度相当好"的信号。栗田的参谋们在回忆"摩耶""高雄"被袭击的情况时，也忍不住交口称赞美军潜艇的作战技术："虽说是敌人，但不能不令人佩服，此等高超的攻击技术在日本海军方面是罕见的。"

栗田本人的感受大致也差不多。他在跳入大海后被一艘驱逐舰救起，栗田当时患有登革热，一种东南亚的流行性疾病，本来已在恢复期，但这次落水加重了他的病情。

曾经训诫部下如何如何的栗田终于也感到了害怕。当他的舰队遭到美军潜艇袭击之际，联合舰队司令部发来了一份电报，言称："敌军很可能已经掌握情报，知道我军集中了全部力量。"

就算这不是真的，现在遭到潜艇袭击，也证明日军的进攻主力已经暴露。事既不密，要不退回去？丰田可不是这个意思，电报下面还附有他的生硬命令："执行预定计划。"

丰田对下属的冷酷无情在此时毕露无遗。你们有没有空中掩护，会不会再有危险，都管他腿事，他要的只是孤注一掷。

1944年10月24日拂晓，栗田将指挥部移至"大和"号战列舰，继续小心翼翼地向北运动。按照原计划，在穿过巴拉望海峡后，舰队将进入锡布延海。为提防美军潜艇继续发动袭击，栗田将舰群分为两支，一支以"大和"号战列舰为中心，一支以"金刚"号战列舰为中心。两支舰群相隔十二海里，周围均以驱逐舰环绕，以环形阵势来对核心的战列舰进行保护和相互支援。

不过这回要来吃肉的不再局限于潜艇。接到"飞鱼"发来的电报后，哈尔西即令麾下的第三十八特混舰队向菲律宾靠拢。

由于两栖作战部队被借调给了金凯德的第七舰队，哈尔西所能直接指挥的只剩下了第三十八特混舰队。哈尔西久无仗打，心和手都直痒痒，因此他一上来就越俎代庖，绕过米彻尔，直接对第三十八特混舰队行使战术指挥，而原来的司令官米彻尔却变得无所事事，根本就不知道自己的权限和职责是什么。

第三十八特混舰队有四个航母特混大队，麦凯恩大队去加油了，其余的三个特

美军正在用裤型救生圈把落水者从一艘驱逐舰吊到另一艘巡洋舰上去。即便不遭到对方的杀害，在饥饿、鲨鱼的威胁下，落水者的生存概率也非常之低，照片上这名水兵属于幸运儿。

混大队被哈尔西摆在圣贝纳迪诺海峡东端出口处——栗田部队要想进入莱特湾，必然要由锡布延海入圣贝纳迪诺海峡。

10月24日，上午8点12分，负责侦察搜索的美军舰载机在飞越锡布延海时，发现雷达屏幕上出现了可疑目标，于是立刻接近观察。几分钟后，飞行员看到了栗田部队，在阳光下，拥有塔状桅杆的一艘艘军舰犹如图画中散开的模型船一般。

这真是一幅美不胜收的画面。接到搜索机的报告，哈尔西既兴奋又紧张，他一面让麦凯恩大队回转参战，一面下令现有的三个特混大队准备发起空袭。

美军军舰的扩音器上传来哈尔西的吼声："攻击！我重复一遍，攻击！祝你们好运。"

神风突击队

在美军搜索机发现栗田部队的同时，日军的对空观察哨也看到了这些不速之客。意识到空袭可能会很快到来，栗田下令舰队增速至二十四节，同时拉响防空警报。

近两个小时过去了，空袭并没有如期而至，而其中的一个重要原因却是蓄势待发的美军航母本身也遭到了空袭。

日本海军在制订"捷一号"作战方案时，就决定让菲律宾的海军航空兵从陆上机场出发，通过近海作战，掩护栗田舰队突入莱特岛。

大西泷治郎奉命执行这一行动。大西号称日本海军航空兵的权威，曾一手策划和组织对中国重庆的大轰炸，山本生前对他十分倚重。此君本来已升调至军令部，但马里亚纳海战结束后，他不知脑袋里哪根神经错了位，居然写了份大字报性质的材料在军令部内到处散发，扬言要海军的头头们集体辞职，以承担海战失败的责任。

头头们的反应，是马上将这个不识高低的家伙调到了前线。开始大西还一副无所谓的表情，以为只要自己出马，肯定要比中央的这帮废物干得更出色。孰料到马尼拉一看，供他指挥的海军飞机总共只剩下一百五十架，能出战的不到一百架，而且飞机的性能极差，飞行员驾驶技术之低劣更是达到了惊人的程度。

大西顿时被吓得目瞪口呆。瘦骆驼尚有千斤肉，海军航空队连瘦骆驼都不如，就凭这么一点烂部队，该怎么打仗？

军令部的头头们真够毒啊，我不过心血来潮地撒了几张传单，发了几句牢骚，就把我派到这么倒霉的位置上来，这不摆明是在借刀杀人吗？此时的大西恨不得把舌头剪下，嘴唇缝起，只是世上没有后悔药，来了可就退不回去了。

经过一番思前想后，大西把基层军官召集到一起训话："栗田舰队的突入作战如果失败了，形势将更为严峻。为此我们必须狠狠打击敌方航空母舰，使它们至少瘫痪一个星期。"

乍听此言，大家都以为是走过场的口号——就凭这些缺乏训练的轰炸机飞行员，要突破美舰对空火力的严密封锁都是件难事，更不用说还能炸到对方瘫痪了。

没有想到的是，大西还真的有招，而且是只有他这种货色才能想出的毒招："让我军战斗机满载炸弹对准敌航空母舰的甲板扎下去！"

大西部队有三十架"零"式战斗机，他主张在每一架"零"式上都挂两百五十公斤炸弹，让这些"零"式直接带机撞击。在大西看来，这就不存在经验足不足的问题了，反

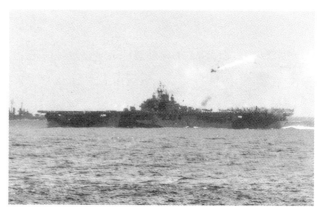

菲律宾群岛近海，日军飞行员驾驶一架受伤的单引擎轰炸机撞向美军"埃塞克斯"号航空母舰的瞬间。

正是闭着眼睛撞嘛，汤里没有饭里有，撞到就是赚了。

听完这种令人毛骨悚然的新战法，在座众人都禁不住全身僵直，默然无言。过了一会儿，才有人向大西身边的参谋询问："这种连人带机的直接撞击，究竟能有多大效果？"

参谋答道："跟从很高的空中急剧下降的炸弹相比，效果可能不会太大，但是，破坏航母的甲板，使其一时没法使用，这倒是可能的。"

大西提出的新战法，被称为"特攻作战"，它原先在日本海军中并无太深的思想基础。日本海陆军在作战思维和方式上有很大区别。陆军学的是德国，搬的是铁血的那一套，海军学的则是英国，当日舰沉没时，舰长一般都会与舰同沉，这里面既有东方的特色，同时也是英国海军的习惯做法。

英美海军都很爱惜水兵的生命，日本海军多多少少也从中继承到了一点。同时，海空战争是质的战争，一门大炮或者一架飞机，也许只要一个月的时间就可以造出来，但培养一名合格的飞行员或水兵，起码要花两到三年的时间，因此若在战争中损失掉一名飞行员或水兵，要再补充上一名同等质量的人员，将相当困难。

与陆军动辄要搞"万岁突击"不同，在日本海军的传统中，肉弹战术或者自杀式攻击都是不存在、不允许的，他们也强调九死一生，不做毫无生还希望的攻击。

不过这还只是在马里亚纳海战之前，之后，吃了大败仗的联合舰队已苦于作战乏术，"特攻作战"逐渐成为一部分日本海军将领之间的热门话题。同一时间，随着飞行员素质和能力的急剧下降，飞行训练事故也在与日俱增，因着舰技术不过关而惨死的年轻飞行员，每天都有四五个之多。目睹事故现场的其他飞行员被吓得脸白了又红，红了又白，于是偷偷地在下面嘀咕："同样都是死，与其做着舰训练而死，还不如一头撞到敌舰甲板上，与敌舰同归于尽更好。独自一人携带着炸弹实施攻击，不是还可以炸沉一艘敌舰吗？"

本来是飞行员们害怕训练而发牢骚，结果却正中那些主张自杀式攻击的将领的下怀，他们纷纷要求索性把年轻飞行员编成特攻部队。

丰田起初坚决不同意，但这已经由不得他了。不久，在发生于台湾海面的空战中，有马正文乘坐的指挥机被击落，他本人也当场死亡。有人就说有马是带机撞击而亡，日本国内无喜讯可报的报纸媒体更是趁势大肆渲染，绘声绘色地将有马描述成率领整个机队向美军航母直扑的英雄人物。

其实根本没有这样的事。有马是在前任逃掉，军心涣散的情况下，才不得已亲自上阵指挥的。他上机时曾愤愤地说："这次战争，站在上面指挥的人真该死！"

有马也并没有撞美军航母，他是在飞机被击落后，坠入大海淹死的。可是因为日本国内舆论以及他所愤恨的那些高层指挥者的需要，有马却在死后不情不愿地被当成了"特攻作战"的倡导者和第一个战死者。

有了这个"先例"，丰田便半推半就地承认了"特攻作战"的正当性，这正是大西能够提出新战法的重要前提。

在得到联合舰队司令部的批准后，大西将参加撞击的攻击队命名为"神风突击队"。取神风之名，是因为当年忽必烈的蒙古大军渡海进攻日本时，正好遇到强台风，结果两次派出的舰队都被海浪吞没，少许幸存的蒙古人被海浪冲到日本海岸，成了日本的奴隶。

日本人认为是这场台风保佑了他们，于是顶礼膜拜，谓之"神风"。当时的日本天皇曾告诉他的臣民："跪下来感谢神风吧，是它摧毁了鞑靼人的船队。"

六个世纪过去了，在美军无可匹敌的海上优势面前，日本又失去了把握自己命运的能力，他们只能用这种最冒险、最匪夷所思的赌博方式来碰一碰运气。为此，大西等人提出的口号是："一架飞机换一艘战舰！"

要攻击美舰，必须首先找到美舰。按照"捷一号"方案的规定，大西部队要"在大约七百海里处搜索敌人"，但这支部队的沿海搜索侦察能力弱得可怜，别说七百海里，连两百海里也难以保证。正因为如此，丰田才把栗田的搜索机全部调拨给了大西。

1944 年 10 月 24 日早晨，由吕宋岛基地飞出的日军搜索机发现了第三十八特混舰队，"神风突击队"立即

随着战斗的继续，"神风"逐渐成为美军舰队的梦魇，尤其是航空母舰。图中一架试图撞击美军航母的"神风"被打成了碎片。

倾巢出动，对其中的谢尔曼大队进行了突击。

当时谢尔曼大队正与其他航母大队一样，在做袭击栗田部队的准备。得知一批日机向本队飞来，指挥官谢尔曼少将立即决定将本拟出击的舰载轰炸机和鱼雷机送回机库，转而派战斗机起飞应战。至于航母，则一律进入暴风雨区，以规避空袭。

前来攻击的日机分成三波，每波五十到六十架飞机。美军飞行员全都是身经百战的老手，上去后哗哗哗一挑，便把对方那些初出茅庐的菜鸟逐个挑进了轮回路。其中，麦克坎贝尔中校及其僚机共击落了十五架日机，麦克坎贝尔一人击落九架，创造了太平洋战争中一次战斗单机击落敌机的最高纪录。

麦克坎贝尔越战越勇，紧咬着损失惨重的日机编队不放，几乎一直追到马尼拉才返航。这时他才发现，自己飞机的弹药和汽油都快用光了。当他返航降落在航母上时，剩下的汽油勉强够他滑到降落拦阻装置那里，再晚一点点的话，就非常危险了。

整场空战中，没有一架日机能够到达谢尔曼大队上空进行攻击。上午9点30分过后，天空中已看不到日机了，航母陆续从暴风雨区中驶出，以便回收飞机。这时一架漏网之鱼突然从云中俯冲下来，而且瞎猫碰上死耗子，正好一头栽在"普林斯顿"航母的飞行甲板上，炸弹直接穿过机库甲板，引燃了六架鱼雷机内的汽油，火势顿时变得难以遏制。

"伯明翰"（右）正在救护中弹后发生大爆炸的"普林斯顿"。结果不仅没有救成，"伯明翰"自己还遭了池鱼之殃。

损管队虽曾一度控制住了舰上的火势，但此后未扑灭的火焰蔓延到了鱼雷舱，并再度引起剧烈爆炸。舰尾和飞行甲板的后部像开了花一样，房子大小的钢板到处横飞，碎钢片、破烂的炮管、钢盔、破碎物件像葡萄弹一般射向前来救援的"伯明翰"号巡洋舰。"伯明翰"的甲板上顿时血流成河，两百多名水兵顷刻丧生，该巡洋舰也就此失去了作战能力。

　　整个下午，"普林斯顿"都一直悲惨地漂浮在海面上，直到晚上，谢尔曼才派出一艘巡洋舰，用几条鱼雷将它击沉于海底。这是自从两年前"大黄蜂"被击沉以来，美军损失的第一艘航空母舰。

"大象"与"黄蜂"

　　"神风突击队"击沉"普林斯顿"，重创"伯明翰"，使第三十八特混舰队的出击时间被迫延后，从这个意义上说，大西的确是支援了栗田，只不过栗田本人并不知晓，而且这种隔靴搔痒似的打击，也没有完全从根本上拖住对手。

　　1944年10月24日，上午10点30分，"大和"号的雷达兵终于发现了大批美军舰载机的到来。

　　栗田立即向各舰呼叫："敌空袭接近，全体各就各位！"这时因部署警戒而推迟的早餐时间尚未结束，还没吃完早饭的船员把饭碗一丢，随便拿个米饭团往口中一塞，便急速地向作战位置奔去。

　　短时间内，"大和"上的对空高射炮、机关枪全都刺猬一样地指向了天空，其他警戒船只也都严阵以待，一股浓重的杀气笼罩了整个舰队。

　　来者是美军出动的第一波攻击机群，共包括二十五架"复仇者"式鱼雷机。它们在防空射程外分成三队，背对阳光发起攻击。

　　上午10点40分，激烈的海空大战在锡布延海上打响。在茫茫天空中，飞行员们没有看到一架为栗田部队护航的日机，但是日军舰队的防空炮火却凶猛异常。所有日舰一边左右摇摆，以躲避美机的攻击；一边对空猛烈射击，高射炮和高射机枪所喷吐出的火舌，在舰队上空编织出一张张密集的弹网。

　　"大和"和"武藏"凭它们那大象一般的体量，理所当然地成为美机攻击的主要目标，其中桅杆上悬挂着将旗的"大和"更是成为被集中攻击的焦点。美军飞行员都是第一次看到这么庞大的战列舰，这也进一步激起了大家的斗志和兴奋点。

　　鱼雷机不顾弹网的拦阻，像黄蜂一样突入舰队中央，并不断将炮弹和鱼雷射向"大和""武藏"。"大和""武藏"均号称"不沉战舰"，大部命中的炮弹、鱼雷都被舰上的厚甲板给反弹到了大海里，舰体几乎未受任何损伤，航速也未受到影响。

"大象"与"黄蜂"在一起，"大象"不怕"黄蜂"叮——这只是外行的看法，在各类战斗中，再没有比战舰与飞机作战更残酷的了，一支无战斗机进行直接护卫的舰队，是根本无法与对手较量的。

栗田部队的军舰不是说坐在那里一动不动地对空射击，为了躲避鱼雷和炮弹，它们还得不停地做闪避运动，时间一长，炮火就会因分散而逐渐失去威力，而美军飞行员则认准了，只要从空中毫不吝惜地倾泻大批鱼雷、炸弹，即使是"不沉战舰"也难逃覆灭的命运。

果然好景不长，受到鱼雷爆炸所造成的震动的影响，"武藏"的大炮方位盘完全卡死，丧失了齐射能力，尽管还在破浪前进，但栗田部队的自信心已受到很大挫伤。

第一波空袭持续了约二十分钟，虽然有两架美机被击落，但是栗田部队的损失更大，除"武藏"受创外，"妙高"号重巡洋舰也丧失了作战能力，不得不脱离编队，先行打道回府。

中午 12 点，栗田部队还未来得及重组队形和吃午饭，第二波二十四架鱼雷机又飞临舰队上空。

没吃饱早饭的，现在连午饭也只能先行搁下了。比之于第一波，第二波攻击机群的目标更为明确，它们分成两拨，其中一拨专门对付"大和"和"武藏"，想尽办法要将这两艘令人望而生畏的巨舰置于死地。

战列舰上空再次弥漫着桃红色和紫红色的高射炮火烟雾。仿佛是当年马来海战的复现，只不过抱着脑袋挨揍的巨舰由"威尔士亲王"换成了"大和""武藏"，而技术高超且英勇无畏的飞行员则变成了美国人。在空袭过程中，他们冒着猛烈的对空炮火进行俯冲轰炸，一直把炸弹和鱼雷全部丢光了才飞离战场，一点弹药都不浪费。

在美机离开后，日舰上的官兵仍然心有余悸："真没想到敌机干得如此漂亮！"

这一次"武藏"又被三条鱼雷击中，虽然并没有造成什么大的创伤，但栗田早已是坐立不安，他不知道他的"大象"还能经得起多长时间的连续叮咬，遂心急火燎地给大西发去了求援电报："我们遭到敌舰载机攻击，请立即出动飞机攻击敌舰。"

大西早就把他的"神风突击队"全都派了出去，但这对减轻栗田的压力已没有丝毫帮助，栗田幻想美军航母会因此失去战斗力的希望也很快破灭了。下午1点25分，第三波攻击开始，凭借猎手的本能嗅觉，来袭的舰载机都将矛头集中在了"武藏"身上，二十九架美机中的近乎一半向该舰扑来，有十几枚炸弹在"武藏"的附近爆炸，"武藏"的前后左右全都掀起了百余尺高的水柱。

"武藏"号被炸弹和鱼雷紧紧包围，图中还可以清晰地看到远处岛上的山影。

"武藏"发了疯似的左冲右突，周围的其他舰船都觉得它要挺不过去了："这下子可完蛋了！"

"武藏"并没有立即完蛋，只见它弹、弹、弹，坚韧无比的甲板把一枚又一枚的炸弹都给弹了出去。水柱消失之后，这艘号称"宫殿"、舰体比"大和"还要坚固的战列舰，依旧像巍峨的小山一样耸立在海面上，看上去真有点金刚不败之体的模样儿。

不过这只是假象。不一会儿，三条飞蹿而来的鱼雷几乎同时击中"武藏"右舷的舰艏，巨大的爆炸将舰艏外钢板撕裂和翻卷起来，导致"武藏"的航速明显下降。

送入敌人口中的一块肉

"大和"上的栗田看得真切，急忙向"武藏"发来信号询问情况。"武藏"报告，它仅能维持二十二节航速了。于是栗田赶紧将整个舰队的速度一律降为二十二节，以便带领"武藏"一道前行。

钢板的扭曲，给"武藏"带来了极大困扰，这就像一个游泳运动员脑袋上顶着木板游泳一样，越往前游，力气消耗越大，速度也就越慢。渐渐地，"武藏"连二十二节的航速都不能保证，以至于落在了舰队的后方，与此同时，为保持舰身平衡，"武藏"被迫向舰体内部大量注水，而这又导致了舰艇下沉。

在这一波攻击中，"大和"也中了两颗炸弹，舰身出现倾侧，老战列舰"长门"号损失了一座炮塔和一个锅炉房，其他的巡洋舰、驱逐舰亦有不同程度的损伤。气急败坏的栗田再次向航空部队发出求救电报，但与前面的电报一样，由于通信联络方面的问题，未能收到任何回音。

栗田无法可想，下令为"大和""武藏"上的十八英寸主炮装填三式燃烧弹。三式燃烧弹是一种试验性杀伤炮弹，这种炮弹一旦在空中炸开，可以瞬间变成六百多个小型燃烧弹，落到地面后，其威力更加惊人，几乎可将万物都烧毁殆尽。在瓜岛战役中，栗田曾奉命用三式弹对瓜岛机场进行轰击，取得了非常明显的效果。

三式弹主要用于攻击地面目标，但特殊情况下也能用来摧毁低空飞机，之前在第二波攻击时，"武藏"号炮手长就曾请求舰长猪口敏平允许发射三式弹，以炮术指挥闻名于联合舰队的猪口当即拒绝了这一请求，原因就在于三式弹对炮膛的磨损很大，还会震坏炮管，一旦使用，很难保证突入莱特湾后的射击精度需要。

现在栗田已经顾不上什么莱特湾不莱特湾了，他只知道，如果还是得不到有效的空中掩护，"大和""武藏"只会双双陷入绝境。

下午2点30分，五十多架美机发动第四波攻击。等它们飞近后，已装填三式弹的"大和""武藏"一齐开火，在巨炮的吼叫声中，战列舰如同发生地震一般地剧烈摇晃起来，它们所受到的震动，显然远远超过了被炸弹击中时的幅度。

轰雷般的三式弹未能挡住美机，已失去机动能力的"武藏"遭到了来自各个不同角度的袭击。弹片像钢铁玉米花似的四散飞向各舰桥，舰上宝塔形的塔台遭到摧毁，许多军官被当场炸死，猪口也受了伤。

这种打击若是放在别的战舰上，早就沉底了，但遍体伤痕的"武藏"仍能继续行驶，只是速度已骤减至十二节。

"武藏"无论如何也跟不上调了，栗田又不可能让整个舰队也减到十二节的速度，否则慢的拖累了快的，歹的拖累了好的，等于同归于尽。无奈之下，他只得让"武藏"在两艘驱逐舰的伴随下退出作战序列。

太迟了。下午3点10分，第五波攻击来临，一百余架战斗机、鱼雷机组成庞大阵容，乌云压阵一般地向栗田部队冲来。"武藏"早无还手之力，此时恨不得多生两只脚，飞也似的逃掉，可是越想逃越逃不掉，"黄蜂"们已经将这头受伤的"大象"给完全盯死了。

当天最后一次，也是最为猛烈的攻击降临到了"武藏"头上。十余条鱼雷和炸弹的连续击打，令"武藏"的舰艏没入水中，舰体只能以六节的速度继续向前蠕动，同时下沉和倾斜情况也越来越严重。在当天美军发动的五波攻击中，百分之六十的舰载机都把劲使在了它身上，这艘耗五年光阴才建成的"不沉战舰"已经变得像纸片一样脆弱了。

下午 3 点 30 分，第五波攻击总算结束了。为挽救"武藏"，猪口下令将四个机房中的三个都注入海水，仅留一机运转航行，这使"武藏"更显缓慢，与其说是在前进，倒不如说像婴儿爬行更为恰当。

大约三个多小时后，"武藏"的舰艏全部浸入海水之中，所有机械停止运转，只有前部两座炮台像小岛似的依然浮在水面。猪口舰长下令弃舰，并趁船上还有立足之处，把主要军官召集起来，举行了一个凄凄惨惨的诀别式。

猪口曾是大舰巨炮主义的信奉者，认为他的"武藏"可以在海上纵横无敌，然而在亲自见证"武藏"的命运后，他在向丰田的诀别电中承认："看来我大错特错了，空战才是以后战争的主要方向。"

船员们还未及撤出，"武藏"就像睡着的人突然翻了个身一样，一下子向左倾覆，舰上包括猪口在内的一半官兵丧生，因为事发仓促，按惯例要进行转移的天皇像也随舰一道沉没。

在"武藏"消失于海面之前，栗田部队仍在前进，当时他们已迫近圣贝纳迪诺海峡，航路由此变得越来越窄，而这种地形意味着遭到潜艇伏击的可能性也越来越大。栗田在舰桥上举目四望，海面上白浪滔天，要从里面发现并辨认出潜艇的潜望镜或是鱼雷航迹，实在是难。

"武藏"最后的遗影。此时"武藏"的舰艏已基本与水面齐平，但由于采取了注水平衡的办法，舰前舰后仍保持着较为平直的状态。

恰在这时，联合舰队司令部又发来了一份警告电："据推测，在到达圣贝纳迪诺海面时，敌人使用潜艇的可能性很大，要加倍警惕。"

栗田回电："感谢司令部关怀，我们已经拼上了。"

话虽然说得豪迈，但如果真有大批潜艇埋伏在圣贝纳迪诺海峡的话，你拿什么拼？巴拉望海峡不过才两艘美军潜艇，就将三艘万吨级的重型巡洋舰都给干得没了脾气。

此时栗田部队的速度已减至十八节，这还是半个世纪以前舰队海战时的速度，如此低速，对攻击一方十分有利。另外，栗田部队原有驱逐舰十五艘，因为拖运和护卫受伤的大舰，现在只剩下了十一艘，这也使其防卫潜艇攻击的能力大为降低。当然，最重要的还在于，栗田并不知道美军的下一波空袭会不会，以及什么时候到来——只要再来一次，舰队就再也承受不住了。

越往前走，饥肠辘辘的官兵越紧张，一个个都如同绷紧了的弓弦一样，随时防备着来自水下或空中的致命一击。参谋们首先憋不住了，他们对栗田提意见，认为如果还是没有空中掩护，那这支部队就等于"送入敌人口中的一块肉"。

栗田同样处于惴惴不安之中，参谋们的建议正中其下怀。下午 3 点 50 分，栗田部队停止前进，转而掉头西驶，同时栗田还向联合舰队司令部发电，申述了暂时退却的理由，表示自己只是暂时退到美军的空袭圈外，一俟航空兵攻击得手，将会再举进攻。

终于逮到你了

从始至终，哈尔西一直有一个放不下的心思，那就是日本人的航母究竟在哪里？

在哈尔西的旗舰"新泽西"号战列舰的主作战室里，参谋人员已在图板上标出了日军舰队的全部部署情况，其中也包括西村部队——美军侦察机发现栗田部队后不久，就在南面发现了西村部队。

不管栗田部队，还是西村部队，都是以战列舰和重巡洋舰为主，并无航母，但凭借多年征战的经验和直觉，哈尔西确信在这样一场大规模海战中，日本人一定会动用航母。

随着航母成为太平洋上的主角，几乎每个海军宿将都渴望指挥航母大战，哈尔西更是如此。在当时的美国海军将领中，哈尔西名气最大，你要在普通美国人中搞个民意测验，问谁认识欧内斯特·金、尼米兹、斯普鲁恩斯，大部分人都会摇摇头，露出一副困惑的表情。事实上，这些人的名字，也只有一些职业军官和高级同僚才熟悉。

哈尔西就不同了，从刚入伍的水兵到后方的妇女，没人不知道"蛮牛"的威名，那个看上去性情暴躁，但对自己的士兵一片赤诚，会骂着人冲向胜利的壮汉。

某种程度上，哈尔西几乎可以算是海军里的麦克阿瑟，但他的这种威望，更主要的还是来自他类似于麦克阿瑟的人格魅力，以及相仿的直率性格、英勇气概，甚至鼓舞人心的快人快语。他缺乏可与麦克阿瑟比肩的赫赫战功，除了太平洋战争初期起过安定人心的作用，以及在瓜岛战役中挽救了战局以外，因为各种原因，他始终不曾参加过一场真正的决战，特别是航母决战。

就在哈尔西一次次与珊瑚海战役、中途岛战役失之交臂的时候，他当初的下级和好友斯普鲁恩斯却多次在战场上赢得辉煌的胜利，这让哈尔西扼腕不已，内心里，他十分希望能取得同样甚至更辉煌的胜利，以便证明自己配得上人们给予他的声名。

现在日军航母部队的分布情况成为空白，再次令哈尔西产生了错失良机之感。除此之外，他还担心，几个航母大队都已调去袭击栗田部队，如果日军航母突然出现，后果将不堪设想。

日军能称得上航母部队的，只有小泽一支。小泽部队实际上一直在离吕宋岛两百英里的海面上缓缓行驶，而且使尽各种手段，包括让烟囱冒烟，解除无线电静默，派驱逐舰作前卫等，就是想引起哈尔西的注意。可是哈尔西拂晓时向北面派出的巡

坐在"新泽西"号战列舰主作战室中的哈尔西。哈尔西的性格像是与麦克阿瑟一个模子里铸出来的，都是吃软不吃硬，还爱戴个高帽儿的主。

逻机由于飞得不够远，未能发现这支希望被发现的钓饵部队。

世上的事就来得这么尴尬和不凑巧。整整一个白天，哈尔西和小泽都异常焦灼，而且焦灼的内容相当具有戏剧性——一个是寻寻觅觅，要灭掉的那个人，你到底在哪里；另一个是望眼欲穿，要等待的那个人，你怎么还不来？

在对栗田部队的第五波攻击结束时，日落时间尚早，按照先前的空袭频率，美机完全可以再发动三次空袭，但恰在这个时候，哈尔西等到了他盼了一天的消息，巡逻机发现了小泽部队，也就是预想中的那支日军航母部队。

一叶泛萍漂大海，人生何处不相逢，终于逮到你了！哈尔西如释重负，确信"已经把所有拼板都拼到一起"：朝莱特湾方向作向心运动的一共三支日军舰队，分别是南面的西村部队、西面的栗田部队和北面的小泽部队。

根据侦察机带回的情报，哈尔西判断西村部队实力较弱，栗田部队虽然很强，但据报在经过五次突袭后，舰炮、射击指挥仪和通信设备等都遭到了严重损伤，而且正在西逃。

那么就剩小泽部队了，这支做着梦都想揍他一顿的日军航母部队。

哈尔西大步跨进主作战室，把手指放在航海图上所标明的小泽部队所在位置上，然后对他的参谋长说："这就是我们要去的地方，到北方袭击他们！"

哈尔西决定放弃对栗田部队的继续空袭，以黑夜为掩护向小泽部队接近，以便在晨曦初露之前，将小泽部队置于其舰载机航程之内。

这时金凯德的第七舰队正在掩护陆军登陆莱特岛，哈尔西的职责，本应是守住圣贝纳迪诺海峡，并为第七舰队提供掩护。在马里亚纳海战中，斯普鲁恩斯舍敌不追，就是出于同样的考虑。

哈尔西可没有斯普鲁恩斯的这份冷静和理智，想到斯普鲁恩斯因此受到的责难，他更不愿意"重蹈覆辙"——与其像猫儿一样蹲在洞口等待耗子出来，不如主动出击，全歼日军的残余航母。

至于西村部队以及可能去而复返的栗田部队，哈尔西决定留给金凯德料理，他相信以第七舰队的实力，在这两支弱旅面前完全能够应付裕如。

老鼠走到猫口边，没有不尝尝鲜的道理。1944 年 10 月 24 日，晚上 7 点 5 分，哈尔西电告太平洋舰队司令部："我已重创中央舰队。现在正向北航行，准备彻底消灭日本佬的那几艘航空母舰。"

美军在莱特战役中的指挥系统比较特殊，哈尔西虽配合麦克阿瑟作战，但仍隶属尼米兹，只有金凯德由麦克阿瑟亲自调度。安排这一切的美军参谋长联席会议一厢情愿地认为，哈尔西、金凯德皆为久经沙场的老将，即便并行分开，要协调起来也不会有多大问题。

现实之中，往往大家认为没有问题的，恰恰最有问题。尼米兹和金凯德虽知道哈尔西要北上迎敌，但他们以为哈尔西至少会留下一支重兵守卫圣贝纳迪诺海峡的出海口。

产生这一误解的主要原因是，在发现小泽部队之前，哈尔西曾下达预命令，即以李海军中将为指挥官，组成第三十四特遣舰队连夜对栗田部队实施进攻。这一预命令后来取消了，但粗心的哈尔西并未通知尼米兹或金凯德。

尼米兹等人当时有所担心，只是担心光靠第三十四特遣舰队能不能守住海峡。在珍珠港的太平洋舰队司令部，斯普鲁恩斯小声对尼米兹说："如果是我的话，我就要把我的舰队留在海峡。"

无论斯普鲁恩斯，还是尼米兹、金凯德，谁都没能料到，哈尔西竟然一兵一卒都没有留下来，全带走了，连潜艇部队也撤回了莱特湾。这显然是一个足以致命的疏忽，莱特湾海战的未来结局也因此被蒙上了一层沉重的阴影。

参考文献

［1］约翰·托兰.日本帝国的衰亡［M］.郭伟强，译.北京：新华出版社，1982.

［2］盛文华，王晏清.第二次世界大战太平洋方面：塞班登陆战役史料［M］.北京：中国人民解放军海军学院军事学术研究部，1962.

［3］石上正夫."玉碎"岛提尼安［M］.福州：海峡文艺出版社，1985.

［4］坂本金美.日本潜艇史［M］.北京：海洋出版社，1988.

［5］桥本以行.日本潜水舰队覆没记［M］.青岛：海军潜艇学院训练部，2001.

［6］安东尼·普雷斯顿.驱逐舰发展史［M］.杨璞，陈书海，高永献，译.北京：国防工业出版社，1990.

［7］爱澜.6英寸"机关枪"vs长矛鱼雷：库拉湾海战纪实［J］.军事历史，2005（12）：24-33.

［8］重光葵.日本侵华内幕［M］.齐福霖，李松林，张颖，等译.北京：解放军出版社，1987.

［9］田中隆吉.日本的军阀：日本军阀祸国的真相［M］.赵南柔，译.北京：改造出版社，1947.

［10］保阪正康.昭和时代见证录［M］.冯玮，陆旭，译.上海：东方出版中心，2008.

［11］渊田美津雄，奥宫正武.机动部队：中途岛海战续篇［M］.许秋明，译.北京：商务印书馆，1979.

［12］乔治·布隆德.大洋余生——"企业号"征战史［M］.梁贵和，姚根林，

译 . 北京：新华出版社，1983.

［13］约翰·科斯特洛 . 太平洋战争：1941—1945［M］. 王伟，夏海涛，等译 . 上海：东方出版社，1985.

［14］塞缪尔·埃利奥特·莫里森，亨利·斯蒂尔·康马杰，威廉·爱德华·洛伊希滕堡 . 美利坚共和国的成长［M］. 南开大学历史系美国史研究室，译 . 天津：天津人民出版社，1980.

［15］弗兰克 . 岛屿战争——太平洋争夺战［M］. 钮先钟，译 . 北京：中国人民解放军总参谋部，1959.

［16］E.B. 波特 . 世界海军史［M］. 李杰，杜宏奇，张英习，译 . 北京：解放军出版社，1992.

［17］C.W. 尼米兹，E.B. 波特 . 大海战：第二次世界大战海战史［M］. 赵振愚，殷宪群，何京柱，秦祖祥，等译 . 北京：海洋出版社，1987.

［18］安东尼·普雷斯顿 . 航空母舰发展史［M］. 金连柱，译 . 北京：中国市场出版社，2009.

［19］N. 米勒 . 海军空战：1939—1945［M］. 王义山，译 . 北京：海洋出版社，1982.

［20］詹姆斯·布拉德利 . 飞行员——勇敢的真实故事［M］. 段维玲，张永椿，张晗，等译 . 北京：世界知识出版社，2004.